高等院校“十三五”应用型规划教材

税收筹划

主　编　黄爱玲　宋　燕　李　勇
副主编　汤玉梅　张　娟　卢仙华
　　　　李级民
参　编　文　丹　丁婷玉　胡　蝶
　　　　彭　晖　沈颖喆

南京大学出版社

图书在版编目(CIP)数据

税收筹划 / 黄爱玲，宋燕，李勇主编. —南京：南京大学出版社，2016.8(2017.7 重印)

高等院校"十三五"应用型规划教材. 财会专业

ISBN 978-7-305-17314-1

Ⅰ. ①税… Ⅱ. ①黄… ②宋… ③李… Ⅲ. ①税收筹划—高等学校—教材 Ⅳ. ①F810.423

中国版本图书馆 CIP 数据核字(2016)第 171295 号

出版发行 南京大学出版社

社　　址 南京市汉口路 22 号　　邮编 210093

出 版 人 金鑫荣

丛 书 名 高等院校"十三五"应用型规划教材. 财会专业

书　　名 税收筹划

主　　编 黄爱玲 宋 燕 李 勇

责任编辑 王春梅 府剑萍　　编辑热线 025-83597087

照　　排 南京理工大学资产经营有限公司

印　　刷 盐城市华光印刷厂

开　　本 787×1092 1/16 印张 13 字数 322 千

版　　次 2016 年 8 月第 1 版　2017 年 7 月第 2 次印刷

ISBN 978-7-305-17314-1

定　　价 32.00 元

网　　址：http://www.njupco.com

官方微博：http://weibo.com/njupco

微信服务号：njuyuexue

销售咨询热线：(025)83594756

微信扫一扫
下载教学资源

前 言

2016 年 5 月 1 日，全国范围内进行全面的“营改增”，营业税将成为历史。2010 年 1 月 1 日以来，我国修改了《个人所得税法》、《个人所得税法实施条例》、《增值税暂行条例实施细则》，同时在增值税、消费税、企业所得税和个人所得税领域都实施了一系列最新的税收政策。本书依据最新的税收政策，加入全面“营改增”后的税收知识，进行纳税筹划。本书有以下特点：

第一，理论新，依据最新的税收政策编写，加入了“营改增”及其他税种的最新政策变化。本书介绍了企业所得税、个人所得税、增值税、消费税等主要税种的纳税筹划原理；阐述了企业投资决策、融资决策等主要经营环节的纳税筹划方案。

第二，案例实，根据实际业务编写案例。本书以学生日后的纳税筹划工作实际需要为核心，以防范纳税筹划风险和增强纳税筹划能力为两条主线，按照不同税种，编写了纳税筹划具体操作知识点及流程，条理清晰，操作规范，重在学生的技能训练，直接提升学生财务管理意识及能力。

本书共七个章节，可作为高等院校财经类专业的教学用书，也可作为成人高等学校、企业财务人员、税务工作人员培训或自学用书。为体现税法内容的先进性，本书以 2016 年 4 月止的我国税收法律、法规为主要依据进行编写，若之后税法有调整或变化，应以新法为准。

本书由闽南理工学院黄爱玲、湖北财税职业学院宋燕、武汉晴川学院李勇任主编，湖北财税职业学院汤玉梅、湖北财税职业学院张娟、闽南理工学院卢仙华、武昌理工学院李级民任副主编，湖北财税职业学院文丹、丁婷玉、胡蝶、彭晖、沈颖喆参与编写。

由于编者水平有限，书中不妥之处在所难免，恳请读者在使用中提出宝贵意见，以便修订时改进。

编 者

2016 年 5 月

目　录

第一章　纳税筹划概述

本章要点

本章主要介绍纳税筹划的基本理论与原理。学生通过学习，应该对纳税筹划的定义及其分类，纳税筹划的目标、意义以及纳税筹划空间等问题有一个全面的了解，把握纳税筹划与避税、偷税的区别，树立正确的纳税筹划理念与思维。

第一节　纳税筹划的界定和比较

案例导入

纳税筹划是指纳税人在不违反税收法律、法规的前提下，对经营、投资、理财等活动进行筹划，尽可能地减轻税收负担，以获取税收利益的行为。纳税筹划为社会关注和被法律认可，从时间上可以追溯到20世纪30年代。最为典型的是当时英国的一则判例。1935年，英国上议院议员汤姆林爵士针对税务局长诉温斯大公一案，对当事人依据法律达到少缴税款的行为作了法律上的认可，他说："任何个人都有权安排自己的事业，依据法律这样做可以少缴税。为了保证从这些安排中得到利益……不能强迫他多缴税。"汤姆林爵士的观点赢得了法律界认同，这是第一次对纳税筹划作了法律上的认可。之后，英国、澳大利亚、美国在税收判例中经常援引这一原则精神。

1947年，美国也出现了类似有关纳税筹划的判例。在"专员V.纽曼"一案的辩论中，法官利恩德·汉德认为，人们"为保持尽可能低的纳税而安排自己的事务是没有什么过错的。每个人，不论是穷人还是富人，他都有权利这么做，因为没有人负有法律规定以外的义务，税收是一种强制课征而不是一种自愿捐款。以道德名义要求多缴税是虚伪的"。之后，其他一些西方国家的税收判例中经常援引这一思想。

纳税筹划是税务咨询的一项重要业务，所以纳税筹划的起源与税务咨询有密切联系。谈到现代税务咨询，人们一般会想起欧洲税务联合会。该联合会于1959年在法国巴黎由五个欧洲国家从事税务咨询的专业团体共同成立，其会员是税务顾问和从事税务咨询的个人或专业团体，目前会员有15万，分别来自奥地利、比利时、瑞士、德国、英国、丹麦、西班牙、法国、意大利、卢森堡、荷兰等22个欧洲国家，由于有些是以团体名义加入的，所以参加欧洲税务联合会的税务顾问人数实际上更多。

欧洲税务联合会明确提出税务专家是以税务咨询为中心开展税务服务，同时从事纳税申报表、财务会计文件的填报和编制，以及行政机关、法庭和纳税人的代理等业务，这与日本税理士、韩国税务士以及现在中国的税务师把税务代理放在前面不同，而是真正形成了一种独立于税务代理的新业务，这种新业务的一个重要内容就是纳税筹划。

一、纳税筹划的含义

"纳税筹划"一词已被越来越多的人所认识和接受，纳税筹划活动正在不断地深入社会经济生活当中，不少纳税人将纳税筹划列为企业的日常管理工作。纳税筹划的积极作用也逐渐显露出来，其中最重要的一点就是，通过纳税筹划这一正当途径规划经济活动的纳税人越多，采取偷、漏、逃、抗等非法手段的纳税人就越少，这已是不争的事实。因此，纳税筹划理应受到社会各界的重视，其在我国存在着巨大的发展空间。

人们虽然对纳税筹划有极大的兴趣和需求，但又似乎心有所忌。国内外对纳税筹划概念的描述也不尽一致，本书认为纳税筹划是纳税人在遵守税法、尊重税法的前提下，依据所涉及的现行税法和税收国际惯例，运用纳税人的权利对企业的经营、投资、筹资和分配等涉税活动进行筹划，以期降低税收成本、使价值最大化的经济行为。

这一概念主要包括以下要点：

第一，纳税筹划的目的是取得纳税方面的利益，降低纳税风险。

纳税人在纳税方面的利益主要是经济利益，它可分为直接经济利益和间接经济利益。直接经济利益是指纳税人不纳或少纳税款而获得的利益。间接经济利益是指由于纳税人延期纳税、回避纳税风险以及降低纳税成本而获得的经济利益。

第二，纳税筹划的内容是纳税人的涉税行为。

纳税筹划的内容是极其广泛的，可以这样说，纳税人的所有涉税行为都是纳税筹划的内容。从时间上看，它包括从企业设立到企业废业清算的整个过程；从内涵上看，它包括企业的筹资、投资、经营和分配等各方面的活动。

第三，纳税筹划的前提是既不违反国家的法规和政策，又不违背纳税人的整体利益。

纳税筹划是一项合法的理财活动，是纳税人在法律法规及政策允许的范围内科学安排自身的经济活动。它不同于偷税、漏税、逃税、抗税等违法行为，首要原则是合法性。另外，纳税筹划又不能违背纳税人的整体利益，纳税筹划只是财务管理活动的一项内容，当预期的纳税筹划方案与纳税人其他决策因素相冲突的时候，有时需要放弃既定的筹划方案，以适应纳税人整体的财务战略。

纳税筹划是企业对社会赋予其权利的具体运用，属于企业应有的社会权利。它不该因企业的所有制性质、组织形式、经营状况、贡献大小不同而不等。在纳税筹划上，政府不能将外资企业与内资企业划界，对前者采取默许或认同态度，对后者则反对和制止。其实，反对企业正当的纳税筹划活动，恰恰助长了偷税、逃税及抗税等违法行为。因此，鼓励纳税人依法纳税、遵守税法的最明智办法是让纳税人充分享受其应有的权利（其中包括纳税筹划），而不是剥夺其权利，促使其走违法之道。

二、纳税筹划的特征

（一）合法性

首先，纳税筹划的合法性表现在其只能在法律允许的范围内展开。当纳税人依据税法拥有多种纳税方案时，有权利选择税负较低的方案来实现企业的战略目标。其次，纳税筹划的合法性还表现在纳税筹划行为应符合税收政策导向。因此，那些公开利用税法漏洞进行的避税行为，不属于纳税筹划的范畴，即便是所谓的合理避税，由于其违背了税收的立法精神，也不应包含在纳税筹划的范畴之内。

（二）筹划性

纳税筹划需要事先的规划、设计、安排。在现实经济生活中，纳税义务通常具有滞后性：企业交易行为发生后，才缴纳流转税；收益实现或分配后，才缴纳所得税；财产取得之后，才交纳财产税。这就在客观上提供了事先做出筹划的可能性。另外，经营、投资和理财活动多种多样，税收规定是有针对性的，纳税人和征税对象不同，税收待遇往往不同，这就向纳税人表明可以选择较低的税负决策。如果经营活动已经发生，应纳税额已经确定，再去图谋少缴税，就不是纳税筹划，而是偷逃税收了。

（三）目的性

从宏观来看，纳税筹划的最终目标是实现企业价值的最大化。从微观层次考察，纳税筹划的主要目的，一是防范涉税风险，二是使企业实现税收负担最小化、税后利润最大化。实现税收负担最小化通常有两种做法：首先，当企业有多种方案可供选择时，选择税负低而收益高的方案；其次，尽可能实现递延纳税。不管使用哪种方法，其结果都是节约税收成本，以降低企业的经营成本，这就有助于企业取得成本优势，使企业在激烈的市场竞争中得到生存与发展，从而实现长期盈利的目标。

（四）综合性

由于多种税基相互关联，某种税基缩减的同时可能会引起其他税种税基的增大；某一纳税期限内少缴或不缴税款可能会在另外一个或几个纳税期内多缴，因此，纳税筹划还要综合考虑，不能只注重个别税种税负的降低，或某一纳税期限内少缴或不缴税款，而要着眼于整体税收负担的轻重和总体效益的高低。只有这样才能实现企业税后利润最大化的终极目标，而不仅仅是少纳税金。

（五）风险性

纳税筹划的风险性是指因筹划失败而使纳税人面临税务机关的处罚或承担经济损失的可能性。纳税筹划风险包括两方面：一是指计税上的风险，二是指征收管理上的风险。计税上的风险是指纳税人因没有正确计算应纳税额而承担的风险，多计，会使纳税人承担过多的支出；少计，可能会使纳税人受到处罚。征收管理上的风险是指纳税人因违反征收管理法律法规而承担的风险，比如，纳税人没有在规定的期限内办理税务登记而受到税务机关的处罚等。

（六）专业性

纳税筹划的开展，并不是某一家企业、某一人员凭借自己的主观愿望就可以实施的，而是一门集会计、税法、财务管理、企业管理等各方面知识于一体的综合性学科，专业性很强。一般来讲，在国外，纳税筹划都是由会计师、律师或税务师来完成的；在我国，随着中介机构的建立和完善，它们也将承担大量纳税筹划的业务。

那么企业应当采取何种渠道进行纳税筹划呢？如果企业经营规模比较小，企业可以把纳税筹划方案的设计交给中介机构来完成；如果规模大一点儿，考虑到自身发展的要求，可以在财务部下面或与财务部并列设立一个税务部，专门负责纳税筹划。从目前来讲，企业最好还是委托中介机构完成纳税筹划，这较符合我国实际情况，因为我国在税收政策的传递渠道和传递速度方面，还不能满足纳税人进行纳税筹划的要求，也许企业掌握、使用的税收政策是一个过时的政策，而实际政策已经做了调整，若不及时地了解这种政策的变化，盲目采用纳税筹划，可能会触犯税法。

三、纳税筹划的分类①

为了深入研究纳税筹划，建立纳税筹划学科体系，我们需要对纳税筹划进行分类。选择不同的分类标准就有不同的分类结果。常用的分类标准有：按纳税筹划的需求主体分类、按纳税筹划的供给主体分类、按纳税筹划的范围分类、按纳税筹划税种分类、按纳税筹划的环节分类、按纳税筹划国境（边境）分类、按纳税筹划目标分类等。

（一）按纳税筹划的需求主体不同进行分类

所谓纳税筹划需求主体是指需要进行纳税筹划的主体，即谁需要进行纳税筹划。纳税筹划是应需求主体的需要而产生的，不同的需求主体有不同的纳税筹划需要。广义的纳税筹划主体是泛指一切需要纳税筹划的纳税人，由于纳税人分为法人和自然人，因此纳税筹划需求主体也可分为法人和自然人。依据纳税筹划需求主体的不同，纳税筹划可分为法人纳税筹划和自然人纳税筹划两大类。

法人纳税筹划主要是对法人的组建、分支机构设置、筹资、投资、运营、核算、分配等活动进行的纳税筹划。由于我国现阶段的税制模式是以流转税和所得税为主，企业是流转税和所得税的纳税主体，是税收的主要缴纳者，因此在纳税筹划中，企业纳税筹划需求量最大。

自然人纳税筹划主要是在个人投资理财领域进行。自然人数目众多，西方许多国家以个人所得税或财产税为主体税种，而且税制设计复杂，因而自然人纳税筹划的需求也有相当规模。目前我国税制模式决定了自然人不是税收的主要缴纳者，虽然涉及自然人的税种不少，但纳税金额总数并不大，因此自然人的纳税筹划需求规模相对企业纳税筹划要小些。目前自然人纳税筹划主要体现在个人所得税和财产税的纳税筹划。

（二）按纳税筹划供给主体的不同进行分类

所谓纳税筹划供给主体是指纳税筹划方案的设计人和制定人，即纳税筹划方案的提供者。

① 刘蓉：《税收筹划》，中国税务出版社 2008 年 2 月，第 5 页。

纳税筹划供给主体可以是需求主体本身，也可以是外部提供者。按纳税筹划提供主体的不同，纳税筹划可以分为自行纳税筹划和委托纳税筹划两大类。

自行纳税筹划是指由纳税筹划需求主体自身为实现纳税筹划目标所进行的纳税筹划。自行纳税筹划要求需求主体掌握纳税筹划业务技能、配备具有纳税筹划能力的专业人员。对于企业而言，自行纳税筹划的供给主体一般是以财务部门及财务人员为主。由于我国税收法规和税收政策的复杂性，需求主体很难精通和准确把握税法规定，自行纳税筹划的成本与风险较大，因此实践中自行纳税筹划的效果往往不是很理想。

委托纳税筹划是指需求主体委托税务代理人或纳税筹划专家进行的纳税筹划。由于税务代理人或纳税筹划专家具有丰富的税收专业知识和较强的纳税筹划技能，制定的纳税筹划方案成功率较高，虽然委托纳税筹划需要支付一定的费用，承担一定的风险，但成本与风险相对自行纳税筹划要低，并且，即使有风险也能通过事前约定由委托方与受托方共同分担，因此委托纳税筹划是效率比较高、效果比较好的一种纳税筹划形式。

（三）按纳税筹划范围的不同进行分类

按纳税筹划范围的不同，纳税筹划可分为整体纳税筹划和专项纳税筹划。

整体纳税筹划是指对纳税人生产经营、投资理财等涉税活动进行的全面整体的纳税筹划。一般而言，大中型企业生产经营规模大，运营情况比较复杂，涉税事项也多，财务规划的任务重，整体纳税筹划具有特殊的重要意义。整体纳税筹划具有“两大”、“两高”的特点，即难度大、风险大，成本高、收益高。目前我国纳税筹划尚处在初级阶段，从业人员的业务素质水平不高，能胜任整体纳税筹划工作的人较少，还不能完全满足企业整体纳税筹划的需要。

专项纳税筹划是指针对纳税人某项或几项生产经营或投资理财决策活动，某税种或几个税种进行的专门的纳税筹划。专项纳税筹划的针对性强，目标具体，难度相对较小，成本也相对较低，效果比较明显。

（四）按纳税筹划税种的不同进行分类

税种按征税对象的不同可分为流转税、所得税、财产税、资源税、行为税等几大类。与之相对应，按照纳税筹划涉及税种的不同类别，纳税筹划可分为流转税的纳税筹划、所得税的纳税筹划、财产税的纳税筹划、资源税的纳税筹划、行为目的税的纳税筹划等。由于流转税和所得税是我国目前税制结构中最主要的两个税类，因而也是纳税人纳税筹划需求最大的两个税类。

流转税纳税筹划主要是围绕纳税人身份、销售方式、货款结算方式、销售额、适用税率、税收优惠等纳税相关项目进行的纳税筹划。

所得税纳税筹划主要是围绕收入实现、经营方式、成本核算、费用列支、折旧方法、捐赠、筹资方式、投资方向、设备购置、机构设置、税收政策等涉税项目进行的纳税筹划。

（五）按纳税筹划环节的不同进行分类

企业在生产经营、投资理财的各个环节都存在决策问题，同时也伴随着纳税筹划的发生。按纳税筹划环节的不同，纳税筹划可分为机构设置的纳税筹划、投资决策的纳税筹划、融资方式的纳税筹划、经营筹略的纳税筹划、产销决策的纳税筹划、成本费用核算的纳税筹划、利润分配的纳税筹划等。按生产经营、投资理财不同环节进行的纳税筹划也可称为环节纳税筹划。

由于不同环节的决策目标不尽相同，相应的税收政策及相关政策的规定较多且差别较大，这就给环节纳税筹划留下较为广阔的空间和余地，只要筹划得当，都有机会获得一定的税收利益。因此环节纳税筹划在企业纳税筹划中受到高度重视，成为企业纳税筹划的重点。

（六）按纳税筹划目标的不同进行分类

纳税筹划的目标是纳税筹划需求主体通过纳税筹划期望实现的目的。自从纳税筹划产生以来，人们对纳税筹划的目标定位经历了不断发展演变的过程。从现实来看，不同的企业有不同的纳税筹划目标。按纳税筹划目标的不同，纳税筹划分为三种类型，即减轻税负的纳税筹划、税后利润最大化的纳税筹划、企业价值最大化的纳税筹划。

（七）按纳税筹划涉及地区的不同进行分类

由于跨国经营活动及跨国纳税人的出现，纳税筹划也会超越国境（边境）进行。按纳税筹划涉及地区的不同进行分类，纳税筹划可以分为国内（境内）纳税筹划和国际（境外）纳税筹划两类。

国内（境内）纳税筹划是指从事生产经营、投资理财活动的非跨国（境）纳税人在国（境）内进行的纳税筹划。国（境）内纳税筹划主要依据的是国（境）内税收政策，充分运用现行的国（境）内的税收法律法规，为企业谋取正当合法的税收利益。国际（境外）纳税筹划是跨国（境）纳税主体利用国家（地区）与国家（地区）之间的税收政策差异和国际税收协定的条款进行的纳税筹划，目前主要是在对外贸易和对外投资活动领域。

四、纳税筹划与偷税、避税等相关概念辨析

（一）偷税

我国《税收征管法》第六十三条明确规定："纳税人伪造、变造、隐匿、擅自销毁账簿、记账凭证，或者在账簿上多列支出或者不列、少列收入，或者经税务机关通知申报而拒不申报或者进行虚假的纳税申报，不缴或者少缴应纳税款的，是偷税。"2009 年 2 月 28 日通过《中华人民共和国刑法修正案（七）》后，逃避缴纳税款罪取代了原来的偷税罪，规定"纳税人采取欺骗、隐瞒手段进行虚假纳税申报或者不申报，逃避缴纳税款数额较大并且占应纳税额百分之十以上的，处三年以下有期徒刑或者拘役，并处罚金；数额巨大并且占应纳税额百分之三十以上的，处三年以上七年以下有期徒刑，并处罚金"。

1. 纳税筹划是合法的，偷税是违法的

纳税筹划在符合税收法律、法规和国家政策导向这个前提下对经营、投资、理财精心安排，才能达到节税目的。纳税筹划体现了国家的产业政策和地区政策，纳税人在追求自身利益最大化的同时也增进了国家和社会公众的利益，有助于国家宏观结构的调整，保持政府财政收入的长期、稳定增长，对此，各国基本持引导和鼓励的态度。

偷税则是利用非法手段，欺诈、逃避税法规定的纳税义务的行为。偷税直接导致政府当期预算收入和财政收入的减少，有碍政府职能的实现，因此各国政府对这种行为都是坚决予以打击和严惩的。

2. 纳税筹划具有事前筹划性，而偷税具有事后补救性

纳税筹划是通过避免应税行为的发生或以轻税行为来代替重税行为，以达到减少税款支出或综合净收益最大化的目的，具有前瞻性。偷税则是在纳税义务已经发生并且能够确定的情况下，采取各种非法的手段来进行所谓的“弥补”和“补救”，通过安排或解释推迟或逃避纳税义务。

（二）避税

避税，是相对于偷税而言的概念，指纳税人以不违法的手段减轻或消除自己的纳税义务。可分为两类：一类是不可以接受的避税，指纳税人违背国家的课税意图，利用税法上的漏洞和含糊之处，曲解税法、规避纳税义务；另一类是可以接受的避税，指纳税人根据国家的政策导向，通过对纳税方案进行优化选择，精心安排自己的经济事务，以减轻税收负担，取得正当的税收利益。诺贝尔经济学奖获得者、加拿大经济学家罗伯特·芒德尔(R. Mondell)曾指出，任何一个国家，一旦税率超过30%，人们的注意力就会从如何创造更多收入转向如何避税。两者目的都是为了降低纳税人的税收负担，都强调必须是符合国家法律法规的事前筹划。但两者也有实质区别。

(1) 从行为性质上看，避税是一种“借用”或“滥用”税法的行为，纳税人利用税法上的漏洞，在纳税义务发生之后，钻税法空子来谋取不正当的税收利益。尽管在形式上，避税不“违法”，但其行为却违背了税法的立法意图及政府的政策导向，是税收法律法规反对或不支持的行为。而纳税筹划以应纳税义务人的整体经济利益最大化为目标，税收利益只是其考虑的一个因素而已，并且符合国家税收立法或税收政策的意图，是税法支持和鼓励的行为。

(2) 从行为目的和过程上看，避税的前提是税收法律法规有不完善之处，纳税人利用税法漏洞缺陷，注重的是少缴或不缴某一笔税款。而纳税筹划除了要精通知晓税法，还会涉及投资、经营决策相关的其他法律法规，它会考虑税收成本的高低，还会考虑非税成本以及企业活动所涉及的所有税收。

(3) 从行为结果来看，避税主要是一种短期、单一的行为，是不利于纳税人长期的投资经营活动。而纳税筹划着眼的是长期的利益，是对企业活动的长期计划和安排，有利于纳税人合理安排投资、经营和理财活动。

（三）抗税

抗税指以暴力、威胁方法拒不缴纳税款的行为。这里所说的暴力，指对税务人员实施身体强制，包括捆绑、殴打、伤害等手段，使其不能或不敢要求行为人纳税的情况；这里所说的威胁，指以暴力相威胁，对被害人实行精神强制，使其产生恐惧，不敢向行为人收缴税款的情况。对抗税行为，《全国人民代表大会常务委员会关于惩治偷税、抗税犯罪的补充规定》(以下简称《补充规定》)中明确规定：“处三年以下有期徒刑或者拘役，并处拒缴税款五倍以下的罚金；情节严重的，处三年以上七年以下有期徒刑，并处拒缴税款五倍以下的罚金。”“以暴力方法抗税，致人重伤或者死亡的，按照伤害罪、杀人罪从重处罚，并依照前款规定处以罚金。”

（四）骗税

骗税是采取弄虚作假和欺骗手段，将本来没有发生的应税行为虚构成已发生的应税行为，

将小额的应税行为伪造成大额的应税行为，从而从国库中骗取退税款的违法行为。对此，全国人大常委会的《补充规定》中明确规定："企业事业单位采取对所生产或经营的商品假报出口等欺骗手段，骗取国家出口退税款，数额在五万元以上的，处骗取税款五倍以下的罚金，并对负有直接责任的主管人员或其他直接责任人员，处三年以下有期徒刑或者拘役。"

五、纳税筹划的目标

纳税筹划的基本目标，概言之，就是减轻税收负担、争取企业整体利润最大化，其外在表现是纳税最少、纳税最晚，即实现"经济纳税"。为实现纳税筹划的基本目标，可以将纳税筹划目标细化，具体可分为以下几种：

（一）纳税成本最低化

纳税人为履行纳税义务，必然会发生相应的纳税成本。纳税成本包括直接纳税成本和间接纳税成本。前者是纳税人为履行纳税义务而付出的人力、物力和财力；后者是纳税人在履行纳税义务过程中所承受的精神负担、心理压力等。直接纳税成本容易确认和计量，间接纳税成本则需要估算或测算。追求纳税成本的最低化，是纳税筹划的另一个基本目标。

纳税人纳税成本的降低会使企业利润增加，从而增加应税所得额，对税务机关来说，可以增加税收收入，降低其征管成本，这是一种双赢的结果。没有纳税人纳税成本的降低，也就没有税收征管成本的降低。

（二）降低涉税风险

涉税风险是指纳税人在对纳税义务采取各种应对行为时，可能涉及的风险，包括因为与纳税有关的各项工作中的疏漏而产生损失或者增加纳税成本的风险。包括政策风险、管理风险、权力风险等。其中政策风险是指纳税人因为对税法缺乏足够了解或理解、对自身权利缺乏足够了解产生的风险。管理风险是指税务管理部门的原因致使企业自身负担了超过实际应该负担的税负的风险。权力风险是指纳税人通过寻租权力以求减轻税负，造成纳税成本加大而且可能引致行政或刑事处罚的风险。

降低涉税风险，对纳税人来说就是要做到账目清楚，纳税申报正确，缴纳税款及时、足额，才不会出现任何关于税收方面的处罚，即达到在税收方面没有任何风险，或风险极小可以忽略不计的一种状态。这种状态对企业税务管理来讲是一种最佳状态，因此也是纳税筹划的直接目标。

（三）税收负担最低化

税收负担最低化是税务筹划的最高目标。它是一种积极的、进取型的税务筹划目标。实现该目标，一要少交税；二要晚交税。现代纳税筹划应该服从、服务于现代企业的财务目标，从这个角度来说，税收负担最低化是手段，而不是目的。从纳税筹划的角度看，税收负担最低化是实现税后利润最大化的基础和前提。

需要说明的是，并不是每一个纳税筹划方案都包含上述全部目标，一般来说，一个方案中会包含其中的一个或者几个目标，但通常情况下是实现这一目标而不至于严重违背其他目标。如果一个方案能实现其中的一个或几个目标却严重背离其他目标的话，就要分析背离的损失与实现的收益对比情况。如果综合之下，仍有利于实现企业经营总目标的话，方案仍有实施价值。

六、纳税筹划的类型

纳税筹划包括四种类型：一是采用合法的手段进行的节税筹划；二是采用非违法的手段进行的避税筹划；三是采用经济手段，特别是价格手段进行的税收转嫁筹划；四是归整纳税人账目，实现涉税零风险。

（一）节税筹划

节税筹划是指纳税人在不违背立法精神的前提下，充分利用税法中固有的起征点、减免税等一系列的优惠政策，通过对筹资、投资和经营等活动的巧妙安排，达到少缴税甚至不缴税目的的行为。

节税有以下几个特征：

1. 合法性

避税不能说是合法的，只能说是非违法的；逃税则是违法的；而节税是合法的。

2. 政策导向性

纳税人通过节税筹划最大限度地利用税法中固有的优惠政策来享受其利益，其结果正是税法中优惠政策所要引导的，因此，节税本身就是优惠政策借以实现宏观调控目的的载体。

3. 策划性

节税与避税一样，需要纳税人充分了解现行税法知识和财务知识，结合企业全方位的筹资、投资和经营业务，进行合理合法的策划。没有策划就没有节税。

（二）避税筹划

避税筹划是指纳税人采用非违法手段，即表面上符合税法条文但实质上违背立法精神的手段，利用税法中的漏洞、空白获取税收利益的筹划。纳税筹划既不违法也不合法，与纳税人不尊重法律的偷逃税有着本质区别。国家只能不断地完善税法，填补空白，堵塞漏洞，采取反避税措施加以控制。

其特征如下：

1. 非违法性

逃税是违法的，节税是合法的，避税处在逃税与节税之间，属于“非违法”性质。

2. 策划性

逃税属于低素质纳税人的行为，而避税者往往素质较高，通过对现行税法的了解甚至研究，找出其中的漏洞，加以巧妙安排，这就是所谓的策划性。

3. 权利性

避税筹划实质上就是纳税人在履行应尽的法律义务的前提下，运用税法赋予的权利，保护既得利益的手段。避税并没有，也不会，且不能不履行法律规定的义务，避税不是对法定义务的抵制和对抗。

4. 规范性

避税者的行为较规范，往往是依据税法的漏洞展开的。

（三）转嫁筹划

转嫁是指纳税人为了达到减轻税负的目的，通过价格调整将税负转嫁给他人承担的经济行为。

典型的税负转嫁或狭义的税负转嫁是指商品流通过程中，纳税人提高销售价格或压低购进价格，将税负转移给购买者或供应者。转嫁的判断标准如下：① 转嫁和商品价格是直接联系的，与价格无关的问题不能纳入税负转嫁范畴。② 转嫁是个客观过程，没有税负的转移过程不能算转嫁。③ 税负转嫁是纳税人的主动行为，与纳税人主动行为无关的价格再分配性质的价值转移不能算转嫁。明确这三点判断标准，有利于明确转嫁概念与逃税、避税及节税的区别。

一般来说，转嫁筹划与逃税、避税、节税的区别主要如下：① 转嫁不影响税收收入，它只是导致归宿不同，而逃税、避税、节税直接导致税收收入的减少。② 转嫁筹划主要依靠价格变动来实现，而逃税、避税、节税的实现途径则是多种多样的。③ 转嫁筹划不存在法律上的问题，更没有法律责任，而逃税、避税和节税都不同程度地存在法律麻烦和法律责任问题。④ 商品的供求弹性将直接影响税负转嫁的程度和方向，而逃税、避税及节税则不受其影响。

总之，税负转嫁、避税筹划、节税筹划都属于纳税人为减轻税负而进行的筹划，由于它不涉及法律责任，也不伤害国家利益，因此经常被采用。

（四）涉税零风险

涉税零风险是指纳税人账目清楚，纳税申报正确，缴纳税款及时、足额，不会出现任何关于税收方面的处罚，即在税收方面没有任何风险，或风险极小可以忽略不计的一种状态。纳税人及相关单位和个人通过一定的综合分析，使纳税人处于一种涉税零风险状态，也是纳税筹划应达到的目标之一。

1. 实现涉税零风险可以避免发生不必要的经济损失

虽然这种筹划不会使纳税人直接获取税收上的好处，但由于纳税人经过必要的筹划之后，使自己企业账目清楚，纳税正确，不会导致税务机关的经济处罚，这样实际上相当于获取了一定的经济收益。如果纳税人不进行必要的策划安排，就有可能出现账目不清，纳税不正确的情况，从而很容易被税务机关认定为偷漏税行为。偷漏税行为的认定不仅会给纳税人带来一定的经济损失（加收滞纳金及罚款），情节严重者还会被认定为犯罪，主要负责人还会因此而遭受刑事处罚。

2. 实现涉税零风险可以避免发生不必要的名誉损失

一旦企业或个人被税务机关认定为偷漏税，甚至是犯罪，那么该企业或个人的声誉将会因此而遭受严重的损失。在商品经济高速发展的今天，人们的品牌意识越来越强，好的品牌意味着好的经济效益和社会地位，企业的品牌越好，则产品越容易被消费者所接受；个人的品牌越好，则个人越容易被社会所接受。某些国家对不同信誉的纳税人采用不同的纳税申报条件，这种条件上的限制使得纳税人偷漏税的名誉成本非常大，因而实现涉税零风险就显得极其必要。

例如，恩威集团以假合资形式偷漏税的行为被查处之后，其产品的销售量便发生了急骤的变化，这直接影响了企业的经济效益。

3. 纳税人经过纳税筹划，实现涉税零风险，不仅可以减少不必要的经济和名誉上的损失，而且可以使企业账目更加清楚，管理更加有条不紊，更利于企业的健康发展和生产经营活动

账目不清不利于企业进行各项成本的核算，也不利于企业进行各项成本费用的控制，从而造成不必要的浪费及管理上的混乱。

第二节　纳税筹划基本方法和技巧

案例导入

一对英国夫妇在其丈夫名下有40万英镑的共同财产，他们有一个儿子。丈夫有这样的想法：如果他先去世，便把共同财产留给妻子，因为英国规定，丈夫留给妻子的遗产可享受免税，妻子去世后再将财产留给儿子，财产不会发生被征两次税的情况。丈夫寻求税务咨询，税务顾问向他建议，正确的做法是丈夫生前就把40万英镑的共同财产分为两部分，自己留下23.1万英镑，把16.9万英镑财产划到妻子名下，他去世后把他那部分财产留给儿子，妻子去世后再把她那部分财产留给儿子。因为尽管丈夫的财产遗赠给妻子时免税，但妻子去世后留给儿子的遗产超过23.1万英镑的部分要按40%的税率向英国政府缴纳6.76万英镑的遗产税。英国的遗产税是实行夫妇分别申报纳税制度的，在遗产税上每个人都享有23.1万英镑的免税额，这里面有一个不是人人都会发现的税收陷阱，就是每个纳税人只有23.1万英镑的免税额。所以，丈夫生前就把共同财产分成两个都小于23.1万英镑的部分，由夫妇各自把自己名下的财产留给儿子，可以比原计划节减6.76万英镑的遗产税。

一、纳税筹划的基本方法

纳税筹划的方法非常多，可以从不同的角度总结出各种各样的方法。例如，纳税主要是根据收入指标和费用成本指标计算，通常的筹划方法有针对收入的分散收入法、转移收入法；针对费用的费用分摊法、增加费用法。

从大的方面来讲，纳税筹划的基本方法有以下五种：

（一）税收优惠法

充分利用国家现行的税收优惠政策进行纳税筹划，是纳税筹划方法中最重要的一种。税收优惠政策是国家为鼓励某些产业、地区、产品的发展，特别制定的一些优惠条款以达到从税收方面对资源配置进行调控的目的。企业进行纳税筹划必须以遵守国家税法为前提，如果运用优惠政策得当，就会为企业带来可观的税收利益。由于我国的税收优惠政策比较多，企业要利用税收优惠政策，就需要充分了解、掌握国家的优惠政策。税收优惠对节税潜力的影响表现为：税收优惠的范围越广、差别越大、方式越多、内容越丰富，则纳税人纳税筹划的活动空间越

广阔,节税的潜力也就越大。

(二) 转让定价法

转让定价法是指两个或两个以上有经济利益的经济实体为了共同获得更多利润而在销售活动中进行的价格转让,通常是以高于或低于市场正常交易价格进行交易。例如,有两个利益关联企业A和B,A企业的所得税适用税率为25%,B企业为15%,A企业为了减少纳税以高于市场的价格购进B企业的原材料,再以低于市场的价格将产品销售给B企业,这样一高一低使企业的利润大部分转移到B企业,从而达到了少纳税的目的。

(三) 成本调整法

成本调整法是通过对成本的合理调整抵消收益,减少利润,从而达到减少纳税的目的。如,通过改变材料的核算方法。假如近期材料价格上涨,企业材料的核算办法可由原来的先进先出法改为后进先出法,从而加大当期成本,减少当期利润。再如,当近几年企业效益较高,此时将固定资产的折旧方法改为加速折旧法有利于减少当期利润,从而实现少缴税的目的。

(四) 分摊费用法

企业生产经营过程中发生的各项费用要按一定的方法摊入成本,费用分摊就是指企业在保证必要费用支出的前提下,想方设法从账目上找到平衡,使费用摊入成本时尽可能地最大摊入,从而实现最大限度地避税。

常用的费用分摊原则一般包括实际费用分摊、平均摊销和不规则摊销等。只要仔细分析一下折旧计算法,我们就可总结出普遍的规律:无论采用哪一种分摊,都应让费用尽早地摊入成本,早期摊入成本的费用越大,就越能够最大限度地达到避税的目的。至于哪一种分摊方法最能够帮助企业实现最大限度地避税目的,需要根据预期费用发生的时间及数额进行计算、分析和比较,才能最后确定。

(五) 税负转嫁法

所谓税负转嫁,就是纳税人不实际负担所纳税收,而通过购入或销出商品价格的变动,或其他手段,将全部或部分税收转移给他人负担。税负转嫁并不会影响税收的总体负担,但会使税收负担在不同的纳税人之间进行分配,对不同的纳税人产生不同的经济影响。税负转嫁主要有前转、后转等形式。前转主要是指纳税人通过提高商品的销售价格,把税负向前转嫁给商品的购买者;后转主要是指纳税人通过压低商品的购进价格,把税收负担向后转嫁给商品的供应者。

前转的筹划方法是纳税人以提高商品或生产要素价格的方式,转移给购买生产要素的下游企业或消费者负担。这种转嫁技术一般适用于市场紧俏的生产要素或知名品牌商品。后转的筹划方法是纳税人通过降低生产要素购进价格、压低工资或其他转嫁方式,将其税收负担转移给要素的供应商。这种转嫁技术一般适用于生产要素或商品积压时的买方市场。交易与结算有时间差时,购买方也可以实现税负转嫁。

（六）临界处理法

税法中存在大量的关于临界点的规定，当突破这些临界点时，该税种所适用的税率和优惠就会发生改变，这为我们进行纳税筹划提供了空间。临界处理筹划方法的关键在于寻找临界点来控制税负。一般而言，临界点的变化会引起税负的巨大差别，即临界点的边际税率出现递增或递减的变化态势，筹划的聚焦点就在于临界点。诸如个人所得税的费用扣除额、个人所得税的税率跳跃临界点、企业所得税的税前扣除限额等，都是典型的税基临界点，对其进行合理筹划，可以降低税负。在中国现行税制中，税基存在临界点，税率分级有临界点，优惠政策分等级也有临界点，所以，临界处理的筹划方法应用非常广泛。

二、纳税筹划实现途径

纳税人的应纳税额等于计税依据（税基）乘以税率，纳税人筹划的目标在不考虑其他因素的情况下，一般就是应纳税额的最低化，按应纳税额降低的途径划分，纳税筹划可分为税基式筹划、税率式筹划和税额式筹划三种。这三种筹划都是使应纳税额绝对值减少的纳税筹划。除此之外还有相对减少税负的纳税筹划和转嫁式纳税筹划。不同类型的纳税筹划有不同的筹划技术和方法，以下从税基、税率、税额、相对减少税负和有效转嫁税负五个方面探讨纳税筹划的技术和方法。

（一）税基式纳税筹划

税基（计税依据）是指税收法律关系中征纳双方权利义务所指向的物或行为，其是决定纳税人税负高低的主要因素之一。税基式纳税筹划是指纳税人通过缩小税基来减少应纳税额，从而达到纳税筹划目标的一种纳税筹划方式。

税基式纳税筹划的基本技术是扣除技术，是指在纳税人收入一定的情况下，使税收“扣除额”、“税额抵扣额”和“税收抵免额”等尽量最大化，从而使税基最小的技术方法。扣除技术在增值税、土地增值税、企业所得税等有扣除项的税种纳税筹划中得到广泛运用。

（二）税率式纳税筹划

税率是对征税对象的征收比例或征收额度，其是决定纳税人税负高低的另一个主要因素。税率式筹划是指纳税人在税基一定的情况下，通过合法降低适用税率的方式来减少应纳税额，从而达到纳税筹划目标的一种纳税筹划方法。税率式纳税筹划运用的前提是预计筹划的税种有可供选择的不同税率，最常用的技术有税率差异技术和分割技术。

1. 税率差异技术

税率差异技术是指纳税人利用税法中规定的不同地区、不同产品、不同行为等在税率上的差异，在税基一定的情况下，选择低税率，从而实现筹划目标的一种纳税筹划方式，比如利用低税区对企业所得税进行纳税筹划；利用增值税和营业税税负的差异对增值税和营业税的混合销售行为、兼营行为进行纳税筹划。

2. 分割技术

分割技术是指在合法和合理的情况下，使所得、财产在两个或多个纳税人之间进行分割而使适用税率最低的纳税筹划策略。比如在所得税税率采用累进税率，且边际税率较高的情况下，计税基础越大，适用的边际税率也就越高，如果能使所得、财产在两个或多个纳税人之间进行分割，可以减小税基，降低适用税率，即可实现筹划目标。分割技术可运用在增值税和企业所得税的纳税筹划中。因为我国目前增值税有一般纳税人和小规模纳税人划分标准问题，两种纳税人增值税的计算方法不同，采用的税率(小规模纳税人适用征收率)也就不同，尽管税法在设置税率和征收率时已经考虑了纳税人实际税负问题，但两者在实际中还是存在纳税差距；在内资企业所得税率上，我国目前设置两档照顾性税率，这样使得所得税税率就具有了全额累进税率的性质，所以纳税人在这两个税种上可以根据自身业务情况利用分割技术进行纳税筹划。

（三）税额式纳税筹划

税额式纳税筹划是纳税人在税基、税率一定的情况下，通过直接减少应纳税额的方式来减轻纳税负担或者解除纳税义务的一种纳税筹划方式。税额式纳税筹划常常与税收优惠中的全部免征或减免征收相联系。税额式筹划常用的技术有免税技术、减税技术和退税技术。

1. 免税技术

免税技术是指纳税人利用国家对特定的地区、行业、企业、税目或情况所给予纳税人完全免征税收的优惠政策，使自身成为免税人或使自己从事的活动成为免税活动，从而减轻纳税负担或者解除纳税义务的一种纳税筹划技术。这种技术要求纳税人尽量争取更多的免税待遇和延长免税期。

2. 减税技术

减税技术是指纳税人利用国家对特定的地区、行业、企业、税目或情况所给予纳税人减征部分税收的优惠政策安排自身的事务，使其能够享受到减少税负的优惠待遇，从而减轻纳税负担的一种纳税筹划技术。

免税技术和减税技术可以运用到税法设置税收优惠条件的增值税、营业税、消费税和企业所得税等税种中，比如我国在《中华人民共和国企业所得税法》中就经营地、行业等方面设置很多税收优惠政策，符合条件的企业就可以享受到相应减免税优惠。

3. 退税技术

退税技术是指纳税人利用国家对特定的地区、行业、企业、税目或情况所给予纳税人退税的优惠政策安排自身的事务，使其能够享受到退税的优惠待遇，从而减轻税收负担的一种纳税筹划技术。退税技术可运用在增值税纳税筹划中。我国在增值税中规定，符合规定的出口商品予以退税；对于软件开发企业和生产集成产品的企业也有超3%税负部分即征即退政策。

（四）相对减少税负的纳税筹划

相对减少税负的纳税筹划是指经过纳税筹划，纳税人一定时期的纳税绝对总额并没有减少，但各个纳税期纳税额有所变化，考虑到货币时间价值因素，纳税人因此而获得了相对收益的纳税筹划。

相对减少税负的纳税筹划基本技术是延期纳税，是指纳税人合法、合理推迟纳税义务，而相对减轻税负的纳税筹划技术。采用延期纳税技术进行纳税筹划不仅使纳税人减少近期现金流出，享受通货膨胀的好处，还可以利用缓交的税款进行必需的投资。

延期纳税技术常用的方法是成本(费用)调整法。成本(费用)调整法是指通过对成本(费用)在税收法规范畴内合理调整或分配(摊销),使近期成本(费用)增多、收益减少、应纳税所得额减少,从而达到延期纳税目的的纳税筹划方法。此种方法在企业所得税中运用得最多,如对固定资产折旧的安排、对存货发出计价方法的选择、债券折溢价方法的选择等。

(五) 转嫁式纳税筹划

除了上述四类纳税筹划技术方法以外,还有一种转嫁式筹划技术,这种筹划技术主要是针对流转税的。因为流转税在一般情况下具有税负转嫁的特点,纳税人虽然交纳流转税,但一般不是流转税的负税人。这种纳税筹划技术不是对纳税义务的回避,也不是对税法不完善及其缺陷的利用,而是通过将税负转嫁给他人,最终由他人负担的一种纳税筹划技术。

由于这种技术要通过商品和劳务定价来实现,所以商品及劳务定价是关键。如果商品或劳务价格过低,税负就不能或不能全部转嫁出去。但价格高低受到纳税人所处行业、产品在市场上的竞争能力、价格的需求弹性、成本高低等因素的制约,所以纳税人应将纳税筹划置于企业定价决策之中综合考虑。

由于税负转嫁没有伤害国家利益,也不违法,因此,转嫁式筹划技术受到普遍青睐。纳税人实施税负转嫁筹划技术时需要注意的是,不要在可能被税务机关认定为关联企业之间进行,因为根据《中华人民共和国税收征收管理法实施细则》第五十四条、五十五条规定,纳税人与关联企业之间的购销业务,不按照独立企业之间的业务往来作价,税务机关可以按照下列方法调整其计税收入额或者所得额,核定其应纳税额:(1) 按照独立企业之间进行相同或者类似业务活动的价格;(2) 按照再销售给无关联关系的第三者的价格所取得的收入和利润水平;(3) 按照成本加合理的费用和利润;(4) 按照其他合理的方法。

第三节　纳税筹划基本流程

一、纳税筹划前期准备

(一) 收集信息

纳税筹划很重要的一点是要了解纳税企业的基本情况和纳税企业的要求,不同企业的基本情况及要求有所不同,在实施纳税筹划活动时,要了解的筹划企业的基本情况如下:

(1) 企业组织形式

不同的企业组织形式,税务待遇不同,了解企业的组织形式可以根据组织形式的不同制定有针对性的税务规划和纳税筹划方案。

(2) 财务情况

企业纳税筹划是要合法合理地节减税收,只有全面、详细地了解企业的真实财务情况,才能制定出合法和合理的企业节税方案。财务情况主要包括企业的财务报告和账簿记录资料。

(3) 投资意向

投资有时可享受税收优惠,且不同规模的投资额有时会有不同的税收优惠;投资额与企业规模(包括注册资本、销售收入、利润等)往往有很大的关系,不同规模企业的税收待遇和优惠政策有时也是不同的。

(4) 对风险的态度

不同风格的企业领导对节税风险的态度是不同的,开拓型领导人往往愿意冒更大的风险节减最多的税,稳健型企业领导人则往往希望在最小风险的情况下节减税收。节税与风险并存,节税越多的方案往往也是风险越大的方案,两者的权衡取决于多种因素,包括纳税人对风险的态度等因素。了解纳税人对风险的态度,可以制定更符合企业要求的税务筹划方案。

同时,纳税筹划在了解筹划企业基本情况的基础上,还要了解筹划企业的需求。纳税人对纳税筹划的共同要求肯定是尽可能多地节税,节税的目的说到底是增加企业的财务利益,而在这一点上,不同纳税人的要求可能有所不同,这也是筹划人员必须了解的。

其一,要求增加所得还是资本增值。企业对财务利益的要求大致有三种:一种是要求最大限度地增加每年的所得;二是要求若干年后企业资本有最大的增值;三是既要求增加所得,也要求资本增值。针对不同的财务要求,制定的纳税筹划方案也应有所不同。

其二,投资要求。有些企业只有一个投资意向和取得更大财务收益的要求,此时筹划者可以根据纳税人的具体情况进行纳税筹划,提出各种投资建议。但有时企业对投资已经有了一定的意向,包括投资项目、投资地点、投资期限等,这时筹划者就必须了解企业的要求,根据企业的要求来进行纳税筹划,提出投资建议或提出修改企业要求的建议,比如,建议投资期限从5年改为3年,以节减更多的税。

(二) 筹划企业相关财税政策盘点归类

不论是企业的外部纳税筹划顾问或税务中介,还是纳税企业的内部纳税筹划者,在着手进行纳税筹划之前,都应该对筹划企业相关的财税政策和法规进行梳理、整理和归类。全面了解与筹划企业相关的行业、部门税收政策,理解和掌握国家税收政策及精神。不论是作为纳税人与税务机关中介的外部纳税筹划人,还是纳税人的内部纳税筹划人,在着手进行纳税筹划之前,首先都应学习和掌握国家税法精神,争取税务机关的帮助与合作,尤其是对实施跨国纳税筹划业务的筹划人来说,熟悉纳税国的法律环境更显得重要。对于承接业务的每一个具体的筹划委托,纳税筹划人都应有针对地了解所涉及的法律规定的细节。如果有条件,最好建立企业税收信息资源库,以备使用。

至于与筹划企业相关的财税政策和法规的获取,一般有以下渠道:

(1) 通过税务机关寄发的免费税收法规资料;

(2) 通过到税务机关索取免费税收法规资料;

(3) 通过图书馆查询政府机关有关出版物;

(4) 通过政府网站或专业网站查询政府机关的免费电子税收资料库;

(5) 通过订阅和购买政府机关发行的税收法规出版物;

(6) 通过订阅和购买中介机构出于营利目的税收汇编法规资料。

(三) 筹划企业纳税评估与剖析

在纳税筹划之前,对筹划企业进行全面的纳税评估极为必要。纳税评估可以了解企业以下方面的涉税信息:

(1) 纳税企业内部控制制度；
(2) 涉税会计处理；
(3) 涉税理财计划；
(4) 主要涉税税种；
(5) 近三个年度纳税情况分析；
(6) 纳税失误与涉税症结分析；
(7) 税收违规处罚记录；
(8) 税企关系。

二、纳税筹划方案设计与拟订

纳税筹划方案的设计是纳税筹划的核心，不同的筹划者在方案设计上可能大相径庭，但是在程序和内容方面具有共同之处，即一般的纳税筹划方案有以下几部分构成：

1. 涉税目标的认定

主要是认定所发生的理财活动或涉税项目属于什么性质，涉及哪些税种，形成什么样的税收法律关系。

2. 涉税问题的分析、判断

涉税项目可能向什么方面发展，会引发什么后果。能否进行纳税筹划，筹划的空间到底有多大。需要解决哪些关键问题？

3. 设计可行的多种备选方案

针对涉税问题，设计若干个可供选择的纳税筹划方案，并对涉及的经营活动、财务运作及会计处理拟订配套方案。

4. 备选方案的评估与选优

对多种备选方案进行比较、分析和评估，然后选择一个较优的实施方案。

5. 纳税筹划涉税纠纷处理

在纳税筹划实践活动中，由于筹划者只能根据法律条文和法律实践设计筹划方案并做出判别，而税务机关与筹划者对税法条款的理解可能不同，看问题的角度也可能存在差异，因此，可能会对一项纳税筹划方案形成不同的认识，甚至持截然相反的观点，导致在纳税筹划方案的认定和实施方面产生纠纷。

在纳税筹划方案的实施过程中，筹划企业应该尽量与税务机关进行充分的交流与沟通，实现税务协调；如果真的导致税收纠纷，筹划企业应该进一步评估筹划方案的合法性，合理合法的方案要据理力争，不合法的筹划方案要放弃。

筹划方案的合法性方面，我们应该关注相关职能部门的理解：一方面，从宪法和现行法律角度了解合法性，税务机关的征税和司法机关对税务案件的审理，都必须以立法机关制定的宪法和现行法律为依据；另一方面，从行政和司法机关对合法性的法律解释和执法实践角度了解合法性，行政机关依法行政，负责执行法律及法律规定的权力，它们往往得到立法机关的授权制定执行法律的法规，这些行政法规更具体地体现了国家的政策精神，而司法机关依法审判税务案件，负责维护、保证和监督税收法律的实施，它们的判决使国家政策精神体现得更加明确、清晰。人们可以从税务机关组织和管理税收活动以及司法机关受理和审判税务案件中，具体了解行政和司法机关在执法和司法过程中对合法性的界定。

三、纳税筹划方案实施跟踪与绩效评价

实施纳税筹划方案之后，要不断对筹划方案实施情况和结果进行跟踪，并在筹划方案实施后，对筹划方案进行绩效评价，考核其经济效益和最终效果。纳税筹划人应当通过一定的信息反馈渠道，了解企业实际的经济活动情况以及纳税筹划方案的实施情况。首先，纳税筹划根据实际数据计算出纳税筹划方案应该达到的效果，例如应该节减的税额等。然后，纳税筹划人将应该达到的标准与实际情况进行比较，确定其差额，发现例外情况。若有较大差异，纳税筹划人应该跟纳税人进行沟通，并进行具体的调查研究，查出产生差异的具体原因；如果纳税人没有按纳税筹划人的意愿执行纳税筹划方案，纳税筹划人应给予提示，指出其可能产生的后果；如果反馈的信息表明是纳税筹划人设计的税务方案有误，纳税筹划人应及时修订其设计的纳税筹划方案。

课后习题

案例 1：湖北A容器厂是私营企业，属于增值税一般纳税人，生产石油液化气系列钢瓶，法人代表为李某。该厂是当地政府的税源大户，政府给其下达了每年50万元的税收任务。为了抢占市场份额，该厂采取低价销售方式，而要低价取胜必须降低生产成本。由于原材料购进时不要增值税专用发票，进货价格每吨可低100—200元，因此，在购货过程中，该厂有意尽量不索取增值税专用发票，以便压低进货价格，增强市场竞争力。但由于取得的增值税专用发票少，造成进项税额抵扣不足，反而增加了税收负担。为了平衡税负，该厂进行了如下安排：一是在市场上购买虚开的增值税专用发票抵扣税款；二是设置两套账，实际账务只让当地政府及主管部门知道，不让国税部门知道。为了得到当地政府及主管部门的政策优惠，企业答应每年完成80万元的税款任务。该厂使用以上方法于2012年隐瞒应税收入4 158万元，并进行年度假抵扣，合计少纳税89.5万元。

问题：

1. 该企业的做法是否合法？
2. 该企业的做法是纳税筹划吗？
3. 该企业的做法是什么行为？应承担怎样的法律责任？

第二章　企业整体纳税筹划

本章要点

企业在生产经营过程中，首先面临的就是对组织形式的选择。本章从整体观出发介绍了纳税人设立阶段企业性质的选择、分支机构的选择和出资方式的选择以及企业扩大规模后融资方式及投资方式的选择。

纳税筹划具有整体性与前瞻性，与企业各项活动息息相关，企业设立组织形式选择、筹资活动、生产经营活动、投资活动、利润分配等相互影响，因此在现实纳税筹划中不能以某个环节或者某个税种为局限，而应在筹划中建立起整体观，从而达到企业税后收益的最大化。

第一节　企业设立阶段纳税筹划

案例导入

某公司老总有500万元的闲置资金，欲寻求新的投资契机。投资何种行业，成立何种组织形式企业，在哪里投资，分支机构的组织形式该如何选择，这些问题的解决不但需要做好市场调研，还需要做好纳税筹划。该老总找到一家税务师事务所咨询这些问题，如果是你接待，该如何为这位老总筹划呢？

一、不同产业税费政策

根据《企业所得税法》、《个人所得税法》及各项暂行条例的规定，不同产业缴纳税费见表2－1：

表2－1　不同产业的主要税费

产　业	主　要　税　费
第一产业	增值税　城建税　教育费附加　企业所得税　个人所得税　车船税　房产税　土地使用税

（续表）

产 业	主 要 税 费
第二产业	增值税　消费税　城建税　教育费附加　企业所得税　个人所得税　车船税　房产税　土地使用税
第三产业	增值税　消费税　土地增值税　契税　城建税　教育费附加　企业所得税　个人所得税　房产税　土地使用税　车船税　车辆购置税

注：① 第一产业是指提供生产资料的产业，包括农业、林业、牧业、副业和渔业；第二产业是指加工产业，利用基本的生产资料进行加工并出售，包括制造业、采掘业、建筑业和公共工程、上下水道、煤气、卫生部门；第三产业又称服务业，它是指第一、第二产业以外的其他行业，包括交通运输、仓储和邮政业、批发和零售业、信息传输、计算机服务和软件业、住宿和餐饮业、金融业、房地产业、租赁和商务服务业、居民服务和其他服务业、教育、文化、体育和娱乐业及其他非物质生产部门。

② 企业负有代扣代缴个人所得税的义务。

税收政策总体上坚持“宽税基、低税率”，以促进产业结构优化为导向，为经济发展创造宽松环境。产业结构优化必须以科学的税收政策为先导，税收政策体现了国家对不同产业的政策导向，以税收政策为手段促进社会资源的优化配置。

（一）第一产业税收政策

国家对第一产业的税收政策是轻税、减税，主要体现在以下方面：

根据《中华人民共和国企业所得税法》第二十七条规定，从事农、林、牧、渔业项目的所得可以免征、减征企业所得税；对农产品生产者直接生产的农产品实行免征增值税的政策。根据国家税务总局公告2013年第8号规定，采取“公司＋农户”经营模式从事畜禽饲养，也属于农业生产者销售自产农产品，应根据《中华人民共和国增值税暂行条例》的有关规定免征增值税，自2012年1月1日起，免征蔬菜流通环节增值税。对农业初级产品实行13％增值税低税率。为支持农业发展，对增值税一般纳税人购进免税农产品实行计算抵扣增值税进项的政策等。

（二）第二产业税收政策

为加快第二产业升级，支持产业技术发展，国家对高新技术给予了优惠政策，对资源再利用等方面也给予了税收优惠，表现在以下方面：

《中华人民共和国企业所得税法》第二十八条规定，“国家需要重点扶持的高新技术产业，减按15％的税率征收企业所得税”。《中华人民共和国企业所得税法》第三十条规定，“企业开发新技术、新产品、新工艺发生的研究开发费用支出，可以在计算应纳税所得额时加计扣除”。居民企业技术转让所得超过500万元的部分，减半征收企业所得税等。

增值税纳税人2011年12月1日以后初次购买增值税税控系统专用设备（包括分开票机）及技术维护费支付的费用，可凭购买增值税税控系统专用设备取得的增值税专用发票，在增值税应纳税额中全额抵减（抵减额为价税合计额），不足抵减的可结转下期继续抵减。

国家对于再生水及资源再利用给予增值税免税、即征即退等税收优惠政策，如：销售再生水及污水处理免征增值税，以工业废气为原料生产的高纯度二氧化碳产品实行增值税即征即退政策。

（三）第三产业税收政策

为促进第三产业发展，国家积极改革第三产业税收政策，完成现代服务业的“营改增”，引导完成生活性服务的“营改增”。

自 2014 年 6 月 1 日起，在中华人民共和国境内提供销售货物、提供加工、修理修配及交通运输业、邮电通信业和部分现代服务业服务（以下称应税服务）的单位和个人，应当缴纳增值税，并在原有税率的基础上设置了 11%及 6%两档税率。

根据财税〔2011〕100 号《财政部、国家税务总局关于软件产品增值税政策的通知》规定，增值税一般纳税人销售其自行开发生产的软件产品，按 17%税率征收增值税后，对其增值税实际税负超过 3%的部分实行即征即退政策；增值税一般纳税人将进口软件产品进行本地化改造后对外销售，其销售的软件产品可享受增值税即征即退政策。

二、不同组织形式

一般情况下，企业组织形式分为两类，即公司制企业和非公司制企业。其中公司制企业分为股份有限公司和有限责任公司，非公司制企业主要包括合伙企业和独资企业。

（一）公司制企业

1. 有限责任公司

有限责任公司是指股东以其认缴的出资额为限对公司承担责任，公司以其全部财产对公司债务承担责任。有限责任公司具有独立的法人资格，是独立的民事主体，可以取得物权，可以起诉和被诉。有限责任股东具有亲自参与公司经营管理的资格。与股份有限公司相比，有限责任公司的法定约束力较小，创办手续简单，创办费用较少。有限责任公司不公开向外发行股票募集资本，其股票和债券不可以在证券交易所挂牌公开交易。

作为一个具有法律上独立人格的企业，各国一般都要对有限责任公司和其股东征税。一方面对公司征收公司所得税，另一方面要对股东从公司分得的利润征收个人所得税。由于股息是税后利润，一些国家还对有限责任公司的未分配利润按个人所得税税率征收所得税。此外，有限责任公司还可能要缴财产税、增值税、消费税、关税、印花税以及代扣代缴个人所得税等其他税收。

2. 股份有限公司

股份有限公司是指将其全部资本分为等额股份，股东以其认购的股份为限对公司承担责任，公司以其全部财产对公司的债务承担责任的公司。股份有限公司是法人实体，是一个独立的民事主体，可以以公司的名义经营、负债、取得和处置物权，可以起诉和被起诉。股份有限公司公开对外发行股票募集资本，设立股份有限公司主要是为了募集更多的资本进行经营。上市的股份有限公司的股票和债券可以在证券交易所挂牌公开交易。与有限责任公司类似，大多数国家对股份有限公司和其股东进行双重征收。

《中华人民共和国企业所得税法》第一条规定，在中华人民共和国境内，企业和其他取得收入的组织（以下统称企业）为企业所得税的纳税人，依照本法的规定缴纳企业所得税。个人独资企业、合伙企业不适用本法。我国对企业所得税的征收主要有两种方式：查账征收和核定征收。对于企业财务管理比较规范，能够建账建制，准确及时填报资产负债表、损益表、现金流量表，并且能向税务机关提供准确、完整的纳税资料的企业，实行企业自行申报、税务机关查账征收的方式。其基本点就是能计算出应纳税所得额，按税法规定的税率缴纳企业所得税。

（二）非公司制企业

合伙企业是一个契约性的组合，是一种人的联合，而不像公司、企业那样强调资本的联合。大多数国家（包括中国）不授予合伙企业以法人地位和资格，因此，合伙企业不是一个独立的纳税单位，不缴纳企业所得税。各合伙人以各自的公民或居民身份，按各自的收入缴纳个人所得税。

独资企业，是指由一个自然人投资，全部资产为投资人所有的营利性经济组织。独资企业是一种很古老的企业形式，至今仍广泛运用于商业经营中，其典型特征是个人出资、个人经营、个人自负盈亏和自担风险。

个人独资企业和合伙企业（以下简称企业）每一纳税年度的收入总额减除成本、费用以及损失后的余额，作为投资者个人的生产经营所得，比照个人所得税法的“个体工商户的生产经营所得”应税项目，适用5%—35%的五级超额累进税率，计算征收个人所得税。

三、注册地问题

企业根据注册地及实际管理机构所在地不同，划分为居民企业与非居民企业，居民企业与非居民企业纳税义务不同，其所得税税率也不同。目前我国还在存在着区域性优惠政策。

（一）居民企业与非居民企业

《中华人民共和国企业所得税法》第二条规定，企业分为居民企业和非居民企业。

居民企业，是指依法在中国境内成立，或者依照外国（地区）法律成立但实际管理机构在中国境内的企业。居民企业应当就其来源于中国境内、境外的所得缴纳企业所得税。适用的企业所得税率为25%。

非居民企业，是指依照外国（地区）法律成立且实际管理机构不在中国境内，但在中国境内设立机构、场所的；或者在中国境内未设立机构、场所，但有来源于中国境内所得的企业。非居民企业在中国境内设立机构、场所的，应当就其所设机构、场所取得的来源于中国境内的所得，以及发生在中国境外但与其所设机构、场所有实际联系的所得，缴纳企业所得税。非居民企业所得税税率为20%。

（二）区域优惠

在中国境内注册公司，由于我国税法中存在区域优惠，所以也要注意区域的选择。

《中华人民共和国企业所得税法》第二十九条规定，民族自治地方的自治机关对本民族自治地方的企业应缴纳的企业所得税中属于地方分享的部分，可以决定减征或者免征。自治州、自治县决定减征或者免征的，须报省、自治区、直辖市人民政府批准。

根据财税〔2011〕58号《财政部 海关总署 国家税务总局关于深入实施西部大开发战略有关税收政策问题的通知》规定：

1. 对西部地区内资鼓励类产业、外商投资鼓励类产业及优势产业的项目在投资总额内进口的自用设备，在政策规定范围内免征关税。

2. 自2011年1月1日至2020年12月31日，对设在西部地区的鼓励类产业企业减按15%的税率征收企业所得税。上述鼓励类产业企业是指以《西部地区鼓励类产业目录》中规定的产业项目为主营业务，且其主营业务收入占企业收入总额70%以上的企业。《西部地区鼓励类产业目录》另行发布。

3. 对西部地区2010年12月31日前新办的、根据《财政部 国家税务总局 海关总署关于西部大开发税收优惠政策问题的通知》(财税〔2001〕202号)第二条第三款规定可以享受企业所得税"两免三减半"优惠的交通、电力、水利、邮政、广播电视企业，其享受的企业所得税"两免三减半"优惠可以继续享受到期满为止。

4. 本通知所称西部地区包括重庆市、四川省、贵州省、云南省、西藏自治区、陕西省、甘肃省、宁夏回族自治区、青海省、新疆维吾尔自治区、新疆生产建设兵团、内蒙古自治区和广西壮族自治区。湖南省湘西土家族苗族自治州、湖北省恩施土家族苗族自治州、吉林省延边朝鲜族自治州，可以比照西部地区的税收政策执行。

四、分支机构问题

当一个企业要进行跨区经营时，其常见的做法就是在其他地区先设立分支机构，分支机构包括：分公司、子公司和办事处。这三种形式的分支机构在税收上待遇不同，各有利弊。从法律上讲，子公司属于独立法人，而分公司和办事处不是独立法人。

（一）子公司与分公司的含义

按照公司之间的控制或从属关系，可将公司分为母公司和子公司。当一个公司拥有另一个公司一定比例以上的股份，并足以控制其股份时，该公司即为母公司；反之，被母公司有效控制的下属公司或者是母公司直接或间接控制的一系列公司中的一家公司即为子公司。就法律地位而言，子公司与母公司均为各自独立的法人，各自以其名义独立对外进行经营活动。在财产责任上，母公司与子公司各自以其独立的财产承担责任，互不连带。母公司在控股权基础上对子公司行使权利，享有对子公司重大事务的决定权，实际上控制子公司的经营。

按照公司分支机构的设置和管辖关系，可将公司分为总公司和分公司。总公司指依法首先设立的管辖全部组织的总机构；分公司则指受总公司管辖的分支机构。分公司可以有自己的名称，但没有法人资格，没有独立的财产，其经营活动所有后果由总公司承担。在国际税收惯例中，它往往与常设机构是同义词。

（二）子公司和分公司的税收政策

从法律上讲，子公司是一个独立的法人，而分公司不是独立法人，这就决定了子公司与分公司在税收待遇上的不同，具体表现如下：

居民企业在中国境内设立不具有法人资格的营业机构的，应当汇总计算并缴纳企业所得税。根据《中华人民共和国公司法》第十四条规定，公司可以设立分公司。设立分公司，应当向公司登记机关申请登记，领取营业执照。分公司不具有法人资格，其民事责任由公司承担。

公司可以设立子公司，子公司具有法人资格，依法独立承担民事责任，自主经营，自负盈亏。

五、筹划思路与演练

(一) 产业、行业的选择

税收是体现国家产业导向的重要经济杠杆,税收优惠政策体现了国家鼓励、刺激的方向。我国的税制构成中,各个税种都有不同的税收优惠政策。对一个企业来说,如何顺应政府的产业方针,充分享受产业性税收优惠,是设立企业的纳税筹划中需要认真考虑的一个方面。

我国运用税收政策促进产业转型升级的总体方向是引导企业从事环保、节能、高新技术、资源综合利用、公共基础设施等相关产业,因此企业经营行业的选择要结合国家对不同产业的税收倾斜政策,选择并确定要投资的产业。①

利用产业或行业性税收优惠政策必须考虑两个层次的问题:一是在投资地点相同的情况下,选择能享受更大优惠的行业进行投资;二是在投资地点不同的情况下,选择政策扶持的行业进行投资。处于不同经济发展阶段的国家,其税收优惠的行业重点有所差别,在投资行业选择时进行纳税筹划,要充分了解这些优惠政策及其变化,谋取企业利益的最大化。

根据国家对不同产业的税收政策,设立投资企业应选择自己所熟悉的行业,并通过市场调研,投资于有市场、有发展前途的行业。设立企业存在混业、兼有情况时,可通过改变销售行为及结算方式,从而达到减轻税负的目的。

一般来说,一个企业法人到工商行政管理机关进行注册登记的时候,就已经确定了自己的投资方向,投资方向一旦确定,在以后的经营过程中是很难改变的,所以,企业在设立时就应充分利用好现有的税收优惠政策,精心地进行投资产业结构的纳税筹划和测算,使企业在当前及一段时期内的整体税负水平达到最低。企业投资产业结构纳税筹划的基本思路如下:

首先,依据所设立企业的具体情况,结合国家对不同产业的税收倾斜政策,选择并确定要投资的产业;

其次,在某一产业内部,利用税收优惠政策,选择不同的行业、商品类别,使企业的经营尽可能地避开一些税种的征税范围;

再次,在某些税种的征税范围之内,选择有优惠政策的税目作为企业的投资方向,并对各种所涉及的税种实际税负情况进行测算,使企业的实际整体税负达到最低;

最后,在企业主要的投资方向确定以后,依据税法对混业和兼有的规定,在经营范围之内,确定合理的混业和兼有行为,避免额外的税收负担。

【案例 2-1】 某企业准备投资中药材种植或者茶叶的种植,预计中药材种植前三年每年投资 200 万元,第四年至第六年每年投资 300 万元。前三年没有任何收入,第四年至第六年分别获得毛利收入 400 万元、600 万元、700 万元(已扣除各项流转税)。以后每年收入保持在 600 万元左右。如果投资于茶叶的种植,其状况与林木的培育和种植基本相同。现有两个方案,方案一是投资于中药材,方案二是投资于茶叶。

【综合分析】

方案一:投资于中药材种植

根据税法的规定,中药材种植免征企业所得税,具体情况如下:

---

① 引用刘初旺主编《税收筹划》,清华大学出版社,第 291 页。

① 前六年的总投资＝200×3＋300×3＝1 500(万元)

② 毛收入＝400＋600＋700＝1 700(万元)

③ 纯收入＝1 700－1 500＝200(万元)

④ 第六年税后纯收入＝200(万元)

⑤ 以后每年的税后纯收入＝600(万元)

方案二:投资于茶叶的种植

根据税法的规定,花卉、茶以及其他饮料作物和香料作物的种植减半征收企业所得税,具体情况如下:

① 前六年的总投资＝200×3＋300×3＝1 500(万元)

② 毛收入＝400＋600＋700＝1 700(万元)

③ 纯收入＝1 700－1 500＝200(万元)

④ 第六年税后纯收入＝200－200×25％×50％＝175(万元)

⑤ 以后每年的税后纯收入＝600－600×25％×50％＝525(万元)

综上可见,投资中药材种植的税后纯收益大于投资茶叶的种植的税收纯收益,假如不考虑其他因素,该企业应选择投资中药材种植。

(二) 设立组织形式选择

依照《中华人民共和国企业所得税法》和《中华人民共和国个人所得税法》,个人独资企业和合伙企业不征收企业所得税,仅对投资者个人征收个人所得税。财税〔2008〕159 号《财政部国家税务总局关于合伙企业合伙人所得税问题的通知》规定,合伙企业以每一个合伙人为纳税义务人。合伙企业合伙人是自然人的,缴纳个人所得税;合伙人是法人和其他组织的,缴纳企业所得税。而有限责任公司、股份有限公司等具有法人资格的企业,除需缴纳企业所得税以外,投资者个人从公司获得的股息和红利还需缴纳个人所得税。合伙企业可以通过增加合伙人的数量来节税,但是公司制下增加股东并不能增加费用扣除。从总体税负角度考虑,合伙制一般要低于公司制。

虽然公司设立的成本和经营管理的成本比个人独资企业和合伙企业高,但是企业所得税法规定了较多的税收优惠,这些政策仅针对公司,个人独资企业和合伙企业则无法享受。

合伙制构成中如果既有本国居民,也有外国居民,就出现合伙制跨国现象。在这种情况下,合伙人由于居民身份国别的不同,税负将出现差异,特别是在预提所得税方面要充分考虑。

【案例 2-2】 2015 年 1 月 1 日汤姆与他人合伙开了一家清洁公司,约翰也与他人共同投资注册了一家清洁有限责任公司,两家企业都对写字楼和商业大厦的外墙开展清洁服务业务。一年下来,汤姆和约翰的企业都赚了 100 万元。若两家企业所赚利润均是在合伙人之间平均分配,问汤姆与约翰谁的盈利多?选择什么企业组织形式有利?

【综合分析】

汤姆的企业:

汤姆应缴纳的个人所得税＝(100÷2－0.35×12)×35％－1.475

＝14.555(万元)

税后收益＝50－14.555＝35.445(万元)

与合伙人共获利＝35.445×2＝70.89(万元)

约翰的企业：

企业所得税＝100×25％＝25(万元)

个人所得税＝(100－25)×20％＝15(万元)

税后收益＝100－25－15＝60(万元)

缴完税后汤姆与其合伙人净赚了70.89万元，而约翰的公司只有60万元，因此，合伙企业比有限责任公司更利于节税。

(三) 注册地点的选择

企业注册地的选择，受企业整体发展方向、战略目标、生产经营内容和项目、地方政府产业政策导向等因素的影响，而地域性的税收优惠政策仅是因素之一，在能够兼顾的情况下，享受区域性税收优惠，既符合国家的产业政策导向，企业自身也能获得税收利益。

【案例2-3】 某投资方欲于2010年投资兴办一家高新技术企业，假设该企业符合高新技术企业的认定指标和管理办法，可以享受相关的税收优惠政策。预计企业2012年开始获得第一笔收入，预计从2013年起，前五年的应纳税所得额分别为50万元、100万元、200万元、300万元、300万元。企业可以选择在上海浦东新区设立，也可以选择在北京中关村高科技园区设立。

【综合分析】

按照目前的政策规定，企业在北京设立，享受15％的税率优惠，五年共计应纳企业所得税142.5万元。

如果选择在上海浦东新区设立，可以享受两免三减半的优惠政策，即前两年免征，后三年按照25％法定税率减半征收，即按照12.5％的税率计缴税款，则前五年实际应纳税额为100万元。

两相对比，选择上海作为投资地点，可以直接节省所得税支出42.5万元。

(四) 分支机构设置纳税筹划

企业设立分支机构主要有两种组织形式可供选择，一种是创办子公司(严格说，子公司并非分支机构，此处采用日常用语，将全资子公司视为分支机构)；另一种是创办分公司。这两种不同的组织形式在所得税处理方式上是不同的，这种不同也使其在税收方面各有利弊。

创办子公司一般需要许多手续，并需达到当地公司的创办条件。因为子公司具有独立的法人资格，可以独立承担民事责任，在法律上和母公司视为两个主体。在纳税方面，也是同母公司相分离，作为单独的纳税主体独立承担纳税义务，其成本、损失和所得全部独立核算，独立缴纳企业所得税和其他各项税收。

分公司不具有独立的法人资格，不可以独立承担民事责任，在法律上和总公司视为一个主体。在纳税方面，同总公司作为一个纳税主体，将其成本、损失和所得并入总公司共同纳税，因而分公司的损失可以抵消总公司的所得，从而降低公司整体的应纳税所得额。另外，总分公司合并纳税要比母子公司分别纳税的税收遵从成本要低。

在具体筹划公司组织形式时，还应考虑其他因素，诸如公司的发展目标、自身的特点、地区间地方税种政策和征管的差异等等。

分支机构在设立的初期，因为需要大量资金投入，较长时间无法盈利，处于亏损状态，如果采用分公司形式，能够利用公司扩张成本冲抵总公司的利润，从而减轻税负。对于扭亏为盈迅速的行业，条件成熟时则可以设立子公司，这样可以享受税法中的优惠政策，在优惠期内的盈利无须纳税。

【案例2-4】 某公司准备设立分支机构，预计该分支机构从2010年到2013年度应纳税所得额分别为：-150万元、-50万元、100万元、300万元。目前该公司有两套方案可供选择：

方案一：设立全资子公司，子公司具有独立法人资格。

方案二：设立分公司，分公司不具有法人资格。

【综合分析】：

方案一：因为设立的是全资子公司，且子公司具有独立法人资格，所以应单独承担纳税义务，具体纳税情况如下：

① 第一年应纳税所得额=0(万元)

② 第一年未弥补亏损=-150(万元)

③ 第二年应纳税所得额=0(万元)

④ 第二年累计未弥补亏损=-150-50=-200(万元)

⑤ 第三年应纳税所得额=0(万元)

⑥ 第三年累计未弥补亏损=-200+100=-100(万元)

⑦ 第四年应纳税所得额=300-100=200(万元)

⑧ 第四年应纳税额=200×25%=50(万元)

⑨ 四年累计应纳税额=50(万元)

方案二：因为设立的是分公司，且分公司不具有法人资格，所以不能成为独立的纳税主体，必须和总公司合并缴纳企业所得税。具体纳税情况如下：

① 第一年抵扣总公司企业所得税额=-150×25%=-37.5(万元)

② 第二年抵扣总公司企业所得税额=-50×25%=-12.5(万元)

③ 第三年应纳企业所得税额=100×25%=25(万元)

④ 第四年应纳企业所得税额=300×25%=75(万元)

⑤ 四年累计应纳税额=75+25-12.5-37.5=50(万元)

通过对比分析，无论设立的是全资子公司还是分公司，四年的累计应纳税额都是相同的。不同的是，如果设立全资子公司前三年都不需缴纳企业所得税，第四年缴纳50万元企业所得税；如果设立的是分公司，前两年可以帮助总公司分别少缴税37.5万元和12.5万元，第三年和第四年分别缴纳25万元和75万元的企业所得税，相当于获得了37.5万元的两年期无息贷款和12.5万元的两年期无息贷款。

第二节　出资方式的选择

案例导入

一家研发科技公司正处于筹备阶段，各股东的出资方式有货币形式、实物形式、无形资产形式，各种出资方式对企业纳税有什么不同影响？

一、出资方式的分类

出资方式不同,企业设立程序就会不同,享受的实际税收待遇也会有所不同,有的甚至存在很大差别,这为纳税人选择不同的出资方式提供了筹划空间。

(一) 按出资物的性质划分

按出资物的性质划分,出资方式可分为货币资金出资、实物资产出资和无形资产出资。货币资金出资方式是指以货币直接进行投资的方式。实物资产出资是指以建筑物、厂房、设备、其他物料等作价出资的方式。无形资产出资是指以工业产权、非专利技术、著作权、场地使用权、商誉等作价出资的方式。一般来说,采用实物资产出资和无形资产出资的方式优于货币资金出资方式。

(二) 按出资期限划分

按出资期限划分,出资方式可分为一次性出资方式和分期出资方式,即一次性将注册资金拨入企业或者分期分批拨入注册资金。为了保证企业正常的经济运行,注册资本必须在企业建立后一定期限内全部到位。如果从弱化资本或变相增加权益的角度考虑,应尽可能地采取分期拨入注册资本的出资方式。

二、货币资金出资方式、实物资产出资方式和无形资产出资方式的比较

(一) 货币资金出资方式

货币资金出资方式合理运用具有一定的避税效果。以中外合资经营企业为例,中外合资经营者在投资总额内或以追加投入的资本进口机械设备、零部件等可免征关税和进口环节的增值税。这就是说,合资中外双方均以货币方式投资,用其投资总额内的资本或追加投入的资本进口的机械设备、零部件等,同样可以享受免征关税和进口环节增值税的照顾,达到节税的效果。

例如:有一个中外合资经营项目,合同要求中方提供厂房、办公楼房以及土地使用权等,而中方又无现成办公楼可以提供,这时中方企业面临两种选择,一种是由中方企业投资建造办公楼房,再提供给合资企业使用,其结果是,中方企业除建造办公楼房投资外,还需要在办理楼房产权时缴纳契税。二是由中方企业把相当于建造楼房的资金投入该合资经营企业,再以合资企业名义建造办公楼房办理产权登记,则契税就应该由合资企业缴纳。

虽然在纳税筹划时可以考虑用货币资金购买享有税收优惠的有形资产,但毕竟受到购买范围的限制。在投资方式筹划中,从被投资企业的角度考虑,一般不采用货币资金出资方式,其原因在于:

(1) 实物资产出资方式中的设备投资,其折旧费可以作为税前扣除项目,缩小所得税税基;无形资产的摊销费也可以作为管理费用在税前扣除,缩小所得税税基。

(2) 实物资产和无形资产在产权变动时,必须进行资产评估。由于计价方式不同,资产评估的价值也将有所不同。评估的方法主要有重置成本法、现行市价法、收益现值法、清算价格法等。如果通过选择评估方法,能够高估设备和无形资产的价值,对投资企业而言可以节约投资成本,对被投资企业而言则可以通过多列折旧费用和摊销费用,缩小所得税税基,达到节税

的目的。

但是从出资企业的角度考虑，选择实物资产出资方式和无形资产出资方式要承担更多的税负。具体可能包括：

1. 企业所得税

企业应在交易发生时，将该项交易分解为按公允价值销售实物资产或无形资产和投资两项业务进行所得税处理，并按规定计算确认资产转让所得或损失。如果发生资产转让所得，且数额比较大，在一个纳税年度缴纳企业所得税确有困难，报经税务机关批准，可作为递延所得，在交易发生当期及随后不超过5个纳税年度内平均摊转到各个年度的应纳税所得中。

2. 增值税

如果企业以存货等属于增值税应税范围的实物资产形式出资，根据增值税有关规定，企业应按视同销售货物行为相应缴纳增值税。

投资企业应综合考虑双方的税收负担情况，选择适当的出资方式。即使同样是实物资产投资，企业也可以通过对出资方式的选择，达到最大减轻企业税负的目的。

（二）实物资产出资方式

我国现行税法规定：按中外合资经营企业的中外双方所签合同规定，作为外方出资的机械设备、零部件及其他物件；合营企业以投资总额内的资金进口的机械设备、零部件及其他物件；以及经审批合营企业以增加资本新进口的国内不能保证供应的机械设备、零部件和其他物料，可免征关税和进口环节的增值税。这种规定是国家为了鼓励中外合资经营企业引进国外先进机械设备而制定的，其同时也可作为一种节税的出资方式。这种实物资产投资方式的选择在于对企业自身具体情况以及相关税法规定的具体分析和把握。

（三）无形资产出资方式

无形资产不具备实物形态，但同样也能为企业带来经济效益，甚至可创造出成倍或更多的超额利润。无形资产一般是指企业长期使用而不具备实物形态的资产。它包括专利权、商标权、著作权、非专利技术、土地使用权、商誉等。根据现行企业所得税法规定，纳税人购买或自行开发无形资产发生的费用不得从应纳税所得额中直接扣除，但是为了促进企业发展，刺激其开发新技术的积极性，税法规定无形资产开发支出中未形成资产的部分准予扣除。以无形资产方式出资入股，有如下好处：可以缓解新办企业和要求增资扩股的企业注册资金不足的困难；根据目前的政策，无形资产投入企业以后，是在税前进行摊销的，从而减少了企业当年的应纳税额，减轻了企业的税收压力；技术资产的多少在一定程度上反映了该企业的技术水平和技术力量，因此无形资产可以提升企业的形象。

三、分期投资与一次性投资的选择

我国中外合资、合作经营企业各方出资期限的规定是，合营各方应在合营合同中标明出资期限，并按合营合同规定的期限缴清各自出资额。合营合同中规定一次缴清出资的，合营各方应自营业执照签发之日起6个月内缴清；合营合同中规定分期缴付出资的，各方第一期出资不得低于各自认缴出资额的15%，且应自营业执照签发之日起三个月内缴清，其最后一期出资可自营业执照签发之日起3年内缴清。依据上述规定，分期出资可以获得资金的时间价值，而且未到位的资金可通过金融机构或非金融机构融通解决，其利息支出可以全部或部分地在税前扣除。这样，分期投资方式不但能缩小所得税税基，而且在盈利的经济环境下还能实现少投入资本、充分利用财务杠杆效应的目的。总之，在出资方式的选择过程中，应充分考虑自身特点，以达到减轻税负、增加利润的目的。

【案例2-5】 某投资企业有两个投资者，甲乙投资者的投资额均为100万元，税后利润对半分配。甲投资者一次性投入100万元；乙则在一年内分四次投入，每季度初投入25万元。设年利率8%。

【综合分析】

乙投资者投资额现值＝25＋25×(P/A,2%,3)＝25＋25×2.884＝97.1(万元)

可见，该企业投资总额现值为197.1万元。其中，乙实际的投资额现值为97.1万元，比甲方少投资2.9万元，但其参与利润分配的份额却与甲方一样。显然，乙方采用分期拨付注册资本的方式，就其参与企业利润分配的权益而言，比其他投资者略胜一筹。但运用该方法进行筹划时，还要注意各国政府对注册资本拨付法定期限的规定。

第三节　企业融资决策的纳税筹划

案例导入

某公司成立后，由于经营规模的扩大，需要筹集资金增加注册资金。可供选择的融资方式有：利用自有累积利润增加注册资金、向金融机构借款、公司间资金拆借、向公司股东或职工个人筹集资金、向社会发行债券和股票。在以上筹资方式中，作为税务筹划人员，你将如何为企业分析？

融资亦称筹资，是企业根据投资、生产经营等活动的需要，通过各种渠道和方式筹措资金的行为。筹资是企业资金运动的起点，企业筹资手段包括对内筹资和对外筹资。对内筹资又分为企业内部集资、企业自我积累方式；对外筹资又分为商业信用、短期借款等短期融资方式和发行股票、债券、长期借款等长期融资方式。其中，借款又分为向金融机构借款和企业之间相互拆借资金。从纳税角度看，不同的融资渠道产生的税负不尽相同，取得的税收收益也因此受到影响，这便为企业在筹资决策中运用纳税筹划提供了较大的空间。

融资渠道对于任何一个处在生存与发展阶段的企业而言都是至关重要的，融资是其进行一切经营活动的先决条件，如果筹集不到一定数量的资金，也就无法取得预期的经济效益。可以说，不同的融资方式、不同的融资条件会带来不同的税前和税后资本成本，对企业的税收负担而言有较大影响。所以利用融资方式对税收的不同影响，设计企业的融资项目，以达到企业税后利润或者股东利益最大化，是纳税筹划的任务和目标。

一、债权性投资与权益性投资税收政策

《中华人民共和国企业所得税法》第八条规定，“企业实际发生的与取得收入有关的、合理的支出，包括成本、费用、税金、损失和其他支出，准予在计算应纳税所得额时扣除”。《中华人

民共和国企业所得税法》第十条规定,"在计算应纳税所得额时,向投资者支付的股息、红利等权益性投资收益款项支出不得扣除"。

由上面的表述可以看出,企业借贷的利息支出可以作为费用成本冲减当期的企业利润,而企业发行股票所支付的股息却不能计入当期费用,两者之间的税收待遇差异构成了纳税筹划的基础。

《中华人民共和国企业所得税法》第四十六条规定,企业从其关联方接受的债权性投资与权益性投资的比例超过规定标准而发生的利息支出,不得在计算应纳税所得额时扣除。第一百一十九条规定,《企业所得税法》第四十六条所称债权性投资,是指企业直接或者间接从关联方获得的,需要偿还本金和支付利息或者需要以其他具有支付利息性质的方式予以补偿的融资。

企业间接从关联方获得的债权性投资,包括:

(1) 关联方通过无关联第三方提供的债权性投资。

(2) 无关联第三方提供的、由关联方担保且负有连带责任的债权性投资。

(3) 其他间接从关联方获得的具有负债实质的债权性投资。

《企业所得税法》第四十六条所称权益性投资,是指企业接受的不需要偿还本金和支付利息,投资人对企业净资产拥有所有权的投资。

《企业所得税法》第四十六条所称标准,由国务院财政、税务主管部门另行规定。

财税〔2008〕121 号《财政部国家税务总局关于企业关联利息支出税前扣除标准有关税收政策问题的通知》规定:

为规范企业利息支出税前扣除,加强企业所得税管理,根据《中华人民共和国企业所得税法》(以下简称税法)第四十六条和《中华人民共和国企业所得税法实施条例》(国务院令第 512 号,以下简称实施条例)第一百一十九条的规定,现将企业接受关联方债权性投资利息支出税前扣除的政策问题通知如下:

1. 在计算应纳税所得额时,企业实际支付给关联方的利息支出,不超过以下规定比例和税法及其实施条例有关规定计算的部分,准予扣除,超过的部分不得在发生当期和以后年度扣除。

企业实际支付给关联方的利息支出,除符合本通知第二条规定外,其接受关联方债权性投资与其权益性投资比例如下:

金融企业,为 5 : 1。

其他企业,为 2 : 1。

2. 企业如果能够按照税法及其实施条例的有关规定提供相关资料,并证明相关交易活动符合独立交易原则的;或者该企业的实际税负不高于境内关联方的,其实际支付给境内关联方的利息支出,在计算应纳税所得额时准予扣除。

3. 企业同时从事金融业务和非金融业务,其实际支付给关联方的利息支出,应按照合理方法分开计算;没有按照合理方法分开计算的,一律按本通知第一条有关其他企业的比例计算准予税前扣除的利息支出。

4. 企业自关联方取得的不符合规定的利息收入应按照有关规定缴纳企业所得税。

二、同业拆借与自身积累税收政策

《中华人民共和国企业所得税法实施条例》第三十八条规定,企业在生产经营活动中发生的下列利息支出,准予扣除:

1. 非金融企业向金融企业借款的利息支出、金融企业的各项存款利息支出和同业拆借利息支出、企业经批准发行债券的利息支出。

2. 非金融企业向非金融企业借款的利息支出，不超过按照金融企业同期同类贷款利率计算的数额的部分。

国税函〔2010〕79号《国家税务总局关于贯彻落实企业所得税法若干税收问题的通知》第四条第二款明确，被投资企业将股权（票）溢价所形成的资本公积转为股本的，不作为投资方企业的股息、红利收入，投资方企业也不得增加该项长期投资的计税基础。

《国家税务总局关于股权分置改革中上市公司取得资产及债务豁免对价收入征免所得税问题的批复》规定，股权分置改革中，上市公司因股权分置改革而接受的非流通股股东作为对价注入资产和被非流通股股东豁免债务，上市公司应增加注册资本或资本公积，不征收企业所得税。上市公司如果利用这部分资本公积转为股本，应不作为投资方企业的股息、红利收入，投资方企业也不得增加该项长期投资的计税基础。属于用非股权溢价形成的资本公积转股的，与用未非分配利润或盈余公积转股一样，应视同利润分配。

三、向个人借款税收政策

国税函〔2009〕777号《关于企业向自然人借款的利息支出企业所得税税前扣除问题的通知》规定：

1. 企业向股东或其他与企业有关联关系的自然人借款的利息支出，应根据《中华人民共和国企业所得税法》（以下简称税法）第四十六条及《财政部、国家税务总局关于企业关联方利息支出税前扣除标准有关税收政策问题的通知》（财税〔2008〕121号）规定的条件，计算企业所得税扣除额。

2. 企业向除第一条规定以外的内部职工或其他人员借款的利息支出，其借款情况同时符合以下条件的，其利息支出不超过按照金融企业同期同类贷款利率计算的数额部分，根据税法第八条和税法实施条例第二十七条规定，准予扣除。

① 企业与个人之间的借贷是真实、合法、有效的，并且不具有非法集资目的或其他违反法律、法规的行为。

② 企业与个人之间签订了借款合同。

关于企业由于投资者投资未到位而发生的利息支出扣除问题，根据《中华人民共和国企业所得税法实施条例》第二十七条规定，凡企业投资者在规定期限内未缴足其应缴资本额的，该企业对外借款所发生的利息，相当于投资者实缴资本额与在规定期限内应缴资本额的差额应计付的利息，其不属于企业合理的支出，应由企业投资者负担，不得在计算企业应纳税所得额时扣除。

具体计算不得扣除的利息，应以企业一个年度内每一账面实收资本与借款余额保持不变的期间作为一个计算期，每一计算期内不得扣除的借款利息按该期间借款利息发生额乘以该期间企业未缴足的注册资本占借款总额的比例计算，公式为：

企业每一计算期不得扣除的借款利息＝该期间借款利息额×该期间未缴足注册资本额÷该期间借款总额

企业一个年度内不得扣除的借款利息总额为该年度内每一计算期不得扣除的借款利息额之和。

四、筹划思路与演练

（一）自我积累与银行借款税负比较

企业自我积累是通过自身经营的不断扩大，增加盈利，在实现税后利润的前提之下，将获得的利润逐年用于扩大和增加投资。这种自身积累方式，速度缓慢，通常不适应企业规模的迅速扩大，且存在双重征税的问题，即经过征税的利润再投资获利仍要征税。另外，自我积累的资金不属于负债范畴，不存在利息抵扣应纳税所得额的问题。

向金融机构借款也是企业较常使用的融资方式之一，由于这种方式只存在两个主体，即企业和金融机构，如果二者存在一定的关联关系，可以利用利润的平均分摊来减轻税收负担，但需要控制在合理的范围之内，否则可能受到关联企业转移定价的规制。对于绝大多数企业而言，这种关联关系是不存在的。但由于金融机构的借款利息通常能够在税前冲减企业的利润，从而会减少企业所得税。因此，这一融资方式比企业自我积累资金的方式在税收待遇上要优越。

【案例 2－6】 某公司计划用以前年度积累的留存收益 4 000 万元兴建写字楼对外出租，预计每年租金 600 万元，写字楼预计使用寿命 20 年。

该写字楼建成后每年获得租金应纳的企业所得税额＝600×25％＝150(万元)

20 年企业所得税负担＝150×20＝3 000(万元)

若该公司不是利用自己的积累资金兴建该写字楼，而是改从银行借款 4 000 万元兴建写字楼对外出租，假定租金不变，仍为每年 600 万元，银行贷款利率为 8％，贷款期限为 20 年，每年年末支付利息。

公司每年应支付利息＝4 000×8％＝320(万元)，按规定可以从税前扣除。

则企业出租业务的净所得＝600－320＝280(万元)

企业每年应纳企业所得税额＝280×25％＝70(万元)

20 年企业所得税负担＝70×20＝1 400(万元)

【综合分析】

采用从银行借款的筹资方式将比依靠自身积累节税 1 600 万元(3 000 万元－1 400 万元)。从税收负担角度，借款方式优于依靠自身积累方式；但从整体财务效果来看，借款方式的税后净利润低于依靠自身积累。借款与动用留存收益，对企业财务状况的影响不同，同时，在实际工作中还应该考虑到自有资金的机会成本。企业应统筹考虑各方面因素，选取最优方案进行。

税法规定，企业为购置、建造固定资产、无形资产和经过 12 个月以上的建造才能达到预定可销售状态的存货发生借款的，在有关资产购置、建造期间发生的合理的借款费用，应当作为资本性支出计入有关资产的成本。本案例中的利息支出不属于在购置建造期间发生的(每年末支付)，应可在当期税前扣除。即使将支付银行利息全部资本化，增加写字楼的固定资产计税基础，相应增加每年的折旧额，在税前扣除时同样起到抵税的效果。

（二）银行借款与发行股票税负比较

各种融资渠道实际可分为资本金和负债两大类。资本结构的变动与构成主要取决于长期负债与资本的比例构成，而负债比率正是评判资本结构是否合理的关键因素。较大的负债比率将意味企业经营中面临更大的财务风险，但税前扣除额较大，因而效果明显。所以，如何选择融资渠道，构成怎样的资本结构，限定多高的负债比率是一种风险与利润的取舍关系。

【案例 2－7】 某公司由于业务发展，2011 年计划筹资 1 000 万元，在专业人员的指导下根据目前情况以及新年度发展预测制定了两套方案：

方案一：向银行贷款融资，因企业急需资金，决定同银行协商解决，上一年的贷款年利率为 5.60％，筹资费率为 1％，以后贷款利率可能会提高，该企业的企业所得税税率为 25％。

方案二：发行股票融资，由于公司产品质量享有盛誉，创新性能强大，发行股票有较好的基础。因此，在新的一年里增发股票（普通股），筹资费率 4.5％，公司目前普通股市价 26.4 元，每股股利 2.23 元，预计股利年增长率为 10％。

【综合分析】

由于两种筹资方案都有其资金成本，故而，采取比较资金成本率的方法。

方案一：向银行贷款融资

贷款资金成本＝贷款年利息×（1－企业所得税税率）÷［贷款本金×（1－筹资费用率）］
＝1 000×5.60％×（1－25％）÷［1 000×（1－1％）］
＝4.24％

方案二：发行股票融资

普通股资金成本＝预期年股利额÷［普通股市价×（1－普通股筹资费用率）］
＋股利年增长率
＝2.23×（1＋10％）÷［26.4×（1－4.5％）］＋10％
＝19.73％

在上述两种方案中，银行贷款的资金成本最低。这是由于贷款的利息支出可以在税前扣除；而发行股票所支付的股利只能在税后利润中分配，从而使股票资金成本大大提高。但并不能据此就判定负债融资是最好的，因为在决策时还要考虑风险因素，负债水平必须保持在适当的水平，以减少企业的财务风险。

权益资金和负债资金有着不同的税收待遇：权益资金需要支付股息，但股息只能从税后利润中支付；负债资金需要支付利息，但利息可以作为费用在税前扣除，减少所得税负担。这种用政府税收支付部分债务利息的现象称为债务的“税收屏蔽”，它在实际上构成了纳税人的额外收益，即负债融资具有节税功能。

（三）权益投资与债权性投资税负比较

权益资本通过吸收直接投资和发行股票两种筹资方式取得，具有长期性，无固定利息负担，使用起来较安全；债务资本指公司以负债方式借入，到期要还本付息的资金，若企业到期不能还本付息就有破产危险。若仅从资金成本角度考虑，权益资本的成本是股息，是用企业税后利润支付的；债务资本的成本是利息，可以计入财务费用在税前扣除。只要企业的息税前投资收益率大于负债成本率，那么增加负债额度、提高负债比重，就会导致权益资本收益水平的提升。但随着负债比重的提升，企业面临的风险也越来越大，以至于当负债成本率大于息税前投资收益率时，权益资本收益率就会随着负债额度的提高而下降。因此，应将负债额度控制在一定比例之内。

【案例 2－8】 某公司计划投资 1 000 万元于一项新产品的生产，在专业人员的指导下制定了三套方案：假设公司的资本结构如表 2－2 所示，三个方案的债务利率均为 10%，企业所得税税率为 25%。那么其权益资本收益率如下：

表 2－2　三种方案权益资本收益率的比较

方案	A	B	C
债务资本：权益资本	60∶40	20∶80	0∶100
息税前利润(万元)	300	300	300
利率	10%	10%	10%
税前利润(万元)	240	280	300
纳税额(25%)	60	70	75
税后利润(万元)	180	210	225
权益资本收益率	45%	26.25%	22.5%

【综合分析】

通过以上三个方案的对比研究，在息税前利润和贷款利率不变的前提下，随着企业负债比例的提高，权益资本的收益率不断增加。通过比较不同资本结构下的权益资本收益率可选择所要采取的融资组合，实现股东收益最大化。我们可以选择方案 A 作为最佳的融资方案。

（四）借款利息筹划

借款应确保利息支出的合法性，应取得合法的凭证，包括借款的合同或协议，其利息支出才准予认定。

利息摊入成本的不同方法、资金往来双方的关系和所处经济活动的地位，往往是筹划的关键。其主要思路是，充分利用借款利息支出抵消应纳所得税额的作用。但税法同时规定，企业从非金融机构的借款利息只能按不超过同期金融机构利率水平扣除，因此操作会受到限制。

为融资方便，关联方之间的借款业务也是纳税筹划应着重考虑的因素。税法对关联方借款费用的税前扣除进行了界定，《中华人民共和国企业所得税法》第四十六条规定，“企业从其关联方接受的债权性投资与权益性投资的比例超过规定标准而发生的利息支出，不得在计算应纳税所得额时扣除”。因为企业的筹资渠道有多种，因此对于限制完全可以绕其道而行之。

【案例 2－9】 振华公司现有一投资项目需投资 1 000 万元，该项目寿命期为 5 年，预期第一年可获取息税前利润 180 万，以后每年增加 60 万元。该投资项目所需的 1 000 万元拟从银行借款取得，银行借款年利率为 8%。振华公司的还本付息方式有以下四种：

方案一：到期一次还本付息；

方案二：复利年金法，即每年等额偿还本金和利息，金额为 250.44 万元(1 000÷3.993)

方案三：每年等额还本，即每年还本 200 万元，并在每年支付剩余借款的利息；

方案四：每年付息，到期一次还本。

假设银行未限定还本付息方式，现在需要财务管理人员在上述四种方法中进行权衡，确定其一。

【综合分析】

不同的还本付息方式所形成的税后利润的现值计算结果见表 2-3。

表 2-3 不同方案还本付息情况对比表 单位:万元

方案	年数	年初所欠金额	当年利息额	当年所还金额	当年所欠金额	当年投资收益	当年税前利润	当年应纳所得税额	当年税后利润	当年税后利润现值
一	1	1 000	80	0	1080	180	100	25	75	69.44
	2	1080	86.4	0	1166.4	240	153.6	38.4	115.2	98.77
	3	1166.4	93.31	0	1259.71	300	206.69	51.67	155.02	123.06
	4	1259.71	100.78	0	1360.49	360	259.22	64.81	194.42	142.90
	5	1360.49	108.84	1469.33	0	420	311.16	77.79	233.37	158.83
	合计		469.33				1030.67	257.67	773.00	593.00
二	1	1 000	80	250.44	829.56	180	100	25	75	69.44
	2	829.56	66.36	250.44	645.48	240	173.64	43.41	130.23	111.65
	3	645.48	51.64	250.44	446.68	300	248.36	62.09	186.27	147.87
	4	446.68	35.73	250.44	231.97	360	324.27	81.07	243.20	178.76
	5	231.97	18.56	250.53	0	420	401.44	100.36	301.08	204.91
	合计		252.29				1247.71	311.93	935.78	712.63
三	1	1 000	80	280	800	180	100	25	75	69.44
	2	800	64	264	600	240	176	44	132	113.17
	3	600	48	248	400	300	252	63	189	150.03
	4	400	32	232	200	360	328	82	246	180.82
	5	200	16	216	0	420	404	101	303	206.22
	合计		240				1260	315	945	719.68
四	1	1 000	80	80	1 000	180	100	25	75	69.44
	2	1 000	80	80	1 000	240	160	40	120	102.88
	3	1 000	80	80	1 000	300	220	55	165	130.98
	4	1 000	80	80	1 000	360	280	70	210	154.36
	5	1 000	80	80	0	420	340	85	255	173.55
	合计		400				1100	275	825	631.21

注:当年利息额=年初所欠金额×8%

年末所欠金额=年初所欠金额+当年利息额-当年所还金额

当年税前利润=当年投资收益-当年利息额

当年应纳所得税额=当年税前利润×25%

当年税后利润=当年税前利润-当年应纳所得税额

当年税后利润现值=当年税后利润×现值系数

通过上述计算过程可以看出,方案一税后利润的折现值为 593 万元,方案二税后利润的折现值为712.63万元，方案三税后利润的折现值为719.68万元，方案四税后利润的折现值为631.21万元。采用方案三的还本付息方式，虽然缴纳的所得税比较多，但税后利润的折现值最大。振华公司应争取将方案三作为最优方案与银行签订合同。

第四节　企业投资方式决策的纳税筹划

案例导入

某公司步入正轨后，经营业绩节节高升，对于公司闲置资金的安排，公司几位投资者召开会议进行商讨。你作为公司的财务负责人，应该从税务的角度对投资者提出怎样的建议？公司是应该投资于房产等直接性资产，还是将资产购买股票、债券等间接性资产？

按照投资者对被投资企业的生产经营控制和管理方式的不同，投资可以分为直接投资和间接投资。直接投资，是指投资主体将货币资金、物资、土地、劳力、技术及其他生产要素直接投入项目，直接进行或参与投资的经营管理，并享有投资项目的经营所得。间接投资，是指投资主体不直接开厂设店进行生产经营，而是为了取得预期收益，包括利息、股息或者红利，用其货币资金购买债券和股票等有价证券，从持有和转让中获取投资收益和资本利得的投资行为，比如股票投资、债券投资和基金投资。

一、直接投资的税收政策

财税〔2002〕191号《财政部 国家税务总局关于股权转让有关营业税问题的通知》规定：

1. 以无形资产、不动产投资入股，参与接受投资方利润分配，共同承担投资风险的行为，不征收营业税。

2. 股权转让不征收营业税。

财税〔2015〕5号《财政部、国家税务总局关于企业改制重组有关土地增值税政策的通知》规定：

单位、个人在改制重组时以国有土地、房屋进行投资，对其将国有土地、房屋权属转移、变更到被投资的企业，暂不征土地增值税。上述改制重组有关土地增值税政策不适用于房地产开发企业。

合作建房，是指由一方提供土地使用权，另一方提供资金，合作建房。上述合作建房属于纯粹的“以物易物”，即双方以各自拥有的土地使用权和房屋所有权相互交换，双方都拥有部分房屋的所有权。转让部分土地使用权一方，换取部分房屋的所有权，发生了转让土地使用权的行为，对该方应按“转让无形资产”税目中的“转让土地使用权”子目征税。

财政部、国家税务总局《关于土地增值税一些具体问题规定的通知》(财税字〔1995〕48号)规定，对于一方出地，一方出资金，双方合作建房，建成后按比例分房自用的，暂免征收土地增值税；建成后转让的，应征收土地增值税。

《契税暂行条例实施细则》第十条规定，土地使用权交换、房屋权属交换，交换价格相等的，免缴契税。

国家税务总局公告2011年第41号《国家税务总局关于个人终止投资经营收回款项征收

个人所得税问题的公告》规定：

1. 因各种原因终止投资、联营、经营合作等行为，从被投资企业或合作项目、被投资企业的其他投资者以及合作项目的经营合作人取得股权转让收入、违约金、补偿金、赔偿金及以其他名目收回的款项等，均属于个人所得税应税收入，应按照“财产转让所得”项目适用的规定计算缴纳个人所得税。

应纳税所得额的计算公式如下：

应纳税所得额＝个人取得的股权转让收入、违约金、补偿金、赔偿金及以其他名目收回款项合计数－原实际出资额(投入额)及相关税费。

2. 公告有关个人所得税征管问题，按照《国家税务总局关于加强股权转让所得征收个人所得税管理的通知》(国税函〔2009〕285 号)执行。

《中华人民共和国企业所得税法》第二十六条第二款及第三款规定，符合条件的居民企业之间的股息、红利等权益性投资收益；在中国境内设立机构、场所的非居民企业从居民企业取得与该机构、场所有实际联系的股息、红利等权益性投资收益属于免税收入。

二、间接投资税收政策

《中华人民共和国企业所得税法》第十四条规定，企业对外投资期间，投资资产的成本在计算应纳税所得额时不得扣除。

《中华人民共和国企业所得税法实施条例》第七十一条规定，企业所得税法第十四条所称投资资产，是指企业对外进行权益性投资和债权性投资形成的资产。

企业在转让或者处置投资资产时，投资资产的成本，准予扣除。

投资资产按照以下方法确定成本：

1. 通过支付现金方式取得的投资资产，以购买价款为成本；

2. 通过支付现金以外的方式取得的投资资产，以该资产的公允价值和支付的相关税费为成本。

《中华人民共和国企业所得税法》第二十六条规定，国债利息收入属于免税收入。

国家税务总局公告〔2010〕19 号《国家税务总局关于企业取得财产转让等所得企业所得税处理问题的公告》规定：

1. 企业取得财产(包括各类资产、股权、债权等)转让收入、债务重组收入、接受捐赠收入、无法偿付的应付款收入等，不论是以货币形式，还是非货币形式体现，除另有规定外，均应一次性计入确认收入的年度计算缴纳企业所得税。

2. 本公告自发布之日起 30 日后施行。2008 年 1 月 1 日至本公告施行前，各地就上述收入计算的所得，已分 5 年平均计入各年度应纳税所得额计算纳税的，在本公告发布后，对尚未计算纳税的应纳税所得额，应一次性作为本年度应纳税所得额计算纳税。

国税函〔2010〕79 号《国家税务总局关于贯彻落实企业所得税法若干税收问题的通知》规定：

企业转让股权收入，应于转让协议生效且完成股权变更手续时，确认收入的实现。转让股权收入扣除为取得该股权所发生的成本后，为股权转让所得。企业在计算股权转让所得时，不得扣除被投资企业未分配利润等股东留存收益中按该项股权所可能分配的金额。

企业权益性投资取得股息、红利等收入，应以被投资企业股东会或股东大会做出利润分配或转股决定的日期，确定收入的实现。

被投资企业将股权(票)溢价所形成的资本公积转为股本的，不作为投资方企业的股息、红利收入，投资方企业也不得增加该项长期投资的计税基础。

国家税务总局公告 2011 年第 36 号《国家税务总局关于企业国债投资业务企业所得税处理问题的公告》规定：

1. 关于国债利息收入税务处理问题

(1) 国债利息收入时间确认

① 根据企业所得税法实施条例第十八条的规定，企业投资国债从国务院财政部门(以下简称发行者)取得的国债利息收入，应以国债发行时约定应付利息的日期，确认利息收入的实现。

② 企业转让国债，应在国债转让收入确认时确认利息收入的实现。

(2) 国债利息收入计算

企业到期前转让国债，或者从非发行者投资购买的国债，其持有期间尚未兑付的国债利息收入，按以下公式计算确定：

$$国债利息收入=国债金额\times(适用年利率\div 365)\times持有天数$$

上述公式中的“国债金额”，按国债发行面值或发行价格确定；“适用年利率”按国债票面年利率或折合年收益率确定；如企业不同时间多次购买同一品种国债的，“持有天数”可按平均持有天数计算确定。

(3) 国债利息收入免税问题

根据《企业所得税法》第二十六条的规定，企业取得的国债利息收入，免征企业所得税。具体按以下规定执行：

① 企业从发行者直接投资购买的国债持有至到期，其从发行者取得的国债利息收入，全额免征企业所得税。

② 企业到期前转让国债，或者从非发行者投资购买的国债，其按本公告第一条第(二)项计算的国债利息收入，免征企业所得税。

2. 关于国债转让收入税务处理问题

(1) 国债转让收入时间确认

① 企业转让国债应在转让国债合同、协议生效的日期，或者国债移交时确认转让收入的实现。

② 企业投资购买国债，到期兑付的，应在国债发行时约定的应付利息的日期，确认国债转让收入的实现。

(2) 国债转让收益(损失)计算

企业转让或到期兑付国债取得的价款，减除其购买国债成本，并扣除其持有期间按照本公告第一条计算的国债利息收入以及交易过程中相关税费后的余额，为企业转让国债收益(损失)。

(3) 国债转让收益(损失)征税问题

根据《企业所得税法实施条例》第十六条规定，企业转让国债，应作为转让财产，其取得的收益(损失)应作为企业应纳税所得额计算纳税。

3. 关于国债成本确定问题

(1) 通过支付现金方式取得的国债,以买入价和支付的相关税费为成本。

(2) 通过支付现金以外的方式取得的国债,以该资产的公允价值和支付的相关税费为成本。

4. 关于国债成本计算方法问题

企业在不同时间购买同一品种国债的,其转让时的成本计算方法,可在先进先出法、加权平均法、个别计价法中选用一种。计价方法一经选用,不得随意改变。

三、筹划思路与演练

在企业不断运转的过程中,投资和再投资是企业生产和扩大再生产所必须经历的阶段。不进行适当的投资活动,企业就无法取得预期的经济效益。

不同的投资方式,不同的投资规模,不同的投资地区、投资产业、投资项目等形成的不同投资结构,都会给企业带来不同的税后收益,对企业的税收负担有着较大的影响。因此,企业必须进行投资的纳税筹划,以实现税后收益最大化。

(一) 直接投资与间接投资选择

1. 从被投资企业角度

从被投资企业角度来看,采用固定资产、无形资产等实物资产投资比货币资金投资更有利于节税。因为企业以固定资产投资和无形资产投资,在资产使用期间可以分期计提折旧或进行摊销,固定资产折旧可以作为税前扣除项目,缩小所得税税基;无形资产摊销费也可以作为管理费用税前扣除,减小所得税税基。另外,用固定资产和无形资产投资,其产权变动时,必须进行资产评估。企业可依据资产评估提高设备价值,通过多列折旧费和无形资产摊销费,缩小被投资企业所得税税基,达到节税的目的。投资方利用不动产与无形资产投资,可以利用税收优惠政策,在满足一定条件下,免征营业税等,达到少交税的目的。

【案例 2-10】 九江实业发展公司准备与美国达尔顿公司联合投资设立中外合资企业,投资总额为 8 000 万元,注册资本为 4 000 万元,中方 1 600 万元,占 40%,外方 2 400 万元,占 60%。中方准备以自己生产的机器设备 1 600 万元和房屋建筑物 1 600 万元投入,投入方式有两种:

方案一:以机器设备作价 1 600 万元作为注册资本投入,房屋建筑物作价 1 600 万元作为其他投入。

方案二:以房屋建筑物作价 1 600 万元作为注册资本投入,机器设备作价 1 600 万元作为其他投入。

中方应选择那种方案?外方应该选择哪种?

【综合分析】

方案一:以设备作为注册资本投入

税法规定,企业以设备作为注册资本投入,应视同销售商品缴纳增值税。把房屋建筑物直接作价给另一企业,不共享利润、共担风险,应视同房产转让,需要缴纳营业税、城建税、教育费附加及契税。

增值税=1 600×17%=272(万元)

营业税＝1 600×5％＝80(万元)

城建税、教育费附加＝80×(7％＋3％)＝8(万元)

契税＝1 600×3％＝48(万元)(由受让方缴纳)

方案二:以房屋建筑物作为注册资本投资入股

税法规定,房屋建筑物作为注册资本投资入股,参与利润分配,承担投资风险,不征营业税、城建税及教育费附加,但需征契税(由受让方缴纳)。

企业出售机器设备,应缴纳增值税。

契税＝1 600×3％＝48(万元)(由受让方缴纳)

增值税＝1 600×17％＝272(万元)

从上述两个方案的对比中可以看到,中方企业在投资过程中,虽然只改变了几个字,但由于改变了投资方式,最终税收负担相差 88 万元。两个方案对外方的税收负担及折旧抵税方面没有影响。

2. 从投资企业角度

从投资企业的角度考虑,选择有形资产(实物)投资方式要承担更多的税收负担。具体包括以下情形:

(1) 企业所得税。企业应在投资交易发生时,将该项交易分解为按公允价值销售有形资产或无形资产,以及投资两项业务进行所得税处理,并按规定计算确认资产转让所得和损失。

(2) 增值税。如果企业以存货等属于增值税应税范围的有形资产对外投资,根据增值税的有关规定,企业应按视同销售货物的行为缴纳增值税。

(3) 营业税。如果企业以无形资产或者不动产投资入股,参与接受投资方的利润分配、共同承担投资风险的,不缴纳营业税。如果企业以不动产或无形资产投资入股,与投资方不共同承担风险,收取固定利润的,则应区别以下两种情况:

① 以不动产、土地使用权投资入股,收取固定利润的,属于将场地、房屋等转让给他人使用的业务,应按“服务业”税目中的“租赁业”项目缴纳营业税;

② 以商标权、专利权、非专利技术、著作权、商誉等投资入股,收取固定利润的,属于增值税征税范围。

所以,直接投资涉及的税收问题更多,需面临各种流转税、收益税、财产税和行为税等。企业选择直接投资时,还要在货币资金和非货币资金等投资方式上进行比较。间接投资税法规定,买国库券取得的利息收入可免交企业所得税,买企业债券取得的收入需缴纳所得税,买股票取得的股利为税后收入不交税,但风险较大。

投资企业进行投资时不但要考虑税收负担,同时,要考虑税收收益,选择适当的投资方式。

【案例 2－11】　甲企业现有闲置资金 1 000 万,有两个投资方案可选择:

方案一:与其他企业联营,创建一个新企业乙公司,甲公司拥有 20％的股权,乙公司的资本收益率 25％,税后利润的 50％用于股利分配。

方案二:用 1 000 万元购买国库券,年利率 7％,每年可获利 70 万元。

【综合分析】

方案一:属直接投资

乙公司税后利润＝1 000÷20％×25％×(1－25％)＝937.5(万元)

甲公司投资收益＝937.5×50％×20％＝93.75(万元)

如投资时间超过 12 个月，即公司取得投资收益可以作为免税收入。

方案二：属间接投资

税法规定，投资国库券的利息免征企业所得税。

甲公司投资收益＝70(万元)

从收益角度考虑，甲公司选择方案一可多获利 23.75 万元。

对企业来说，投资是一项有计划、有目的的行为，税收又是投资过程中必尽的义务，企业越早把投资与税收结合起来规划，就越容易综合考虑税收负担，达到创造最佳经济效益的目的。

（二）企业股权投资的纳税筹划

被投资企业保留利润不分配，对投资企业来说，可以不用补税，但在转让该项股权时，却会造成股息性所得转化为投资转让所得，全额并入利润总额征税，使得重复征税不可避免。对此，从纳税筹划角度来考虑，正确的做法是，被投资企业保留利润不分配，但必须在转让之前将累积未分配利润进行分配。这样做，对投资企业来说，可以达到不补税或递延纳税的目的，同时又可以有效避免股息性所得转化为资本利得，从而消除重复纳税。对于被投资企业来说，由于不分配可以减少现金流出，这部分资金无须支付利息，等于是增加了一笔无息贷款，从而可以充分有效地利用资金，获得资金的时间价值。如果是上市公司，那么不分配股息在规范的证券市场上传递了新的投资机会或项目的信号，可以起到提高股价的作用。

【案例 2－11】 AB 公司是一有限责任公司，适用所得税率 25%。AB 公司 2010 年期末财务状况如下：实收资本 3 000 万元，盈余公积 1 500 万元，未分配利润 4 200 万元，所有者权益合计 8 700 万元。其中，A 公司持股比例为 85%，企业所得税率为 25%，初始投资成本为 2 550万元；B 公司持股比例为 15%，企业所得税率为 15%。2011 年 1 月 A 公司拟按 AB 公司每股净资产的 1.05 倍的价格转让其所持有股份给 C 公司。AB 公司 2010 年年末每股净资产为 2.9 元；A 公司长期股权投资账面价值为 7 395 万元，其中初始投资成本为 2 550 万元，股权投资损益为 855 万元。现有两个转让方案可供选择。

方案一：A 公司直接按 AB 公司 2010 年年末每股净资产的 1.05 倍的价格转让。

方案二：AB 公司先将未分配利润全额进行分配，A 公司然后再按每股净资产的 1.05 倍转让 85%的股份。

从纳税筹划角度分析哪个方案较为有利?

【综合分析】

方案一：A 公司直接按 AB 公司 2010 年年末每股净资产的 1.05 倍的价格转让，即转让总价款为 7 764.75 万元，转让成本(税前可扣成本)为 2 550 万元，转让净收益为 5 214.75 万元。该笔净收益不属于投资收益性质，不适用企业所得税抵减规定，应并入应纳税所得额计缴企业所得税。不考虑其他因素，该笔业务应缴企业所得税 1 303.69 万元。

方案二：AB 公司先将未分配利润全额进行分配，然后再按每股净资产的 1.05 倍转让 85%的股份。利润分配后，A 公司可分回利润＝4 200×85%＝3 570 万元，按规定 A 公司收取的股息、红利属于免税所得。分配股利后，AB 公司所有权益合计为 4 500 万元，每股净资产降至 1.5 元。A 公司股权转让税务处理如下：股权转让所得 4 016.25 万元；股权转让成本2 550 万元；股权转让收益 1 466.25 万元，应纳所得税＝1 466.25×25%＝366.56 万元。

对比两个方案，方案一中A公司确认转让收益最大，应纳企业所得税也最大，是对A公司最不利的方案；方案二可以实现将股权转让所得变为免税或股息红利所得的目的，因而较为有利。

课后习题

1. 甲公司经营情况良好，准备扩大规模，增设一分支机构乙公司(不考虑小微企业情况)。甲公司和乙公司均适用25%的所得税税率。分支机构设立后5年内经营情况预测如下：

(1) 甲公司5年内每年均盈利，每年应纳税所得额为200万元；乙公司经营初期亏损，5年内的应纳税所得额分别为：－50万元、－15万元、10万元、30万元、80万元。具体情况见表2－4：

表2－4　经营情况表(一)　单位：万元

年　份		第一年	第二年	第三年	第四年	第五年	合　计
甲公司应纳税所得额		200	200	200	200	200	1 000
乙公司应纳税所得额		－50	－15	10	30	80	55
乙公司为分公司	企业集团应纳税所得额	150	185	210	230	280	1 055
	企业集团应纳税额	37.5	46.25	52.5	57.5	70	263.75
乙公司为子公司	乙公司应纳税额	0	0	0	0	13.75	13.75
	企业集团应纳税额	50	50	50	50	63.75	263.75

(2) 甲公司5年内每年均盈利，每年应纳税所得额为200万元；乙公司5年内也都盈利，应纳税所得额分别为：15万元、20万元、40万元、60万元、80万元。具体情况见表2－5：

表2－5　经营情况表(二)　单位：万元

		第一年	第二年	第三年	第四年	第五年	合　计
甲公司应纳税所得额		200	200	200	200	200	1 000
乙公司应纳税所得额		15	20	40	60	80	215
乙公司为分公司	企业集团应纳税所得额	215	220	240	260	280	1 215
	企业集团应纳税额	53.75	55	60	65	70	303.75
乙公司为子公司	乙公司应纳税额	3.75	5	10	15	20	53.75
	企业集团应纳税额	53.75	55	60	65	70	303.75

(3) 甲公司在分支机构设立后头两年亏损，5年内的应纳税所得额分别为：－50万元、－30万元、100万元、150万元、200万元；乙公司5年内都是盈利的，应纳税所得额分别为：15万元、20万元、40万元、60万元、80万元。具体情况见表2－6：

表 2－6　经营情况表(三)　　单位:万元

		第一年	第二年	第三年	第四年	第五年	合　计
甲公司应纳税所得额		－50	－30	100	150	200	370
乙公司应纳税所得额		15	20	40	60	80	215
乙公司为分公司	企业集团应纳税所得额	－35	－10	95	210	280	585
	企业集团应纳税额	0	0	23.75	52.5	70	146.25
乙公司为子公司	乙公司应纳税额	3.75	5	10	15	20	53.75
	企业集团应纳税额	3.75	5	15	52.5	70	146.25

(4) 甲公司在分支机构设立后头两年亏损,5 年内的应纳税所得额分别为:－50 万元、－30万元、100 万元、150 万元、200 万元;乙公司经营初期亏损,5 年内的应纳税所得额分别为:－50 万元、－15 万元、10 万元、30 万元、80 万元。具体情况见表 2－7:

表 2－7　经营情况表(四)　　单位:万元

年　份		第一年	第二年	第三年	第四年	第五年	合　计
甲公司应纳税所得额		－50	－30	100	150	200	370
乙公司应纳税所得额		－50	－15	10	30	80	55
乙公司为分公司	企业集团应纳税所得额	－100	－45	0	145	280	425
	企业集团应纳税额	0	0	0	36.25	70	106.25
乙公司为子公司	乙公司应纳税额	0	0	0	0	13.75	13.75
	企业集团应纳税额	0	0	5	37.5	63.75	106.25

请分析四种情况的企业集团应纳税额,该选择哪种?

第三章　增值税纳税筹划

本章要点

本章要求掌握增值税一般纳税人与小规模纳税人身份的选择方法，销项税额中销售方式的选择及购进货物供应商的选择，熟悉“营改增”项目税务处理变化及纳税筹划方法。

第一节　增值税一般纳税人与小规模纳税人的筹划

案例导入

盛装制造公司属于生产企业，全年应纳增值税的销售额为90万元，会计制度比较健全，属于一般纳税人，适合税率为17%。但是该企业在生产过程中，准予从销项税额中抵扣的进项税额很少，只有销项税额的10%，作为一般纳税人的税负远远大于小规模纳税人。目前企业有两个纳税筹划方案可供选择：方案一是继续以一般纳税人的身份存在；方案二是将企业一分为二，以两个小规模纳税人身份存在。这时候，企业该如何抉择呢？

一、增值税纳税人一般规定

根据《增值税暂行条例实施细则》的相关规定，凡符合下列条件的视为小规模纳税人：

1. 从事货物生产或者提供应税劳务的纳税人，以及以从事货物生产或者提供应税劳务为主，并兼营货物批发或者零售的纳税人，年应征增值税销售额（以下简称应税销售额）在50万元以下（含本数，下同）的。

这里所称以从事货物生产或者提供应税劳务为主，是指纳税人的年货物生产或者提供应税劳务的销售额占年应税销售额的比重在50%以上。

2. 除上述的纳税人以外，年应税销售额在80万元以下的。

年应税销售额超过小规模纳税人标准的其他个人按小规模纳税人纳税；非企业性单位、不经常发生应税行为的企业可选择按小规模纳税人纳税。

除国家税务总局另有规定外，纳税人一经认定为一般纳税人后，不得转为小规模纳税人。

有下列情形之一者，应按销售额依照增值税税率计算应纳税额，不得抵扣进项税额，也不得使用增值税专用发票：

1. 一般纳税人会计核算不健全，或者不能够提供准确税务资料的。

2. 除本细则第二十九条规定外，纳税人销售额超过小规模纳税人标准，未申请办理一般纳税人认定手续的。

二、"营改增"应税服务销售额的认定

根据《财政部 国家税务总局关于全面推开营业税改征增值税试点的通知》(财税〔2016〕36号)规定：

纳税人分为一般纳税人和小规模纳税人。

应税行为的年应征增值税销售额(以下称应税销售额)超过财政部和国家税务总局规定标准的纳税人为一般纳税人，未超过规定标准的纳税人为小规模纳税人。上述的年应税销售额标准为500万元(含本数)。财政部和国家税务总局可以对年应税销售额标准进行调整。

年应税销售额超过规定标准的其他个人不属于一般纳税人。年应税销售额超过规定标准但不经常发生应税行为的单位和个体工商户可选择按照小规模纳税人纳税。

年应税销售额未超过规定标准的纳税人，会计核算健全，能够提供准确税务资料的，可以向主管税务机关办理一般纳税人资格登记，成为一般纳税人。

会计核算健全，是指能够按照国家统一的会计制度规定设置账簿，根据合法、有效凭证核算。

符合一般纳税人条件的纳税人应当向主管税务机关办理一般纳税人资格登记。具体登记办法由国家税务总局制定。

除国家税务总局另有规定外，一经登记为一般纳税人后，不得转为小规模纳税人。

三、"营改增"应税服务税率的规定

1. 有形动产租赁服务，税率为17%；

2. 提供交通运输、邮政、基础电信、建筑、不动产租赁服务，销售不动产，转让土地使用权，税率为11%；

3. 境内单位和个人发生的跨境应税行为，税率为零。具体范围由财政部和国家税务总局另行规定；

4. 除以上应税行为外，税率为6%；

5. 增值税征收率为3%，财政部和国家税务总局另有规定的除外，如不动产销售征收率为5%。

四、增值税的计税方法

增值税的计税方法包括一般计税方法和简易计税方法。

一般纳税人销售货物、提供应税劳务和应税服务适用一般计税方法计税。一般纳税人提供财政部和国家税务总局规定的特定应税服务，可以选择适用简易计税方法计税，但一经选择，36个月内不得变更。

小规模纳税人提供应税服务适用简易计税方法计税。

境外单位或者个人在境内提供应税服务，在境内未设有经营机构的，扣缴义务人按照下列公式计算应扣缴税额：

$$应扣缴税额 = 接受方支付的价款 \div (1 + 税率) \times 税率$$

五、筹划思路与演练

增值税是对在我国境内销售货物或者提供应税服务以及进口货物的单位和个人，就其销售货物或提供应税服务的销售额以及进口货物金额计税并实行税款抵扣制的一种流转税。我国现行增值税一般纳税人销售或者进口货物，提供加工、修理修配劳务，税率一般为17%；销售或者进口部分优惠税率货物，税率为13%。增值税小规模纳税人增值税征收率为3%。

增值税一般纳税人的优势在于：增值税一般纳税人可以抵扣增值税进项税额，而增值税小规模纳税人不能抵扣增值税进项税额；增值税一般纳税人销售货物时可以向对方开具增值税专用发票，增值税小规模纳税人则不可以（虽可申请税务机关代开，但抵扣率很低）。增值税中一般纳税人和小规模纳税人的差别待遇，适用税率和征收方法的不同为小规模纳税人进行节税筹划提供了可能性。人们通常认为，小规模纳税人的税负重于一般纳税人，但实际并非尽然。纳税人可以根据自己的情况，在一般纳税人与小规模纳税人之间做出选择。

（一）无差别平衡点增值率判别法

从两类增值税纳税人的计税原理看，一般纳税人的增值税计算是以增值额为计税基础，而小规模纳税人的增值税计算是以全部不含税收入为计税基础。在销售价格相同的情况下，税负的高低取决于增值率的大小。一般来说，增值率高的企业，适宜作为小规模纳税人；反之，适宜作为一般纳税人。当增值率达到某一数值时，两类纳税人的税负相同，这一数值称为无差别平衡点增值率。

① 当销售额不含税时的无差别平衡点增值率：

$$增值率=\frac{销售额-可抵扣购进项目金额}{销售额}$$

或

$$增值率=\frac{销项税额-进项税额}{销项税额}$$

$$\begin{aligned}一般纳税人应纳税额&=当期销项税额-当期进项税额\\&=销售额\times增值税税率-销售额\times增值税税率\times(1-增值率)\\&=销售额\times增值税税率\times增值率\end{aligned}$$

$$小规模纳税人应纳税额=销售额\times征收率$$

当一般纳税人销售货物及购进货物的增值税税率均为17%，增值税小规模纳税人征收率为3%。可以计算出应纳税额无差别平衡点：

$$销售额\times增值税税率\times增值率=销售额\times征收率$$

$$增值率=征收率\div增值税税率=3\%\div17\%\times100\%=17.65\%$$

以上计算分析后知，当增值率为17.65%时，两者税负相同；当增值率低于17.65%时，小规模纳税人的税负重于一般纳税人，适宜选择一般纳税人；当增值率高于17.65%时，则一般纳税人税负重于小规模纳税人，适宜选择小规模纳税人。

用同样的方法可以计算出一般纳税人增值税税率为13%或小规模纳税人的征收率为3%时的无差别纳税平衡点，见表3-1：

表 3-1 销售额不含税时两类纳税人纳税无差别平衡点

一般纳税人税率	小规模纳税人征收率	纳税平衡点
17%	3%	17.65%
13%	3%	23.08%
11%	3%	27.27%
6%	3%	50%

② 当销售额含税时的无差别平衡点增值率

$$含税销售额增值率=\frac{含税销售额-含税购进额}{含税销售额}\times 100\%$$

对于一般纳税人来说，

$$\begin{aligned}应纳增值税税额&=\frac{含税销售额}{1+增值税税率}\times 增值税税率-\frac{含税购进额}{1+增值税税率}\times 增值税税率\\&=\frac{含税销售额-含税购进额}{1+增值税税率}\times 增值税税率\\&=\frac{含税销售额}{1+增值税税率}\times 增值税税率\times 增值率\end{aligned}$$

对于小规模纳税人来说，

$$应纳增值税税额=\frac{含税销售额}{1+征收率}\times 征收率$$

若是一般纳税人与小规模纳税人应纳增值税税额相同，当一般纳税人的适用税率为17%，小规模纳税人的征收率为3%，则

$$\frac{含税销售额}{1+17\%}\times 17\%\times 增值率=\frac{含税销售额}{1+3\%}\times 3\%$$

解得：增值率=20.05%。

通过以上计算分析可知，当增值率为20.05%时，两者税负相同；当增值率低于20.05%时，小规模纳税人的税负重于一般纳税人，适宜选择作一般纳税人；当增值率高于20.05%时，则一般纳税人税负重于小规模纳税人，适宜选择作小规模纳税人。

用同样的方法可以计算出一般纳税人增值税税率为13%或小规模纳税人的征收率为3%时的无差别纳税平衡点，见表3-2：

表 3-2 含税销售额时两类纳税人纳税无差别平衡点增值率

一般纳税人税率	小规模纳税人征收率	纳税平衡点
17%	3%	20.05%
13%	3%	25.32%
11%	3%	29.39%
6%	3%	51.46%

【案例 3-1】 某锅炉生产企业，年含税销售额在 100 万元左右，每年购进含增值税价款的材料在 90 万元左右，该企业会计核算制度健全，在向主管税务机关申请纳税人资格时，既可以申请成为一般纳税人，也可以申请为小规模纳税人，请问企业申请哪种纳税人身份对自己更有利？如果企业每年购进的含税材料在 50 万元左右，其他条件相同，又应该作何选择？

【综合分析】

第一种情况：

该企业含税销售额增值率为(100－90)/100×100％＝10％。

由于 10％＜20.05％(一般纳税人节税点)，所以该企业申请成为一般纳税人有利节税。

企业作为一般纳税人应纳增值税额为

$$(100-90)/(1+17\%)\times17\%=1.453(\text{万元})$$

企业作为小规模纳税人应纳增值税额为

$$100/(1+3\%)\times3\%=2.913(\text{万元})$$

所以，企业申请成为一般纳税人可以节税 1.46 万元。

第二种情况：

该企业含税销售额增值率为(100－50)/100×100％＝50％。

由于 50％＞20.05％，该企业维持小规模纳税人身份有利节税。

企业作为一般纳税人应纳增值税额为

$$(100-50)/(1+17\%)\times17\%=7.265(\text{万元})$$

企业作为小规模纳税人应纳增值税额为

$$100/(1+3\%)\times3\%=2.913(\text{万元})$$

所以，企业保持小规模纳税人身份可以节税 4.352 万元。

(二) 无差别平衡点抵扣率判别法

抵扣率是指可抵扣购进额占销售额的比例。在税收实务中，一般纳税人税负高低取决于可抵扣的进项税额的多少。通常情况下，若可抵扣的进项税额较多，则适宜选择一般纳税人，反之则适宜选择小规模纳税人。当抵扣额占销售额的比重达某一数值时，两种纳税人的税负相等，称为无差别平衡点抵扣率。

① 当销售额不含税时的无差别平衡点抵扣率计算公式如下：

进项税额＝可抵扣购进项目金额×增值税税率

增值率＝(销售额－可抵扣购进项目金额)÷销售额
＝1－可抵扣购进项目金额÷销售额
＝1－抵扣率

又：一般纳税人应纳税额＝销项税额－进项税额
＝销售额×增值税税率－销售额×增值税税率×(1－增值率)
＝销售额×增值税税率×增值率
＝销售额×增值税税率×(1－抵扣率)

小规模纳税人应纳税额＝销售额×征收率

当两种纳税人税负相等时：

$$销售额\times增值税税率\times(1-抵扣率)=销售额\times征收率$$

当一般纳税人销售货物及购进货物的增值税税率均为17%，增值税小规模纳税人征收率为3%。可以计算出应纳税额无差别平衡点抵扣率：

$$抵扣率=1-3\%\div17\%=82.35\%$$

因此，当企业可抵扣的购进项目金额占其销售额的比重为82.35%时，两种纳税人的税负完全相同。当企业可抵扣的购进项目金额占销售额的比重大于82.35%时，一般纳税人税负轻于小规模纳税人；反之，则一般纳税人税负重于小规模纳税人。用同样的方法可以计算出一般纳税人增值税税率和小规模纳税人的征收率为不同比率时的纳税平衡点，见表3-3：

表3-3 销售额不含税时两类纳税人纳税无差别平衡点抵扣率

一般纳税人税率	小规模纳税人税率	纳税平衡点可抵扣购进项目金额占不含税销售额的比重
17%	3%	82.35%
13%	3%	76.92%
11%	3%	72.73%
6%	3%	50%

② 当销售额含税时的无差别平衡点抵扣率，其计算公式如下：

当两种纳税人税负相等时：

$$\frac{含税销售额}{1+增值税税率}\times增值税税率\times(1-抵扣率)=\frac{含税销售额}{1+征收率}\times征收率$$

$$抵扣率=1-\frac{(1+增值税税率)\times征收率}{(1+征收率)\times增值税税率}$$

当一般纳税人销售货物及购进货物的增值税税率均为17%，增值税小规模纳税人征收率为3%，可以计算出应纳税额无差别平衡点抵扣率：

$$抵扣率=79.95\%$$

因此，当企业可抵扣的购进项目金额占其销售额的比重为79.95%时，两种纳税人的税负完全相同。当企业可抵扣的购进项目金额占销售额的比重大于79.95%时，一般纳税人税负轻于小规模纳税人；反之，则一般纳税人税负重于小规模纳税人。用同样的方法可以计算出一般纳税人增值税税率和小规模纳税人的征收率为不同比率时的纳税平衡点，见表3-4：

表3-4 销售额含税时两类纳税人纳税无差别平衡点抵扣率

一般纳税人税率	小规模纳税人税率	纳税平衡点可抵扣购进项目金额占不含税销售额的比重
17%	3%	79.95%
13%	3%	74.68%
11%	3%	70.61%
6%	3%	48.54%

（三）增值税纳税人身份选择的筹划

1. 拟由小规模纳税人改变为一般纳税人

纳税人通过平衡点分析以后，若拟由小规模纳税人改变为一般纳税人，该行为实现的关键在于如何具备成为一般纳税人的条件。相对较易操作的方法是通过健全财务、扩大销售，使小规模纳税人达到税法规定的条件，并力争达到平衡点分析法中一般纳税人税负较轻的平衡点。

2. 拟由一般纳税人改变为小规模纳税人

若纳税人拟由一般纳税人改变为小规模纳税人，通常采取的方法就是改变销售规模，使销售规模缩小为税法规定的小规模纳税人的销售规模档，常用缩小单个销售主体销售规模的方法——分拆机构，即将一个一般纳税人机构拆分为几个小规模纳税人机构。

【案例 3－2】 某生产性企业，年销售收入（不含税）为 90 万元，可抵扣购进价款为 45 万元。增值税税率为 17％。作为增值税一般纳税人年应纳增值税额为 7.65 万元。

【综合分析】

企业的增值率＝(90－45)÷90×100％＝50％，然后与表 3－1 中纳税平衡点增值率比较，大于 17.65％，因此企业选择作为小规模纳税人税负较轻。

企业可通过将企业分设为两个独立核算的企业，使其销售额分别为 45 万元和 45 万元，各自符合小规模纳税人的标准。分设以后作为小规模纳税人应纳税额为 45×3％＋45×3％＝2.7 万元，节约税款 4.95 万元。

第二节　“营改增”纳税人的筹划

案例导入

某酒店内设有一非独立核算的小卖部，酒店向甲客户提供餐饮住宿服务的同时，小卖部也对外销售商品，这属于兼营行为，销售产品按 17％税率缴纳增值税，餐饮服务应按 6％税率缴纳增值税。若能将该兼营行为转化到一项交易行为中，使之变为混合销售行为，同时使劳务收入占到总收入的 50％之上，那么就可以实现节税的目的了，该酒店应如何将兼营行为转化为混合销售行为？混合销售行为为什么能够达到节税的目的？

一、“营改增”后征税范围的规定

在中华人民共和国境内（以下称境内）销售服务、无形资产或者不动产（以下称应税行为）的单位和个人，为增值税纳税人，应当按照本办法缴纳增值税，不缴纳营业税。

下列情形不属于在境内销售服务或者无形资产：

（一）境外单位或者个人向境内单位或者个人销售完全在境外发生的服务。

（二）境外单位或者个人向境内单位或者个人销售完全在境外使用的无形资产。

（三）境外单位或者个人向境内单位或者个人出租完全在境外使用的有形动产。

（四）财政部和国家税务总局规定的其他情形。

二、"营改增"纳税人销售额的规定

1. 贷款服务,以提供贷款服务取得的全部利息及利息性质的收入为销售额。

2. 直接收费金融服务,以提供直接收费金融服务收取的手续费、佣金、酬金、管理费、服务费、经手费、开户费、过户费、结算费、转托管费等各类费用为销售额。

3. 金融商品转让,按照卖出价扣除买入价后的余额为销售额。

转让金融商品出现的正负差,按盈亏相抵后的余额为销售额。若相抵后出现负差,可结转下一纳税期与下期转让金融商品销售额相抵,但年末时仍出现负差的,不得转入下一个会计年度。

金融商品的买入价,可以选择按照加权平均法或者移动加权平均法进行核算,选择后36个月内不得变更。

金融商品转让,不得开具增值税专用发票。

4. 经纪代理服务,以取得的全部价款和价外费用,扣除向委托方收取并代为支付的政府性基金或者行政事业性收费后的余额为销售额。向委托方收取的政府性基金或者行政事业性收费,不得开具增值税专用发票。

5. 融资租赁和融资性售后回租业务。

(1) 经人民银行、银监会或者商务部批准从事融资租赁业务的试点纳税人,提供融资租赁服务,以取得的全部价款和价外费用扣除支付的借款利息(包括外汇借款和人民币借款利息)、发行债券利息和车辆购置税后的余额为销售额。

(2) 经人民银行、银监会或者商务部批准从事融资租赁业务的试点纳税人,提供融资性售后回租服务,以取得的全部价款和价外费用(不含本金),扣除对外支付的借款利息(包括外汇借款和人民币借款利息)、发行债券利息后的余额作为销售额。

(3) 试点纳税人根据2016年4月30日前签订的有形动产融资性售后回租合同,在合同到期前提供的有形动产融资性售后回租服务,可继续按照有形动产融资租赁服务缴纳增值税。

继续按照有形动产融资租赁服务缴纳增值税的试点纳税人,经人民银行、银监会或者商务部批准从事融资租赁业务的,根据2016年4月30日前签订的有形动产融资性售后回租合同,在合同到期前提供的有形动产融资性售后回租服务,可以选择以下方法之一计算销售额:

① 以向承租方收取的全部价款和价外费用,扣除向承租方收取的价款本金,以及对外支付的借款利息(包括外汇借款和人民币借款利息)、发行债券利息后的余额为销售额。

纳税人提供有形动产融资性售后回租服务,计算当期销售额时可以扣除的价款本金,为书面合同约定的当期应当收取的本金。无书面合同或者书面合同没有约定的,为当期实际收取的本金。

试点纳税人提供有形动产融资性售后回租服务,向承租方收取的有形动产价款本金,不得开具增值税专用发票,可以开具普通发票。

② 以向承租方收取的全部价款和价外费用,扣除支付的借款利息(包括外汇借款和人民币借款利息)、发行债券利息后的余额为销售额。

(4) 经商务部授权的省级商务主管部门和国家经济技术开发区批准的从事融资租赁业务的试点纳税人,2016年5月1日后实收资本达到1.7亿元的,从达到标准的当月起按照上述第(1)、(2)、(3)点规定执行;2016年5月1日后实收资本未达到1.7亿元但注册资本达到1.7

亿元的，在2016年7月31日前仍可按照上述第(1)、(2)、(3)点规定执行，2016年8月1日后开展的融资租赁业务和融资性售后回租业务不得按照上述第(1)、(2)、(3)点规定执行。

6. 航空运输企业的销售额，不包括代收的机场建设费和代售其他航空运输企业客票而代收转付的价款。

7. 试点纳税人中的一般纳税人(以下称一般纳税人)提供客运场站服务，以其取得的全部价款和价外费用，扣除支付给承运方运费后的余额为销售额。

8. 试点纳税人提供旅游服务，可以选择以取得的全部价款和价外费用，扣除向旅游服务购买方收取并支付给其他单位或者个人的住宿费、餐饮费、交通费、签证费、门票费和支付给其他接团旅游企业的旅游费用后的余额为销售额。

选择上述办法计算销售额的试点纳税人，向旅游服务购买方收取并支付的上述费用，不得开具增值税专用发票，可以开具普通发票。

9. 试点纳税人提供建筑服务适用简易计税方法的，以取得的全部价款和价外费用扣除支付的分包款后的余额为销售额。

10. 房地产开发企业中的一般纳税人销售其开发的房地产项目(选择简易计税方法的房地产老项目除外)，以取得的全部价款和价外费用，扣除受让土地时向政府部门支付的土地价款后的余额为销售额。

房地产老项目，是指《建筑工程施工许可证》注明的合同开工日期在2016年4月30日前的房地产项目。

11. 试点纳税人按照上述4—10款的规定从全部价款和价外费用中扣除的价款，应当取得符合法律、行政法规和国家税务总局规定的有效凭证。否则，不得扣除。

上述凭证是指：

(1) 支付给境内单位或者个人的款项，以发票为合法有效凭证。

(2) 支付给境外单位或者个人的款项，以该单位或者个人的签收单据为合法有效凭证，税务机关对签收单据有疑义的，可以要求其提供境外公证机构的确认证明。

(3) 缴纳的税款，以完税凭证为合法有效凭证。

(4) 扣除的政府性基金、行政事业性收费或者向政府支付的土地价款，以省级以上(含省级)财政部门监(印)制的财政票据为合法有效凭证。

(5) 国家税务总局规定的其他凭证。

纳税人取得的上述凭证属于增值税扣税凭证的，其进项税额不得从销项税额中抵扣。

三、计税方法的规定

(一) 一般纳税人发生下列应税行为可以选择适用简易计税方法计税

1. 公共交通运输服务。

公共交通运输服务，包括轮客渡、公交客运、地铁、城市轻轨、出租车、长途客运、班车。

班车，是指按固定路线、固定时间运营并在固定站点停靠的运送旅客的陆路运输服务。

2. 动漫企业指为开发动漫产品提供的动漫脚本编撰、形象设计、背景设计、动画设计、分镜、动画制作、摄制、描线、上色、画面合成、配音、配乐、音效合成、剪辑、字幕制作、压缩转码(面向网络动漫、手机动漫格式适配)服务，以及在境内转让动漫版权(包括动漫品牌、形象或者内容的授权及再授权)。

动漫企业和自主开发、生产动漫产品的认定标准和认定程序,按照《文化部 财政部 国家税务总局关于印发〈动漫企业认定管理办法(试行)〉的通知》(文市发〔2008〕51 号)的规定执行。

3. 电影放映服务、仓储服务、装卸搬运服务、收派服务和文化体育服务。

4. 以纳入营改增试点之日前取得的有形动产为标的物提供的经营租赁服务。

5. 在纳入营改增试点之日前签订的尚未执行完毕的有形动产租赁合同。

(二) 建筑服务

1. 一般纳税人以清包工方式提供的建筑服务,可以选择适用简易计税方法计税。

以清包工方式提供建筑服务,是指施工方不采购建筑工程所需的材料或只采购辅助材料,并收取人工费、管理费或者其他费用的建筑服务。

2. 一般纳税人为甲供工程提供的建筑服务,可以选择适用简易计税方法计税。

甲供工程,是指全部或部分设备、材料、动力由工程发包方自行采购的建筑工程。

3. 一般纳税人为建筑工程老项目提供的建筑服务,可以选择适用简易计税方法计税。

建筑工程老项目,是指:

(1)《建筑工程施工许可证》注明的合同开工日期在 2016 年 4 月 30 日前的建筑工程项目;

(2) 未取得《建筑工程施工许可证》的,建筑工程承包合同注明的开工日期在 2016 年 4 月 30 日前的建筑工程项目。

4. 一般纳税人跨县(市)提供建筑服务,适用一般计税方法计税的,应以取得的全部价款和价外费用为销售额计算应纳税额。纳税人应以取得的全部价款和价外费用扣除支付的分包款后的余额,按照 2%的预征率在建筑服务发生地预缴税款后,向机构所在地主管税务机关进行纳税申报。

5. 一般纳税人跨县(市)提供建筑服务,选择适用简易计税方法计税的,应以取得的全部价款和价外费用扣除支付的分包款后的余额为销售额,按照 3%的征收率计算应纳税额。纳税人应按照上述计税方法在建筑服务发生地预缴税款后,向机构所在地主管税务机关进行纳税申报。

6. 试点纳税人中的小规模纳税人(以下称小规模纳税人)跨县(市)提供建筑服务,应以取得的全部价款和价外费用扣除支付的分包款后的余额为销售额,按照 3%的征收率计算应纳税额。纳税人应按照上述计税方法在建筑服务发生地预缴税款后,向机构所在地主管税务机关进行纳税申报。

(三) 销售不动产

1. 一般纳税人销售其 2016 年 4 月 30 日前取得(不含自建)的不动产,可以选择适用简易计税方法,以取得的全部价款和价外费用减去该项不动产购置原价或者取得不动产时的作价后的余额为销售额,按照 5%的征收率计算应纳税额。纳税人应按照上述计税方法在不动产所在地预缴税款后,向机构所在地主管税务机关进行纳税申报。

2. 一般纳税人销售其 2016 年 4 月 30 日前自建的不动产,可以选择适用简易计税方法,以取得的全部价款和价外费用为销售额，按照5%的征收率计算应纳税额。纳税人应按照上述计税方法在不动产所在地预缴税款后，向机构所在地主管税务机关进行纳税申报。

3. 一般纳税人销售其2016年5月1日后取得（不含自建）的不动产，应适用一般计税方法，以取得的全部价款和价外费用为销售额计算应纳税额。纳税人应以取得的全部价款和价外费用减去该项不动产购置原价或者取得不动产时的作价后的余额，按照5%的预征率在不动产所在地预缴税款后，向机构所在地主管税务机关进行纳税申报。

4. 一般纳税人销售其2016年5月1日后自建的不动产，应适用一般计税方法，以取得的全部价款和价外费用为销售额计算应纳税额。纳税人应以取得的全部价款和价外费用，按照5%的预征率在不动产所在地预缴税款后，向机构所在地主管税务机关进行纳税申报。

5. 小规模纳税人销售其取得（不含自建）的不动产（不含个体工商户销售购买的住房和其他个人销售不动产），应以取得的全部价款和价外费用减去该项不动产购置原价或者取得不动产时的作价后的余额为销售额，按照5%的征收率计算应纳税额。纳税人应按照上述计税方法在不动产所在地预缴税款后，向机构所在地主管税务机关进行纳税申报。

6. 小规模纳税人销售其自建的不动产，应以取得的全部价款和价外费用为销售额，按照5%的征收率计算应纳税额。纳税人应按照上述计税方法在不动产所在地预缴税款后，向机构所在地主管税务机关进行纳税申报。

7. 房地产开发企业中的一般纳税人，销售自行开发的房地产老项目，可以选择适用简易计税方法按照5%的征收率计税。

8. 房地产开发企业中的小规模纳税人，销售自行开发的房地产项目，按照5%的征收率计税。

9. 房地产开发企业采取预收款方式销售所开发的房地产项目，在收到预收款时按照3%的预征率预缴增值税。

10. 个体工商户销售购买的住房，应按照附件3《营业税改征增值税试点过渡政策的规定》第五条的规定征免增值税。纳税人应按照上述计税方法在不动产所在地预缴税款后，向机构所在地主管税务机关进行纳税申报。

11. 其他个人销售其取得（不含自建）的不动产（不含其购买的住房），应以取得的全部价款和价外费用减去该项不动产购置原价或者取得不动产时的作价后的余额为销售额，按照5%的征收率计算应纳税额。

（四）不动产经营租赁服务

1. 一般纳税人出租其2016年4月30日前取得的不动产，可以选择适用简易计税方法，按照5%的征收率计算应纳税额。纳税人出租其2016年4月30日前取得的与机构所在地不在同一县（市）的不动产，应按照上述计税方法在不动产所在地预缴税款后，向机构所在地主管税务机关进行纳税申报。

2. 公路经营企业中的一般纳税人收取试点前开工的高速公路的车辆通行费，可以选择适用简易计税方法，减按3%的征收率计算应纳税额。

试点前开工的高速公路，是指相关施工许可证明上注明的合同开工日期在2016年4月30日前的高速公路。

3. 一般纳税人出租其2016年5月1日后取得的、与机构所在地不在同一县（市）的不动产，应按照3%的预征率在不动产所在地预缴税款后，向机构所在地主管税务机关进行纳税申报。

4. 小规模纳税人出租其取得的不动产(不含个人出租住房)，应按照5%的征收率计算应纳税额。纳税人出租与机构所在地不在同一县(市)的不动产，应按照上述计税方法在不动产所在地预缴税款后，向机构所在地主管税务机关进行纳税申报。

5. 其他个人出租其取得的不动产(不含住房)，应按照5%的征收率计算应纳税额。

6. 个人出租住房，应按照5%的征收率减按1.5%计算应纳税额。

(五) 一般纳税人销售其2016年4月30日前取得的不动产(不含自建)，适用一般计税方法计税的，以取得的全部价款和价外费用为销售额计算应纳税额

上述纳税人应以取得的全部价款和价外费用减去该项不动产购置原价或者取得不动产时的作价后的余额，按照5%的预征率在不动产所在地预缴税款后，向机构所在地主管税务机关进行纳税申报。

房地产开发企业中的一般纳税人销售房地产老项目，以及一般纳税人出租其2016年4月30日前取得的不动产，适用一般计税方法计税的，应以取得的全部价款和价外费用，按照3%的预征率在不动产所在地预缴税款后，向机构所在地主管税务机关进行纳税申报。

一般纳税人销售其2016年4月30日前自建的不动产，适用一般计税方法计税的，应以取得的全部价款和价外费用为销售额计算应纳税额。纳税人应以取得的全部价款和价外费用，按照5%的预征率在不动产所在地预缴税款后，向机构所在地主管税务机关进行纳税申报。

(六) 一般纳税人跨省(自治区、直辖市或者计划单列市)提供建筑服务或者销售、出租取得的与机构所在地不在同一省(自治区、直辖市或者计划单列市)的不动产，在机构所在地申报纳税时，计算的应纳税额小于已预缴税额，且差额较大的，由国家税务总局通知建筑服务发生地或者不动产所在地省级税务机关，在一定时期内暂停预缴增值税

四、特殊销售行为的规定

根据《财政部 国家税务总局关于全面推开营业税改征增值税试点的通知》(财税〔2016〕36号)规定：

(一) 混合销售

一项销售行为如果既涉及服务又涉及货物，为混合销售。从事货物的生产、批发或者零售的单位和个体工商户的混合销售行为，按照销售货物缴纳增值税；其他单位和个体工商户的混合销售行为，按照销售服务缴纳增值税。

本条所称从事货物的生产、批发或者零售的单位和个体工商户，包括以从事货物的生产、批发或者零售为主，并兼营销售服务的单位和个体工商户在内。

(二) 兼营销售

营改增期间，试点纳税人销售货物、加工修理修配劳务、服务、无形资产或者不动产适用不同税率或者征收率的，应当分别核算适用不同税率或者征收率的销售额，未分别核算销售额

的，按照以下方法适用税率或者征收率：

1. 兼有不同税率的销售货物、加工修理修配劳务、服务、无形资产或者不动产，从高适用税率。

2. 兼有不同征收率的销售货物、加工修理修配劳务、服务、无形资产或者不动产，从高适用征收率。

3. 兼有不同税率和征收率的销售货物、加工修理修配劳务、服务、无形资产或者不动产，从高适用税率。

纳税人兼营免税、减税项目的，应当分别核算免税、减税项目的销售额；未分别核算的，不得免税、减税。

五、筹划思路与演练

（一）巧用差额节税

财税〔2016〕36 号《财政部 国家税务总局关于全面推开营业税改增值税试点的通知》中规定了一些可以按差额作为销售额征税的内容，这些内容也是企业进行正常生产经营活动必须掌握的税收规定和进行增值税节税筹划的重要内容。比如说纳税人从事旅游业务的，以其取得的全部价款和价外费用扣除替旅游者支付给其他单位或者个人的住宿费、餐费、交通费、旅游景点门票和支付给其他接团旅游企业的旅游费后的余额为销售额；纳税人将建筑工程分包给其他单位的，以其取得的全部价款和价外费用扣除其支付给其他单位的分包款后的余额为销售额；外汇、有价证券、期货等金融商品买卖业务，以卖出价减去买入价后的余额为销售额。营改增纳税人充分利用差额征税的规定，能够有效达到节税的目的。

需要注意的是，营改增纳税人在利用差额征税进行筹划时，其扣除项目必须取得法律、行政法规或者国务院税务主管部门有关规定的合法凭证。支付给境内单位或者个人的款项，且该单位或者个人发生的行为属于营业税或者增值税征收范围的，以该单位或者个人开具的发票为合法有效凭证；支付的行政事业性收费或者政府性基金，以开具的财政票据为合法有效凭证；支付给境外单位或者个人的款项，以该单位或者个人的签收单据为合法有效凭证，税务机关对签收单据有疑义的，可以要求其提供境外公证机构的确认证明；国家税务总局规定的其他合法有效凭证。

【案例 3－3】 某市 M 旅行社主要从事组团出境旅游，为了方便业务开展，该旅行社与国外旅行社签订合作协议，规定出境后由国外旅行社负责接团及旅游事宜，但 M 旅行社必须派一名随团导游，导游的费用由 M 旅行社支付。2016 年 12 月该旅行社组团出境旅游共收取游客旅游费 400 万元，其中支付给境外旅行社的旅游费共计 230 万元，导游报销境外费用 70 万元。考虑到要与境外旅行社签订下一年度的合作协议，M 旅行社如何签协议有利于节税呢？

【综合分析】

筹划前：M 旅行社应纳增值税＝(400－230)÷(1＋6％)×6％＝9.62(万元)

筹划方案：M 旅行社在与国外旅行社签订合作协议时约定，随团导游的相关费用先由国外旅行社支付，然后再由 M 旅行社将导游的相关费用并入旅客的旅游费一起支付给国外旅行社，这样就可以增加扣除额，减少税负。如果按照 2016 年 12 月份的业务状况，该旅行社组团出境旅游支付给境外旅行社的旅游费合计(230＋70)＝300(万元)。

筹划后：M旅行社应纳营业税＝(400－300)÷(1＋6％)×6％＝5.66(万元)。

可以节税3.96万元。

(二) 计税方法筹划

财税〔2016〕36号《财政部 国家税务总局关于全面推开营业税改征增值税试点的通知》对建筑工程有如下规定：

1. 一般纳税人以清包工方式提供的建筑服务，可以选择适用简易计税方法计税

以清包工方式提供建筑服务，是指施工方不采购建筑工程所需的材料或只采购辅助材料，并收取人工费、管理费或者其他费用的建筑服务。

2. 一般纳税人为甲供工程提供的建筑服务，可以选择适用简易计税方法计税

甲供工程，是指全部或部分设备、材料、动力由工程发包方自行采购的建筑工程。

3. 一般纳税人为建筑工程老项目提供的建筑服务，可以选择适用简易计税方法计税

建筑工程老项目，是指：

(1)《建筑工程施工许可证》注明的合同开工日期在2016年4月30日前的建筑工程项目；

(2) 未取得《建筑工程施工许可证》的，建筑工程承包合同注明的开工日期在2016年4月30日前的建筑工程项目。

试点纳税人提供建筑服务适用简易计税方法的，以取得的全部价款和价外费用扣除支付的分包款后的余额为销售额。

上面政策中，建筑企业采取清包工方式提供建筑服务时，其基本不采购建筑工程所需的材料或只采购辅助材料，提供的是单纯的人工劳务，向建设方收取人工费、管理费以及其他非材料类费用。在此类情形下，如果要求建筑业一般纳税人企业依据11％的增值税率申报缴纳增值税，而其又无相应的可抵扣的进项税额，势必造成清包工一般纳税人的税负畸高，不符合建筑企业自身实际盈利状况，也不利于鼓励分工、促进行业发展。因此，36号文赋予此类情形下的一般纳税人可以选择适用简易计税方法计税。

在建筑业、房地产业"营改增"试点之前，房地产开发中就已经广泛存在甲供材料、设备及动力等行为。"营改增"以后，房地产行业的销项税率为11％，因此许多房地产企业筹划利用甲供材料、设备及动力，取得17％税率的可抵扣进项税额发票。如此，房地产企业的税负将处于较低的水平，有利于房地产企业自身的发展。但是，甲供行为的泛滥会导致建筑企业无法取得足够的材料、设备及动力方面的可抵扣进项税发票，如果继续以11％的销项税率计税，则会造成建筑企业的实际税负远高于其自身的盈利能力，危及整个建筑业的发展。因此，36号文赋予在甲供工程情形下建筑企业一般纳税人可以选择适用简易计税方法计税。

对于2016年4月30日前已经开工的建筑业项目，36号文将其称为老项目。对于这些建筑业的老项目，因其开工行为发生在"营改增"之前，在工程施工过程中，无法取得相应的进项税发票，或者取得的发票不可以抵扣销项税额，此时，如果继续适用11％的建筑业销项税率，则同样造成建筑业的税负远高于其自身的盈利能力，危及建筑业的发展，甚至会造成严重的社会稳定问题。因此，36号文规定，对建筑业老项目，建筑企业一般纳税人可以选择适用简易计税方法计税。

在上述情形下，简易计税税率为3％，考虑到建筑业营业额需要剔除包含的增值税，实际

上上述情形下，建筑业企业的实际税负要低于之前的营业税税负。

因此，符合条件的建筑业企业一定要积极争取、充分利用政策精神，及时申请适用简易计税方法计税的备案，降低税负，促进自身良性发展。

但是，如果纳税人不采取甲供工程方式及清包工方式提供建筑服务，则可以按照一般纳税人抵扣材料的进项税额。由于一般材料抵扣的税率为17%，大于建筑行业的税率11%，因此，当材料价款足够大时，按照一般计税方法缴纳的增值税会小于上述符合条件简易计税办法缴纳的增值税。

因此，"营改增"纳税人可以结合企业的实际经营情况选择是否采取清包工或甲供工程方式提供建筑服务进行筹划。

建筑企业老项目、甲供工程及清包工方式可以选择适用简易计税方法。假设建筑企业一般纳税人工程总额为A，其中建筑企业材料金额为B，该企业在什么情况下适宜"清包工"、甲供工程(由甲方自行采购主要材料，包工不包料)？

方案一：假设不采取"清包工"、甲供工程方式提供建筑服务，则须按照一般纳税人缴纳增值税，进项税额＝B÷(1＋17%)×17%，则选择一般计税方法应交增值税＝A÷(1＋11%)×11%×－B÷(1＋17%)×17%＝0.099 1A－0.145 3B。

方案二：假设采取"清包工"、甲供工程方式提供建筑服务，纳税人选择简易计税办法，应交增值税为＝(A－B)÷(1＋3%)×3%＝0.029 13(A－B)。

税负平衡点为：

$$0.0991A-0.1453B=0.02913(A-B)$$

则B÷A＝60.23%。

当建筑企业提供的建筑工程服务额中，可以取得17%进项税专用发票的材料含税占比小于60.23%时，建筑企业宜选择清包工、甲供工程方式提供建筑服务，并选择按照简易计税办法计税；反之，可以取得17%进项税专用发票的材料含税占比大于60.23%时，建筑企业不宜选择清包工、甲供工程方式提供建筑服务，并按照一般计税方法计税。

【案例3-4】 某市新成立的甲建筑工程有限公司(一般纳税人)，主营建筑施工业务，2016年9月承接了本市某建设单位南湖公司建造一栋商业大楼，经双方协商初步约定，工程总承包价为3 000万元(包括材料价款)，工程所用的主要材料由甲建筑工程有限公司供应，材料从市场购买价款为1 000万元。该企业刚涉足建筑施工业，为了合理减轻税负，特意聘请了某税务师作为该公司的税务顾问。如果你是该公司的税务顾问，请你结合税法的相关规定，为该公司提供一个可行的纳税筹划方案。

【综合分析】

材料价款占工程总价款比例1 000÷3 000×100%＝33.33%<60.23%。

选择清包工方式提供建筑服务更能为企业节税。

筹划前：甲建筑工程有限公司应按增值税一般纳税人交税，提供建筑劳务的同时销售材料，属于混合销售，适用税率11%，应纳增值税＝3 000÷(1＋11%)×11%－1 000÷(1＋17%)×17%＝152(万元)。

筹划方案：甲建筑工程有限公司与建设单位南湖公司签订合同时，应该争取由建设单位南湖公司提供建筑材料和电梯设备，这样属于甲供工程，甲建筑工程有限公司可以选择简易计税方法计税。应纳增值税＝(3 000－1 000)÷(1＋3%)×3%＝58.25(万元)。

可以节税 93.75 万元。

由于在财税〔2016〕36 号文件对于甲供工程的数量并未做规定，所以当建筑企业在甲供工程下如何选择计税方法也是值得筹划的方向。

按照财税〔2016〕36 号附件 1《营业税改征增值税试点实施办法》的规定，建筑服务的适用税率是 11%，而设备、材料、动力的适用税率一般均是 17%。据此，可以大概计算出“甲供材”中建筑企业增值税计税方式选择的临界点。

假设甲供材合同中约定的工程价税合计(不含甲方购买的材料和设备)为 A，则“甲供材”中建筑企业选择一般计税方式和简易计算税方法下的增值税，计算如下。

1. 一般计税方式下的应缴增值税

应缴增值税＝A÷(1＋11%)×11%－建筑企业采购材料物质的进项税额＝9.91%×A－建筑企业采购材料物质的进项税额

2. 简易办法下的应缴增值税

应缴增值税＝A÷(1＋3%)×3%＝2.91%×A

3. 两种方法下税负相同的临界点

9.91%×A－建筑企业采购材料物质的进项税额＝2.91%×A

推导出

建筑企业采购材料物质的进项税额＝7%×A

4. 由于一般情况下，建筑企业采购材料物质的适用税率一般均是 17%，于是，推导出临界点：

建筑企业采购材料物质的进项税额＝建筑企业采购材料物质价税合计÷(1＋17%)×17%＝7%×A

5. 由此计算出临界点

建筑企业采购材料物质价税合计＝48.18%×A

6. 结论

“甲供材”模式下，建筑企业选择按一般计税方法或者简易计税方法的临界点参考值计算方法如下：

建筑企业采购材料物质价税合计＝48.18%×“甲供材”合同中约定的工程价税合计

具体是：

(1) 建筑企业采购材料物质价税合计＞48.18%×“甲供材”合同中约定的工程价税合计，则选择一般计税方法有利；

(2) 建筑企业采购材料物质价税合计＜48.18%×“甲供材”合同中约定的工程价税合计，则选择简易计税方法有利；

因此，建筑企业采购材料物质占整个工程造价的多少，或者说“甲供材料”占整个工程造价的多少，是选择计税方式的关键。

(三) 工程和劳务的分包的筹划

根据 36 号文及附件的规定，建筑业企业一般纳税人可以选择适用一般计税方法计税，特殊情形下可以选择适用简易计税方法计税。在不符合适用简易计税方法的情况下，建筑业企业将面对高达 11%的增值税销项税率，是否能够取得足够的可以抵扣的进项税发票决定着企业实际税负的高低。建筑业的上游供应商很多都是零散的个体户、个人，其提供的水泥、砂石、木料及劳务等大都无法开具增值税专用发票，建筑业企业也就无法以其抵扣销项税额，直接面临 11%的实际税负率。而根据文件精神的规定，建筑业企业将工程及劳务分包的，可以分包后的余额为营业额申报缴纳增值税。因此，建筑业企业可以考虑将部分无法取得可抵扣进项税发票的工程及劳务，分包给相关方并由其开具合法凭证。

需要注意的是，从分包方取得的 2016 年 4 月 30 日前开具的建筑业营业税发票在 2016 年 6 月 30 日前可作为预缴税款的扣除凭证。

（四）混合销售和兼营行为的筹划

混合销售行为下，纳税人可以调整不同税率增值税销售额，尽量使适用较低税率的服务类销售额占总销售额的比例在 50%以上，从而降低混合销售行为的税负，达到节税的目的。

兼营行为下，纳税人务必注意要分开核算，从而避免从高适用税率或征收率缴纳增值税。

导入案例中，酒店对外提供住宿餐饮服务按照 6%税率缴纳增值税，小卖部销售商品按照 17%税率缴纳增值税。如果小卖部对外销售额不大，该酒店可以将小卖部设置成内部小卖部，再向顾客提供服务的同时销售商品，或者将商品的价款包括在服务价款里，这样就可以作为混合销售业务，按照服务业 6%的税率征收增值税，从而降低酒店税负。

【案例 3-5】 甲公司属于营改增试点地区，主要生产高科技产品，2016 年 9 月取得不含税销售额 500 万元，当月可抵扣进项税额为 50 万元，同时公司下设的技术指导部门为客户提供上门技术指导服务，取得不含税收入 40 万元。请进行纳税筹划。

【综合分析】

由于甲公司是营改增试点纳税人，此行为属于混业销售行为，取得的技术指导服务属于部分现代服务业，为应税服务类，适用增值税税率 6%；销售高科技产品为销售应税货物类，适用 17%税率。

方案一：销售高科技产品与提供技术指导，不分开核算时，从高适用税率：

应纳增值税＝(500＋40)×17%－50＝41.8(万元)

方案二：甲公司把技术指导部门分立出来，成立独立核算的咨询公司，进行分开核算：

应纳税额＝500×17%＋40×6%－50＝37.4(万元)

可见，方案二比方案一少交税 4.4 万元(41.8－37.4)，应当采取方案二。

与此同时，增值税纳税人兼营免税、减税项目的，也应当分别核算免税、减税项目的销售额；未分别核算的，不得免税、减税。按照规定进行分开核算，也就可以顺理成章地享受增值税的减免税优惠政策，获得税收收益，达到节税效果。

第三节　不同销售方式销项税额的筹划

案例导入

“积分换礼品”和“积分换取折扣券”是一样的吗？

“积分换礼品”的礼品是不是无偿赠送行为没有明确的法律条文规定，为了规避赠送的商品被税务局判定为视同销售而缴纳增值税,应进行相应纳税筹划。

目前万利商场的会员积分回馈方案如下:

① 会员累计积满99分,可换价值20元的精美礼品一份;

② 会员累计积满199分,可换价值30元的精美礼品一份;

③ 会员累计积满299分,可换价值40元的精美礼品一份;

④ 会员累计积满399分,可换价值50元的精美礼品一份;

⑤ 会员累计积满499分以上时,奖励价值60元的精美礼品一份。

由于该商场的积分返利规则中没有明确返利的性质是否为“销售折扣”,而是表达为“积分换礼品”,因而有可能被国税部门解释为“无偿赠送商品”,按增值税条例细则和所得税条例细则的规定必须视同销售,缴纳增值税和作为企业收入缴纳企业所得税。该积分折扣不能扣减商品标价的增值税销项,导致多纳增值税;不能在所得税前列支,造成多纳企业所得税;还有可能要交代扣代缴顾客个人所得税。此外,该企业会员手册中没有规定如何开票,也就无从说明“折扣和销售在同一张发票列明的”,因而在增值税与所得税方面都是难以获得税务检查人员的认可。

为了规避税务检查风险,可以把会员积分回馈方案进行修改如下:

① 会员累计积满99分,可换价值20元的折扣券;

② 会员累计积满199分,可换价值30元的折扣券;

③ 会员累计积满299分,可换价值40元的折扣券;

④ 会员累计积满399分,可换价值50元的折扣券;

⑤ 会员累计积满499分以上,奖励价值60元的折扣券。

并在折扣券上注明:顾客使用折扣券购物后,如需要开具发票,在发票上分行写明货物原价、折扣金额和实收金额。

根据《增值税若干具体问题的规定》(国税发〔1993〕154号)的规定:“纳税人采取折扣方式销售货物,如果销售额和折扣额在同一张发票上分别注明的,可按折扣后的销售额征收增值税;如果将折扣额另开发票,不论财务上如何处理,均不得从销售额中减除折扣额。”可以认为税务局限定的折扣从税基中扣减的条件是,销售额和折扣额在同一发票上且分别注明。据此,建议折扣券的使用范围与原有提货单条件一样,但会员积分的回馈返利性质明确属于“折扣销售”,既符合增值税和所得税条例,也符合国税总局的内部规范性文件规定,因此可以扣减应税销售收入以减少相应的增值税额和所得税额。

一、视同销售的规定

《增值税暂行条例实施细则》规定,单位或个体经营者的下列行为,视同销售货物,征收增值税:

1. 将货物交付他人代销。

2. 销售代销货物。

3. 设有两个以上机构并实行统一核算的纳税人,将货物从一个机构移送至其他机构用于销售,但相关机构设在同一县(市)的除外。

4. 将自产或委托加工的货物用于非应税项目。

5. 将自产、委托加工或购买的货物作为投资,提供给其他单位或个体经营者。

6. 将自产、委托加工或购买的货物分配给股东或投资者。

7. 将自产、委托加工的货物用于集体福利或个人消费。

8. 将自产、委托加工或购买的货物无偿赠送他人。

9. 单位或者个体工商户向其他单位或者个人无偿提供服务，但用于公益事业或者以社会公众为对象的除外。

10. 单位或者个人向其他单位或者个人无偿转让无形资产或者不动产，但用于公益事业或者以社会公众为对象的除外。

11. 财政部和国家税务总局规定的其他情形。

由于视同销售行为一般不以资金形式反映出来，因而会出现视同销售而无销售额的情况。另外，有时纳税人销售货物或提供应税劳务的价格明显偏低而无正当理由。在上述情况下，主管税务机关有权按照下列顺序核定其计税销售额：

1. 按纳税人最近时期销售同类货物、同类服务、无形资产或者不动产的平均销售价格确定。

2. 按其他纳税人最近时期销售同类货物、同类服务、无形资产或者不动产的平均销售价格确定。

3. 按组成计税价格确定。组成计税价格的公式为

$$组成计税价格 = 成本 \times (1 + 成本利润率)$$

属于应征消费税的货物，其组成计税价格中应加计消费税额，计算公式为

$$组成计税价格 = 成本 \times (1 + 成本利润率) + 消费税税额$$

或

$$组成计税价格 = 成本 \times (1 + 成本利润率) \div (1 - 消费税税率)$$

成本利润率由国家税务总局确定。

二、其他特殊销售行为的规定

根据国家税务总局《关于印发〈增值税若干具体问题的规定〉的通知》(国税发〔1993〕154号)的规定：

（一）纳税人为销售货物而出租出借包装物收取的押金，单独记账核算的，不并入销售额征税。但对因逾期未收回包装物不再退还的押金，应按所包装货物的适用税率征收增值税。

（二）纳税人采取折扣方式销售货物，如果销售额和折扣额在同一张发票上分别注明的，可按折扣后的销售额征收增值税；如果将折扣额另开发票，不论其在财务上如何处理，均不得从销售额中减除折扣额。

（三）纳税人采取以旧换新方式销售货物，应按新货物的同期销售价格确定销售额。

纳税人采取还本销售方式销售货物，不得从销售额中减除还本支出。

（四）纳税人因销售价格明显偏低或无销售价格等原因，按规定需组成计税价格确定销售额的，其组价公式中的成本利润率为10%。但属于应从价定率征收消费税的货物，其组价公式中的成本利润率，为《消费税若干具体问题的规定》中规定的成本利润率。

三、筹划思路与演练

（一）一般销售行为销售价款的筹划

增值税一般纳税人用降低销售价款的方法来进行纳税筹划需要具备一定的前提条件。一是因为销售价款的高低将影响到交易双方的利益，销货方降低销售价款，减少了自己的销项税额获得了税收上的收益，但获得的销售收入也减少了；购货方以较低的价款购进货物获得了收益，但抵扣的进项税额也被降低了，所以购销双方就降低销售额应达成协议，平衡双方的利益；二是因为税务机关有权对售价明显偏低且无正当理由的售价进行调整，销售价款不能由纳税人随意制定，所以降低价款的方法只能适用于满足一定条件的交易行为。

（二）特殊销售方式的筹划

在产品销售过程中，销售方式越来越多样化，如邮寄销售、网上销售等，同时，各种促销方式也是层出不穷，促销可以帮助吸引消费者购买自己的商品，如打折促销、附赠服务等等。对采取何种销售方式企业有自主选择权，这就为纳税人利用不同的销售方式进行纳税筹划提供了可能。但是针对不同的销售方式，企业的纳税情况不同，也就存在着税负的差异。企业在选择促销方式时应如何筹划才能获得最大的收益呢？这里列举的销售方式是根据税法有不同计缴增值税规定的几种。

1. 商业折扣

商业折扣就是指销售方为达到促销的目的，在向购货方销售货物或提供劳务时，因为购货方购货数额较大等原因而给购货方一定的价格优惠的销售形式。根据税法规定，采取折扣销售方式，如果销售额和折扣额在同一张发票上注明，那么可以以销售额扣除折扣额后的余额作为计税依据；如果销售额和折扣额不在同一张发票上体现，那么无论企业在财务上如何处理，均不得将折扣额从销售额中扣除。

企业采用折扣销售的方式，购货方可以减少支出，销货方也可按折扣后的金额计税，双方都得到了实惠，实现了双赢。因此，该方式应是一种比较理想的促销方式。

【案例 3-6】 海东家用电器制造公司为增值税一般纳税人，其主要经营业务是生产和销售某品牌的电视机。某月，该公司销售给 A 商场电视机一批，增值税率 17%，不含税价格为 100 万元，因对方购买量大而给予 5%销售折扣。

【综合分析】

方案一：海东家用电器制造公司给予 A 商场 5 万元的折扣不在销售发票上注明，而是另外开具红字发票，这种情况下，折扣额不允许从收入中减除，计征增值税时按销售额全额计算增值税销项税额。

则 A 商场共须支付价税合计款项(100－100×5%)＋100×17%＝112(万元)

海东家用电器制造公司入账的销售收入净值＝100－100×5%＝95(万元)

海东家用电器制造公司的增值税销项税额＝100×17%＝17(万元)

方案二：海东家用电器制造公司将销售折扣额与销售额在同一张增值税专用发票上注明，则可以按照折扣后的销售额 95 万元计征增值税。

A 商场共须支付价税合计款项 95×(1＋17%)＝111.15(万元)

海东家用电器制造公司的增值税销项税额＝95×17％＝16.15(万元)

对比以上两种情况，在方案一的销售方式下，海东家用电器制造公司没有将折扣额与销售额在同一张发票上注明，其折扣额不允许从增值税计税收入中减除，从而导致销售方多缴纳增值税款，购货方多支付了价税合计款。

所以，纳税人在采取折扣销售手段时，一定要熟练地掌握其税务处理方式，以免不明不白多缴纳税款。

2. 现金折扣

现金折扣就是指企业在销售货物或提供应税劳务的行为发生后，为尽快收回资金而给予购买方价格上的优惠，税法规定销售折扣额不得从销售额中减除。

企业采用现金折扣的方式，购货方可以得到的实惠就是，在不考虑资金时间价值前提下用更少的支出购买同样多的货物。当购货方提前支付货款时，销货方提前获取资金流入，获取资金的时间价值。

3. 销售折让

销售折让就是指货物销售后，由于产品质量、性能或规格等方面的原因，购货方虽没有退货，但要求给予的一种价格上的优惠。根据税法规定，销售折让也可以从货物或应税劳务的销售额中扣除，以其余额计缴增值税。

企业采用销售折让的方式通常是出于务实地解决购销双方分歧的目的，使购买者可以实现以质论价，就质量、性能或规格等方面的问题得到应有补偿。销货方也可按折让后的价格计征增值税。

但是从税务机关的角度，销售折让的征税规定有被不法分子用于偷逃税的弊端。当销货方为一般纳税人，购货方为小规模纳税人时，即使并不存在产品质量、性能或规格等方面的原因，销货方也可事先与购货方达成协议，让购货方假借产品质量、性能或规格等方面出现问题的名义到其主管税务机关开具折让证明，这样销货方就可据此开具红字发票，少纳增值税，由于购货方是小规模纳税人，此举并不会影响自己的增值税纳税情况。这样销货方就在购货方的帮助下达到了偷逃税的目的。应注意的是，这种对销售折让的“不法利用”并不是纳税筹划的范畴。

【案例 3－7】 某商场是增值税一般纳税人，商品进销差价为 40％，也就是销售 100 元商品，其成本 60 元，商场购货均取得增值税专用发票。该商场采用以下三种方式促销：

一是商品以七折销售；

二是“满百送三十”，购物满 100 元送 30 元的商品（所购商品成本为 18 元，均为含税价）；

三是购物满 100 元返还 30 元现金。

假定消费者购买了一件价值 1 000 元的商品，由于商家在以上三种方式下的应纳税情况及利润情况是不同的，现分别进行计算分析，借以衡量哪种方式对商家更为有利（由于城建税和教育费附加对结果影响较小，计算时不予考虑）。

【综合分析】

方案一：七折销售

(1) 应纳增值税＝700÷(1＋17％)×17％－600÷(1＋17％)×17％＝14.5(元)

(2) 利润额＝700÷(1＋17％)－600÷(1＋17％)＝85.5(元)

(3) 应纳所得税＝85.5×25％＝21.38(元)

(4) 税后净利润＝85.5－21.38＝64.13(元)

方案二:"满百送三十"

销售 1 000 元商品应纳增值税

应纳增值税＝1 000÷(1＋17%)×17%－600÷(1＋17%)×17%＝58.1(元)

赠送 300 元商品视同销售应纳增值税

300÷(1＋17%)×17%－180÷(1＋17%)×17%＝17.4(元)

(1) 应纳增值税总额＝58.1＋17.4＝75.5(元)

(2) 利润额＝(1 000/1.17－600/1.17)－180/1.17－300÷(1＋17%)×17%＝144.4(元)

(3) 所得税 144.4×25%＝36.1(元)

(4) 税后利润＝144.4－36.1＝108.3(元)

方案三:购物满 100 元返还 30 元现金

(1) 销售 1 000 元商品应纳增值税

应纳增值税＝1 000÷(1＋17%)×17%－600÷(1＋17%)×17%＝58.1(元)

(2) 利润额 1 000÷(1＋17%)－600÷(1＋17%)－300＝41.9(元)

(3) 所得税 41.9×25%＝10.5(元)

(4) 税后利润 41.9－10.5＝31.4(元)

表 3－7　三种方式下企业的税负和利润比较　　单位:元

方案	总税负	净利润
7 折	35.88	64.13
"满百送三十"	111.6	108.3
返现	68.6	31.4

上述三方案中,方案二最优,方案一次之,方案三最差。

从以上分析可以看出,顾客购买价值 100 元的商品,商家同样是让利 30 元,但对于商家来说税负和利润却大不相同。因此,在制定每一项经营决策时,先要进行相关的税务筹划,以便降低税收成本,获取最大的经济效益。

4. 还本销售

还本销售方式就是指纳税人在销售货物达到一定期限后,将其货物价款的全部或部分一次或分次退还给购货方。税法规定,应以销售额的全额为计税金额。

企业采用还本销售的方式,购货方可以得到的实惠就是,从静态、绝对额的角度来看可以降低购货成本;销货方得到的实惠是可以实现扩大销售。虽然在这种方式下,销货方进行纳税筹划的可能性不大,但是销货方是可以获得税收以外的收益的,即销货方可获得提早融入资金带来的时间价值,以及所融入资金带来的投资价值,前提是提早融入资金的时间价值或投资价值大于等于还本支出额,也就是说在考虑资金时间价值的情况下,受益的部分投资价值超出我们实际的还本支出的成本。

5. 以旧换新

以旧换新就是指纳税人在销售货物时,以一定的价格同时回收相关的旧货,以达到促销目的。根据税法规定,纳税人采取以旧换新方式销售货物的,应按新货物的同期销售价格计缴税款。无论纳税人在财务上怎样处理，旧货物的支出均不得从销售额中扣除。

企业采用这种促销方式时，消费者可以得到的实惠是，既能处置废旧货物，又能以较低价格取得新货物，这样就可以吸引消费者的购买。但是对销货方来说，扩大销售的同时则可能产生不利的影响。一方面销货方在销售时只能收回部分款项，但却是以全额计征增值税销项税额；另一方面，换回旧货等同于购进存货，企业不允许抵扣增值税进项税额。这种促销方式无形中增加了企业的税收负担。企业如何才能在采用这种促销方式的时候降低税负呢？

由于税法规定，无论纳税人在财务上怎样处理，换回旧货物的支出均不得从销售额中扣除，即必须按全额计征增值税销项税额，所以是无法通过按部分款项计征增值税销项税额来降低税负的；但若能让换回的旧货有进项税额可抵扣则可实现降低税负的目的。

6. *以物易物*

以物易物是一种较为特殊的购销活动，是指购销双方不是以货币结算，而是以同等价款的货物相互交换，实现货物购销的一种方式。税法规定，以物易物双方都应作购销处理，以各自发出的货物核算销售额并计算销项税额，以各自收到的货物按规定核定购货额并计算进项税额。

企业采用以物易物的销售方式，总体上会给双方带来减少现金流出的好处。就销货方应纳税额的影响来说，不同情况下对双方的影响会略有差异。

当所易入货物均为存货，并且双方都可为对方开具增值税专用发票时，对双方应纳税额不会产生影响，特别是若双方易出易入额相等时，便不会新增应纳增值税税额。

筹划的具体方法就是，若易入货物均为存货时，就应尽量使易入额与易出额相等，并且互开增值税专用发票，这样，增值税销项税额和进项税额相等，企业便不会新增应纳增值税额。

【案例3-8】 A企业生产棉布，B企业生产服装，均为一般纳税人。因为市场棉布价格处于上升趋势，服装价格处于下降趋势，B企业预测未来市场以棉布加工的休闲装利润较高，欲购进一批棉布，但苦于目前资金紧张；而A企业需要一批工作服。

因此，A、B企业签订以物易物协议，A企业以成本为60 000元、市价为90 000元、作价100 000元的棉布交换B企业积压的成本为90 000元、市价为110 000元、作价100 000元的服装。

双方增值税计算的结果为：

A企业：换出棉布的销项税额＝90 000×17%＝15 300(元)；换入服装的进项税额＝110 000×17%＝18 700(元)；该业务应纳增值税＝15 300－18 700＝－3 400(元)。

B企业：换出服装的销项税额＝110 000×17%＝18 700(元)；换入棉布的进项税额＝90 000×17%＝15 300(元)；该业务应纳增值税＝18 700－15 300＝3 400(元)。

【综合分析】

(1) A企业按同类商品的同期售价90 000元计算销项税额，减少销项税额1 700元(100 000×17%－90 000×17%)，按B企业同类商品的同期售价110 000元确定进项税额，增加进项税额1 700元(110 000×17%－100 000×17%)，当期应纳税额为负数，即留抵税额为3 400元。

(2) B企业按同类商品的同期售价110 000元计算销项税额，增加销项税额1 700元(110 000×17%－100 000×17%)，按A企业同类商品的同期售价90 000元确定进项税额，减少进项税额 1 700 元,(100 000×17%－90 000×17%),当期应纳税额为 3 400 元。

结果:A 企业将税负转嫁给了 B 企业,降低了税负。

假设银行同期贷款利率为 5.58%,增值税负税率为 3.78%(3 400÷90 000×100%),低于银行同期贷款利率 5.58%,B 企业也获利。

7. 包装物的筹划

包装物是在生产流通过程中,为包装企业产品而随同产品一起出售、出借或出租给购货方的各种包装容器,它包括桶、箱、瓶、坛、袋等用于存储及保管之用的各类材料。对出租或是出借用途的包装物,销货方为了促使购货方将其尽早退回,通常需要向购货方收取一定金额的押金。现行税法规定,在符合条件的情况下,包装物押金会被征收相应的流转税。关于对包装物征收的流转税主要涉及增值税和消费税两类。包装物押金的处理,关键是围绕是否逾期的时间界定以及是否区分酒类产品两个方面展开的。如表 3－7 所示。

表 3－7　包装物押金的税务处理

押金种类	收取时未逾期	逾期时
非酒类产品包装物押金	不缴纳增值税	缴纳增值税
啤酒、黄酒包装物押金	不缴纳增值税	缴纳增值税
酒类(不含啤酒、黄酒)	缴纳增值税、消费税	不缴纳增值税、消费税

包装物押金的会计处理方式不同,对企业的税收负担也是不同的。因此,企业在做产品销售时,应选择合适的包装物押金处理方式,以降低企业的税收成本。

✍ 变“包装物作价出售”为“收取包装物押金”的方式

根据国税发〔1993〕154 号《国家税务总局关于印发〈增值税若干具体问题的规定〉的通知》和对包装物押金的税务处理规定,我们可以看出:如果将包装物的“出售”改为“收取押金”的形式,而且在税法认可的约定时间内及时返还,则可以合理地避免包装物部分的税收支出。下面用案例 3－9 说明。

【案例 3－9】 某焰火生产企业为增值税一般纳税人,2009 年度销售焰火 50 000 件,每件价值 200 元,另外包装物的价值为每件 20 元,以上均为不含税价格。那么该企业应该进行怎样的销售处理才能够达到税后利润最大化的目的?(根据现行税法规定,鞭炮、焰火的消费税税率为 15%)

【综合分析】

方案一:采取包装物作价出售的方式

企业当期发生的销项税额＝200×50 000×17%＋20×50 000×17%＝1 870 000(元)

企业当期缴纳的消费税额＝200×50 000×15%＋20×50 000×15%＝1 650 000(元)

方案二:采取包装物押金的方式。这里不妨假设企业对每件包装物单独收取押金 20 元,显然此项押金不会并入焰火产品的销售额中征税。

(1) 若包装物押金在 1 年内收回。企业当期发生的销项税额＝200×50 000×17%＝1 700 000(元),企业应交纳的消费税税额＝200×50 000×15%＝1 500 000(元)。较之方案一,该企业可节约增值税支出 170 000 元,可节约消费税支出 150 000 元。

(2) 若包装物押金在 1 年内未收回。应补交增值税税额 20×50 000×17%＝1 700 000

(元)，补交消费税税额 20×50 000×15％＝1 500 000(元)。虽然，与方案一相比，其税负没有降低，但它增值税和消费税的纳税期限延缓了 1 年，这也充分利用了资金的时间价值，在这一年之中，资金可以用于更多的投资或者流通，创造更多的收益。

从该案例我们可以看出，企业在条件允许的情况下，不应将包装物作价随同主要产品出售，而是应该采用收取包装物押金的方式，而且不论押金是否按期收回，都能够达到税后利润最大化的目的。

✍ 变收取“包装物租金”为“包装物押金”的方式

根据税法的相关规定，包装物租金属于价外费用，凡随同应税消费品销售向购买方收取的价外费用，无论其会计上如何核算，均应并入销售额计算应纳税额。另外，对增值税一般纳税人向购买方收取的价外费用，均应视为含增值税收入，在征税时要换算为不含税收入再并入销售额。然而，包装物押金不并入销售额计税：纳税人为销售货物而出租出借包装物收取的押金，单独计价核算的，不并入销售额征税。但对因逾期未收回包装物不再退还的押金，则需要按所包装货物的适用税率计算应纳税额。因此，企业在做产品销售时，选择用包装物押金替代包装物租金的处理方式，也能够起到节税的作用。下面用例 3－10 来说明。

【案例 3－10】 某企业 10 月销售产品 10 000 件，每件价值 500 元(不含税价)，另外收取包装物租金为每件 117 元。如果该包装物押金在 1 年内可以收回，那么该企业应该进行怎样的销售处理才能够降低当期增值税税负？

【综合分析】

方案一：收取包装物租金的方式。那么企业当期应交纳增值税的销项税额＝10 000×500×17％＋10 000×117÷(1＋17％)×17％＝1 020 000(元)。

方案二：收取包装物押金的方式。显然此项押金不用并入销售额中征税，那么企业当期应缴纳的增值税销项税额＝10 000×500×17％＝850 000(元)。

较之方案一，节约增值税税额支出＝1 020 000－850 000－170 000(元)。

从该案例我们可以看出，企业在条件允许的情况下，不应采用收取包装物租金的方式，而是应该采用收取包装物押金的方式，这样才能降低企业增值税税负。

(三) 采用适当调整产品与包装物押金价格分配比例的方式

根据税法的相关规定，凡随同货物一起出租出借的包装物，所收取的包装物押金已在规定时间内予以退还的，如果单独核算可不并入销售额征税。除此之外，都应按规定征税。因此，企业应单独核算出租出借包装物所收取的押金，并在规定时间(一般为一年)内退还。

(三) 代销行为的筹划

代销行为是视同销售行为中比较典型的特殊销售行为。代销行为通常有两种方式：一是收取手续费，即受托方根据所代销的商品数量向委托方收取手续费，这对受托方来说是一种劳务收入，应交纳营业税；二是视同买断，即由委托方和受托方签订协议，委托方按协议价收取所代销的货款，实际售价可由双方在协议中明确规定，也可受托方自定，实际售价与协议价之间的差额归受托方所有，委托方不再支付代销手续费。两种代销方式对双方的税务处理及总体税负水平是不相同的，合理选择代销方式可达到节税的目的。

【案例 3－11】 甲公司和乙公司签订了一项代销协议，由乙公司代销甲公司的产品，该产品成本为800元/件。现有两种代销方式可以选择：

一是收取手续费方式，即乙公司以1 200元/件的价格对外销售甲公司的产品，向甲公司收取200元/件的代销手续费；

二是视同买断方式，乙公司每售出一件产品，甲公司按1 000元/件的协议价收取货款，乙公司在市场上仍以1 200元/件的价格销售甲公司的产品，实际售价与协议价之差200元/件归乙公司所有。

若甲公司为一般纳税人，则甲公司可抵扣的进项税为100元/件；若甲公司为小规模纳税人，则100元/件计入产品成本后，产品成本增至900元/件。以上价款均为商品零售价，且城建税税率为7%，教育费附加征收率为3%。

【综合分析】

以下分四种情况对其代销方式的选择进行纳税筹划。

（一）甲公司和乙公司均为一般纳税人

方案一：收取手续费方式

甲公司增值税＝1 200÷(1＋17%)×17%－100＝74.36(元)；城建税及教育费附加＝74.36×(7%＋3%)＝7.436(元)；所得税税前利润＝1 200÷(1＋17%)－800－200－7.436＝18.21(元)。

乙公司增值税＝1 200÷(1＋17%)×17%－1 200÷(1＋17%)×17%＝0(元)；营业税＝200×5%＝10(元)；城建税及教育费附加＝10×(7%＋3%)＝1(元)；所得税税前利润＝200－10－1＝189(元)。

方案二：视同买断方式

甲公司增值税＝1 000÷(1＋17%)×17%－100＝45.3(元)；城建税及教育费附加＝45.3×(7%＋3%)＝4.53(元)；所得税税前利润＝1 000÷(1＋17%)－800－4.53＝50.17(元)。

乙公司增值税＝1 200÷(1＋17%)×17%－1 000÷(1＋17%)×17%＝29.06(元)；城建税及教育费附加＝29.06×(7%＋3%)＝2.906(元)；所得税税前利润＝1 200÷(1＋17%)－1 000÷(1＋17%)－2.906＝168.03(元)。

可见，采用方案二甲公司多获取所得税税前利润31.96元，但乙公司减少所得税税前利润20.97元，从税后利润角度来看，选择何种代销方式，双方需要根据实际情况达成一致。

（二）甲公司为一般纳税人，乙公司为小规模纳税人

方案一：收取手续费方式

甲公司增值税＝1 200÷(1＋17%)×17%－100＝74.36(元)；城建税及教育费附加＝74.36×(7%＋3%)＝7.436(元)；所得税税前利润＝1 200÷(1＋17%)－800－200－7.436＝18.21(元)。

乙公司增值税＝1 200÷(1＋3%)×3%＝34.95(元)；营业税＝200×5%＝10(元)；城建税及教育费附加＝(34.95＋10)×(7%＋3%)＝4.495(元)；所得税税前利润＝200－34.95－10－4.495＝150.56(元)。

方案二：视同买断方式

甲公司增值税＝1 000÷(1＋17%)×17%－100＝45.3(元)；城建税及教育费附加＝45.3×

(7%+3%)=4.53(元);所得税税前利润=1 000÷(1+17%)-800-4.53=50.17(元)。

乙公司增值税=1 200÷(1+3%)×3%=34.59(元);城建税及教育费附加=34.59×(7%+3%)=3.459(元);所得税税前利润=1 200÷(1+3%)-1 000-3.459=161.59(元)。

可见,采用方案二甲、乙公司分别多获取所得税税前利润32.05元和11.03元,因此,应采用视同买断方式。

(三) 甲公司为小规模纳税人,乙公司为一般纳税人

方案一:收取手续费方式

甲公司增值税=1 200÷(1+3%)×3%=34.59(元);城建税及教育费附加=34.59×(7%+3%)=3.459(元);所得税税前利润=1 200÷(1+3%)-900-200-3.459=61.59(元)。

乙公司增值税=1 200÷(1+17%)×17%-1 200÷(1+3%)×3%=139.77(元);营业税=200×5%=10(元);城建税及教育费附加=(139.77+10)×(7%+3%)=14.98(元);所得税税前利润=1 200÷(1+17%)-1 200÷(1+3%)+200-10-14.98=35.61(元)。

方案二:视同买断方式

甲公司增值税=1 000÷(1+3%)×3%=29.13(元);城建税及教育费附加=29.13×(7%+3%)=2.913(元);所得税税前利润=1 000÷(1+3%)-900-2.913=67.96(元)。

乙公司增值税=1 200÷(1+17%)×17%-1 000÷(1+3%)×3%=145.23(元)。城建税及教育费附加=145.23×(7%+3%)=14.523(元);所得税税前利润=1 200÷(1+17%)-1 000÷(1+3%)-14.523=40.24(元)。

可见,采用方案二甲、乙公司分别多获取所得税税前利润6.37元和4.63元,因此,应采用视同买断方式。

(四) 甲、乙公司均为小规模纳税人

方案一:收取手续费方式

甲公司增值税=1 200÷(1+3%)×3%=34.59(元);城建税及教育费附加=34.59×(7%+3%)=3.459(元);所得税税前利润=1 200÷(1+3%)-900-200-3.459=61.59(元)。

乙公司增值税=1 200÷(1+3%)×3%=34.95(元);营业税=200×5%=10(元);城建税及教育费附加=(34.95+10)×(7%+3%)=4.495(元);所得税税前利润=200-34.95-10-4.495=150.56(元)。

方案二:视同买断方式

甲公司增值税=1 000÷(1+3%)×3%=29.13(元);城建税及教育费附加=29.13×(7%+3%)=2.913(元);所得税税前利润=1 000÷(1+3%)-900-2.913=67.96(元)。

乙公司增值税=1 200÷(1+3%)×3%=34.59(元);城建税及教育费附加=34.59×(7%+3%)=3.459(元);所得税税前利润=1 200÷(1+3%)-1 000-3.459=161.59(元)。

可见,采用方案二甲、乙公司分别多获取所得税税前利润6.37元和11.03元,因此,应采用视同买断方式。

第四节 进货渠道选择的筹划

案例导入

某商业企业预计2012年应纳税销售额达100万元，按规定可能要转为一般纳税人，由于企业的进货渠道均是从小规模纳税人购进，无法取得增值税专用发票或取得由税务机关代开的增值税专用发票，毫无疑问，该企业增值税税负增加。对此，企业面临着两种选择：要么加价（这意味着客户流失），要么减少收入。请问：你有何良策？

一、发票的相关规定

（一）专用发票的开具范围

一般纳税人销售货物、提供应税劳务和服务，应向购买方开具专用发票。自2014年8月1日起，成品油经销企业应通过增值税防伪税控系统汉字防伪版开具增值税专用发票和增值税普通发票。

一般纳税人有下列销售情形，不得开具专用发票：

1. 商业企业一般纳税人零售的烟、酒、食品、服装、鞋帽（不包括劳保专用部分）、化妆品等消费品不得开具专用发票。

2. 销售免税货物不得开具专用发票，法律、法规及国家税务总局另有规定的除外。

3. 销售自己使用过的下列不得抵扣进项税额的固定资产：

(1) 用于非增值税应税项目、免征增值税项目、集体福利或者个人消费的购进固定资产。

(2) 非正常损失的购进固定资产。

(3) 国务院财政、税务主管部门规定的纳税人自用消费品。

增值税小规模纳税人需要开具专用发票的，可向主管税务机关申请代开。

（二）专用发票的开具要求

1. 项目齐全，与实际交易相符。

2. 字迹清楚，不得压线、错格。

3. 发票联和抵扣联加盖财务专用章或者发票专用章。

4. 按照增值税纳税义务的发生时间开具。

对不符合上列要求的专用发票，购买方有权拒收。

一般纳税人销售货物或者提供应税劳务，可汇总开具专用发票，同时使用防伪税控系统开具“销售货物或者提供应税劳务清单”，并加盖财务专用章或者发票专用章。

二、进项税额相关规定

进项税额，是指纳税人购进货物或者接受加工修理修配劳务和应税服务，支付或者负担的增值税税额。

（一）准予从销项税额中抵扣的进项税额

根据税法的规定，准予从销项税额中抵扣的进项税额，限于下列增值税扣税凭证上注明的增值税税额和按规定的扣除率计算的进项税额。

1. 从销售方或者提供方取得的增值税专用发票（含税控机动车销售统一发票）上注明的增值税额。

2. 从海关取得的完税凭证上注明的增值税额。

上述规定说明，纳税人在进行增值税账务处理时，每抵扣一笔进项税额，就要有一份记录该进项税额的法定扣税凭证与之相对应；没有从销售方或海关取得注明增值税税额的法定扣税凭证，就不能抵扣进项税额。

3. 购进农产品进项税额的确定与抵扣。

购进农产品，准予按照农产品收购发票或者销售发票上注明的农产品买价和13%的扣除率计算进项税额，即进项税额＝买价×扣除率。

4. 从境外单位或者个人购进服务、无形资产或者不动产，自税务机关或者扣缴义务人取得的解缴税款的完税凭证上注明的增值税额。

（二）不得从销项税额中抵扣的进项税额

按《增值税暂行条例》规定，下列项目的进项税额不得从销项税额中抵扣。

1. 纳税人购进货物或应税劳务，没有按照规定取得并且保存增值税抵扣凭证或增值税扣税凭证上未按规定注明增值税额及其他有关事项的。

2. 一般纳税人有下列情形之一者，应按销售额依照增值税税率计算应纳税额，不得抵扣进项税额，也不得使用专用发票：

（1）会计核算不健全，或者不能够提供准确税务资料的；

（2）除另有规定外，纳税人销售额超过小规模纳税人标准，未申请一般纳税人认定手续的。

3. 用于简易计税方法计税项目、免征增值税项目、集体福利或者个人消费的购进货物、加工修理修配劳务、服务、无形资产和不动产。其中涉及的固定资产、无形资产、不动产，仅指专用于上述项目的固定资产、无形资产（不包括其他权益性无形资产）、不动产。

纳税人的交际应酬消费属于个人消费。

4. 非正常损失的购进货物，以及相关的加工修理修配劳务和交通运输服务。

5. 非正常损失的在产品、产成品所耗用的购进货物（不包括固定资产）、加工修理修配劳务和交通运输服务。

6. 非正常损失的不动产，以及该不动产所耗用的购进货物、设计服务和建筑服务。

7. 非正常损失的不动产在建工程所耗用的购进货物、设计服务和建筑服务。

纳税人新建、改建、扩建、修缮、装饰不动产，均属于不动产在建工程。

8. 购进的旅客运输服务、贷款服务、餐饮服务、居民日常服务和娱乐服务。

9. 财政部和国家税务总局规定的其他情形。

本条第6项、第7项所称货物，是指构成不动产实体的材料和设备，包括建筑装饰材料和给排水、采暖、卫生、通风、照明、通信、煤气、消防、中央空调、电梯、电气、智能化楼宇设备及配套设施。

以上规定中,固定资产是指使用期限超过12个月的机器、机械、运输工具以及其他与生产经营有关的设备、工具、器具等有形动产。

非正常损失,是指因管理不善造成货物被盗、丢失、霉烂变质以及因违反法律法规造成货物或者不动产被依法没收、销毁、拆除的情形。

三、筹划思路与演练

(一)进货对象的选择

根据税法规定,增值税纳税人可以凭票进行增值税进项税额抵扣的款项一般只有两种,一是从销售方取得的增值税专用发票上注明的增值税额,二是从海关取得的完税凭证上注明的增值税额。但是只有一般纳税人才能开具增值税专用发票,小规模纳税人是不能开具增值税专用发票的,也就是说从一般纳税人处购进货物和从小规模纳税人处购进货物的税收负担是不一样的,因此纳税人在选择进货对象的时候也应该根据自己的情况进行筹划。

一般情况下,作为一般纳税人的购买方,从小规模纳税人处购得货物是不划算的。这里所谓"一般情况"是指来自纳税人与来自小规模纳税人的价税款总额相同。因为,在以含税价购进货物以后,价款中支付了增值税款,但却不能取得增值税专用发票,进项税额不能得到抵扣,直接增大了自己的实际税负。但如果小规模纳税人将商品的价格降得低一些,并能提供由其主管税务机关代开的增值税专用发票,则从小规模纳税人处购买也是可行的。这仅从税收角度考虑,在实际中购买方还应将小规模纳税人的信誉、产品质量等因素进行综合考虑,以做出最优的判断。

一般情况下,作为小规模纳税人的购买方从小规模纳税人处购货是划算的。这里所谓"一般情况"是指来自小规模纳税人与来自一般纳税人的"价款"相同、"税款"不同。因为小规模纳税人即使取得了增值税专用发票,也不能用于抵扣,如果从一般纳税人处购买货物,其购进货物的总支付额中已包含了一般纳税人收取的销项税额,而自己又无法进行进项抵扣,直接增大了自己的实际税负。但考虑到其他因素,比如一般纳税人信誉较好、货物质量有保证、供货及时、能够提供信贷支持等,则从一般纳税人处购进货物也可加以考虑。

因此,在一般情况下,选择进货对象的时候应尽量坚持进货对象的身份保持与进货方的身份一致的原则。即进货方为一般纳税人,进货对象也应为一般纳税人;进货方为小规模纳税人,进货对象也应为小规模纳税人。当然,也可综合其他因素进行选择。

由于增值税实行的是发票抵扣制度,只有一般纳税人才能使用增值税专用发票,这样供货方的纳税人身份就直接影响到了购货方的增值税税负。一般纳税人购货方主要有两种不同进货渠道的选择,一是选择一般纳税人作为供货方,可以取得税率为17%或13%的增值税专用发票。二是选择小规模纳税人为供货方,如果能够取得由税务机关代小规模纳税人开具的3%的增值税专用发票,购货方就可按照3%的税率作进项税额抵扣;如果取得的是小规模纳税人出具的增值税普通发票,购货方不能进项抵扣。对于购货方来说,如果从一般纳税人和小规模纳税人那里购货后的净利润都相等,那么选择哪一方都可以;如果两方竞价基础带给购货方纳税人的净利润不同,应该选择给购货方带来净利润较大的供货方作为货物来源方,这样就存在一个价格折让率。这时应该如何选择呢？

假设一般纳税人含税销售额为 S，其从一般纳税人的供货方购进的含税购进额为 P，可抵扣比例为 T，从小规模纳税人的供货方购进货物的含税价之比为 R，可抵扣比例为 T′。城建税税率为 7%，教育费附加率为 3%，所得税税率为 25%，那么根据现金流量计算公式：

现金净流量＝现金流入量－现金流出量
＝含税销售额－（含税购进额＋应纳增值税＋应纳城市维护建设税＋应纳教育费附加＋应纳所得税）

我们可得出从一般纳税人处购进货物后销售的税后现金净流量为

$$S-P-[S/(1+17\%)\times17\%-P/(1+T)\times T]\times(1+3\%+7\%)-\{S/(1+17\%)-P/(1+T)-[S/(1+17\%)\times17\%-P/(1+T)\times T]\times(3\%+7\%)\}\times25\%$$

从小规模纳税人处购进货物后销售的税后现金流量为

$$S-P\times R-[S/(1+17\%)\times17\%-P\times R/(1+T')\times T']\times(1+3\%+7\%)-\{S/(1+17\%)-P\times R/(1+T')-[S/(1+17\%)\times17\%-P\times R/(1+T')\times T']\times(3\%+7\%)\}\times25\%$$

分别令 T 为 17%、13%，T′为 3%、0 时，使得两者税后现金净流量相等，可得折扣率临界点，如表 3－8 所示。根据表中数据可得，当从小规模纳税人处购进货物和从一般纳税人处购进货物的价格的百分比为表中临界点数据时，从一般纳税人和小规模纳税人处购进货物收益形态一致。当小规模纳税人提供的折扣率高于临界点时，从小规模纳税人处购货不利。

对于，小规模纳税人而言，无论从一般纳税人处购货，还是从小规模纳税人处购货，都不能进行抵扣，所以只需比较供货方给出的含税价格，从中选择出价格较低者即可。

在城建税税率为 7%，教育费附加率为 3%，所得税税率为 25%情况下，如表 3－8 所示。

表 3－8　不同组合下的价格折让临界点

一般纳税人适用的增值税税率	小规模纳税人适用的征收率	价格折让临界点
17%	3%	86.80%
17%	0	84.02%
13%	3%	90.24%
13%	0	87.34%
11%	3%	92.05%
11%	0	89.10%
6%	3%	96.88%
6%	0	93.77%

【案例 3－12】　环宇机器制造企业属于一般纳税人，使用的原材料有两种进货渠道：

方案一：从一般纳税人处进货，价格为每件 12 元，可以开具增值税专用发票；

方案二：从小规模纳税人处进货，价格为每件 9 元，不能开具增值税专用发票。该企业 2012 年度总共需要此种原材料 15 万件。

【综合分析】

方案一:进货总价款=12×150 000=180(万元),进项税额为180×17%=30.6(万元),进货成本为180−30.6=149.4(万元)。

方案二:进货总价款即为进货成本,即9×150 000=135(万元)。

可见,应该选择小规模纳税人作为供应商。

【案例3-13】 某生产企业为增值税一般纳税人,适用增值税率为17%,向外购进原材料一批,现有A、B、C、三个厂家供应该材料,其中A为一般纳税人,能够开具增值税专用发票,适用税率17%;B为小规模纳税人,能够委托主管税务机关代开专用发票,增值税税率为3%;C同样为小规模纳税人,但只能提供普通发票。A、B、C三个企业所提供的原材料质量相同,收款方式一致,含税价格不同,分别为500 000元,435 000元,418 750元。试问:该企业应该从哪个厂家购货?

【综合分析】

由表3-8可得,当从一般纳税人购进的抵扣率为17%,小规模纳税人的抵扣率为0时,此时的含税购货价格折扣率临界点为84.02%,即含税价格为420 100元,而本题中小规模纳税人C提供的价格为418 750元,低于临界点的价格420 100元,是以,从A处购货不如在C处划算。我们再来看,当从B处购货时,由表3-8可得,当一般纳税人抵扣率为17%,小规模纳税人抵扣率为3%时,含税价格的临界点为86.79%,即含税价格为433 950元,本例中B出价为435 000元,高于临界点的价格433 950元,所以此时应从A处购货。综上,C厂家给出的折让幅度最大,应该从C厂家购货。

总之,无论是购货方还是采购方,无论是一般纳税人还是小规模纳税人,应该准确认识到含税价格折扣率的临界点的重要意义,把握好价格折让与税款抵扣的浮动关系,从而为购销决策活动提供有意义的参考。

【案例3-14】 甲公司为增值税一般纳税人,适用增值税税率为17%,购买原材料时有几种方案可供选择:一是从一般纳税人A公司购买,每吨含税价格为11 000元,A公司适用增值税税率为17%;二是从小规模纳税人B公司购买,则可取得由税务所代开的征收率为3%的专用发票,每吨含税价格为10 000元;三是从小规模纳税人C公司购买,只能取得普通发票,每吨含税价格为9 000元。

甲公司用此原材料生产的产品每吨不含税销售额为20 000元,其他相关费用3 000元。假设甲公司以利润最大化为目标,请对其购货对象的选择进行纳税筹划。

【综合分析】

方案一:从一般纳税人A公司购买

净利润={20 000−11 000÷(1+17%)−3 000−[20 000×17%−11 000÷(1+17%)×17%]×(7%+3%)}×(1−25%)=5 563.189(元)

方案二:从小规模纳税人B公司购买

净利润={20 000−10 000÷(1+3%)−3 000−[20 000×17%−10 000÷(1+3%)×3%]×(7%+3%)}×(1−25%)=5 312.337(元)

方案三:从小规模纳税人C公司购买

净利润=[20 000−9 000−3 000−20 000×17%×(7%+3%)]×(1−25%)=5 745(元)

可见,方案三的净利润最大,所以方案三为最优方案,其次是方案一,最后是方案二。

税收负担是企业购货成本的重要组成部分，从不同的供货方购买原材料等货物，企业的负担是不一样的。一方面，企业所需的物资既可以从一般纳税人处采购，也可以从小规模纳税人处采购，但由于取得的发票不同，导致了可以扣除的进项税额的不同。

如果从一般纳税人处购入，取得增值税专用发票，可以按买价的17%抵扣进项税；而如果从小规模纳税人处购入，则不能抵扣进项税，即便能够经税务机关开票，也只能按买价的3%抵扣进项税。不同的扣税额度，会影响企业的税负，最终会影响到企业的净利润及现金净流量。另一方面，若小规模纳税人的货物比一般纳税人的货物便宜，企业从小规模纳税人处采购也可能更划算。因此，采购时要从供货方纳税人身份、货物的价格等方面进行考虑，最终选择使得企业净利润或现金净流量最大的方案。

（二）企业采购过程中发票管理的纳税筹划技巧

发票管理方面，要注意以下几点：

(1) 在购买商品、接受服务以及从事其他经营活动支付款项时，应当向收款方取得符合规定的发票；不符合规定的发票，不得作为财务报销凭证。

(2) 特殊情况下由付款方向收款方开具发票（即收购单位和扣缴义务人支付个人款项时开具的发票，如产品收购凭证）时，必须按号码顺序填开，填写项目齐全，内容真实，字迹清楚，全部联次一次复写、打印，内容完全一致，并在有关联次加盖财务印章或者发票专用章；采购物资时必须严格遵守《发票管理办法》及其《实施细则》以及税法关于增值税专用发票管理的有关规定。

(3) 收购免税农产品应按规定填开《农产品收购凭证》。

【案例3-15】 2015年5月，某企业采购部为了给公司节省2万元的材料费，没有向采购单位索取发票，只拿了一张收据。结果财务部一算，不但没有节省成本，还让公司实际上亏损了2.2万元。这包括价值10万元材料本可以抵扣的进项税额1.7万元和缴纳企业所得税时由于成本10万元没有合法凭证，企业要多交所得税2.5万元。原来以为节省了2万元，实际上损失了2.2万元。

【综合分析】

由案例可知，若企业要缴纳增值税，专用发票可以用来抵扣所采购原材料的进项税额；在缴纳企业所得税时，有发票也可以使这部分材料的成本在税前扣除，况且发票是消费的合法凭证，有什么消费纷争可以发票为凭据。

【案例3-16】 某建材公司在年度税务检查中被查出有价值1 000万元的进货发票不符合要求，这些发票存在同一个问题：销售方名称与发票章公司名称不一致。据建材公司交代，这些发票出自同一供应商，但该供应商经常更换名字，并开具其他公司名称的发票来延期缴纳税款，但建材公司认为发票不是假的，并可以获得一定“好处”，于是发票照收不误。结果税务机关作出决定：建材公司取得的该部分货物的发票全部不在税前作为成本。

生活中这种案例有很多，有些企业规规矩矩，认真纳税，结果因为做生意交往的供应商漏税而多缴许多冤枉税。其实，主要问题在于对方提供的发票可能违背税务法规，企业取得的发票不符合规定，不能抵扣增值税，不能在税前作为成本费用。

在收取发票时，要重点留意的事情有五件：① 发票是否真实；② 发票上所列金额是否属实；③ 发票上所列货物名称是否属实；④ 发票抬头是否正确；⑤ 发票专用章是否正确。

企业采购时要综合关注销售方企业产品的价格、质量、付款时间和方式等，并且需要弄清楚采购进项税能否抵扣，所以选择商家属于采购环节中的重要一环。按照会计核算规范程度和经营规模大小的不同，企业在增值税上可以分为增值税一般纳税人和小规模纳税人两类，两类人分别采取不同的增值税计税方法。从小规模纳税人处购进货物，采购方的进项税额不能抵扣(由税务机关代开的除外)；从一般纳税人处购进货物，采购方的进项税额能抵扣。如果是管理科学、核算精确的小规模纳税人，其专用发票可由税务机关核准后代开，此时的进项税额也可以抵扣，税率为3%。因此，企业在采购时会倾向于选择从增值税一般纳税人处采购，但盲目地选择增值税一般纳税人不一定能节税，就算有时能节税，但从企业整体来看未必是最好选择。

第五节　增值税征收管理过程中的筹划

案例导入

某企业属增值税一般纳税人，当月发生销售业务5笔，共计应收货款1 800万元(含税价)。其中，有3笔共计1 000万元，货款两清；一笔300万元，两年后一次付清；另一笔500万元，一年后付250万元，一年半后付150万元，余款100万两年后结清。试问：该企业应采用直接收款方式还是应采取赊销和分期收款方式？如何通过筹划为企业获得资金的时间价值，节约流动资金？

一、纳税义务发生时间

销售收入实现为收讫销售款项或者取得索取销售款项凭据的当天，按销售结算方式的不同，具体分为以下几种：

(一) 采取直接收款方式销售货物，不论货物是否发出，均为收到销售款或者取得索取销售款凭据的当天。

(二) 采取托收承付和委托银行收款方式销售货物，为发出货物并办妥托收手续的当天。

(三) 采取赊销和分期收款方式销售货物，为书面合同约定的收款日期的当天，无书面合同的或者书面合同没有约定收款日期的，为货物发出的当天。

(四) 采取预收货款方式销售货物，为货物发出的当天，但生产销售生产工期超过12个月的大型机械设备、船舶、飞机等货物，为收到预收款或者书面合同约定的收款日期的当天。

(五) 委托其他纳税人代销货物，为收到代销单位的代销清单或者收到全部或者部分货款的当天；未收到代销清单及货款的，为发出代销货物满180天的当天。

(六) 纳税人发生应税行为并收讫销售款项或者取得索取销售款项凭据的当天；先开具发票的，为开具发票的当天。

收讫销售款项，是指纳税人销售服务、无形资产、不动产过程中或者完成后收到款项。

取得索取销售款项凭据的当天，是指书面合同确定的付款日期；未签订书面合同或者书面合同未确定付款日期的，为服务、无形资产转让完成的当天或者不动产权属变更的当天。

(七) 纳税人提供建筑服务、租赁服务采取预收款方式的，其纳税义务发生时间为收到预收款的当天。

（八）纳税人从事金融商品转让的，为金融商品所有权转移的当天。

（九）纳税人发生视同销售行为，其纳税义务发生时间为货物移送、服务、无形资产转让完成的当天或者不动产权属变更的当天。

（十）增值税扣缴义务发生时间为纳税人增值税纳税义务发生的当天。

二、筹划思路与演练

（一）结算方式的筹划

作为生产资料购入方的增值税纳税人为了达到企业利润最大化目标，可以对购入的生产资料的成本费用进行筹划，进项税的纳税筹划就是其中的一个可行点。购货方购入货物的结算方式可以分为现金采购、赊购、分期付款。从纳税筹划角度应尽量选择分期付款，分期取得发票。一般企业在购货过程中采用先付清款项后取得发票的方式，如果材料已经验收入库，但货款尚未全部付清，供货方不能开具增值税专用发票。按税法规定，纳税人购进货物或者应税劳务，未按照规定取得增值税扣税凭证，其进项税额就不能抵扣，会造成企业增值税税负增加。如果采用分期付款取得增值税专用发票的方式，就能够及时抵扣进项税额，缓解税收压力。通常情况下，销售结算方式由销货方自主决定，购货方对购入货物结算方式的选择权取决于购货方和供货方两者之间的谈判协议，购货方可以利用市场供销情况购货，掌握谈判主动权，使销货方先垫付税款，以推迟纳税时间，为企业争取时间尽可能长的“无息贷款”。

【案例3-17】 2015年3月6日，A企业与B企业签订了一份购销合同，A企业向B企业销售某种型号的推土机，总价值2 000万元，双方合同规定采取委托银行收款方式结算税款。A企业于当日向B企业发货，并到当地某银行办理了托收手续。4月15日，B企业收到A企业的全部推土机，对其进行技术检测后，认为不符合合同的要求，拒绝付款，并将全部推土机退回。依据税法规定，采取托收承付和委托银行收款方式销售货物，其销售额的确认时间为发出货物并办妥托收手续的当天，因此，A企业3月6日在未收到货款的情况下，应当确认并垫付销项税额340万元(2 000×17%)。虽然这笔税款可以在退货发生的当期销项税额中抵扣，但这种抵扣与之前的垫付是有一定时间间隔的，相当于企业占用了一部分资金用于无回报的投资，而且还要承担资金成本2.006万元(340×5.31%÷360×40，假设该笔贷款银行利率为5.31%)，对于资金比较紧张的企业而言，无疑是一种损失。因此，在销售结算时应当慎重选择托收承付或委托收款结算方式。

（二）进项税额抵扣时间的筹划

《增值税暂行条例实施细则》(财政部、国家税务总局令2008年第50号)就如何确定一般纳税人进项税额抵扣的时间做了严格规定，各类企业(经营业务不同)的进项税额、抵扣时间，销售环节的进项税额抵扣内容为上一环节的增值税缴纳额，纳税人不能随意提前抵扣增值税进项税额以达到延期纳税的目的。进项税的抵扣时间按照取得的增值税专用发票的类型加以区分。

作为购货方的增值税一般纳税人可以通过筹划进项税额的抵扣时间，达到延期纳税的目的。如果取得的是防伪税控的增值税专用发票应尽快认证，认证通过的当月核算当期进项税额并申报抵扣，降低当期的增值税税负；如果取得的是非防伪税控增值税专用发票，对于购货方为工业企业的则应缩短购入货物的入库时间；若为商业企业，购货方选择即购即付，那么就可以在付款当期在销项税中抵扣此项购进货物的进项税额；如果以应付账款的方式结清货款，则货物购入的当期不能抵扣该购进货物的增值税税额，只有在全部货款全部结清的当期进行进项抵扣，这样就增加了当期的增值税税负，没有达到延期缴纳的目的。

此时购货方可选择的纳税筹划方法为结算方式的选择，通过结算方式的筹划达到进项税额抵扣时间的筹划，例如可以签订分期付款合同。根据税法规定，分期付款方式取得的货物的进项抵扣时间为分期付款的每个付款日的当期，这样可以分步产生递延纳税的好处，以获得资金的货币时间价值；如果购进的是应税劳务，则进项税额抵扣的时间为劳务费用结算完毕日的当期，此时也可以采用结算方式递延增值税税负。

另外也可通过其他推迟缴纳增值税的策略，如利用节日顺延记账时间、创造条件尽早抵扣进项税额、期末大量采购材料推迟纳税时间等。

（三）合同拟定与筹划

增值税具有环环抵扣的特点，“营改增”全面完成后，货物、劳务、服务都将纳入抵扣链条，产业的上下游环节更加紧密。价税分离、进项抵扣等新变化将对相关试点纳税人的商业谈判、定价策略产生影响。试点纳税人应利用增值税制特点，通过合理的商业安排，促进自身业务发展。

1. 明确合同相对人的主体身份

合同相对人是一般纳税人还是小规模纳税人必须写入合同，并要求其提供税务登记证件及一般纳税人资格认定的复印件作为合同的附件。还应将合同相对人的主体信息写入合同中，以应对增值税专用发票开具的要求。

2. 确定商品、服务的性质

税法规定，纳税人兼营不同税率或征收率项目，应当分别核算销售额，未分别核算的，从高适用税率；一项销售行为同时涉及服务和货物为混合销售，从事货物的生产、商贸纳税人按照销售货物缴税，其他纳税人按照销售服务缴税。在一个合同项下涉及多项增值税应税税目的，应该分别签订合同，或者在同一个合同中分别约定商品、服务的对价以分开核算，防止因核算不清导致被适用较高的税率或征收率。

3. 交易价款的确定

需对合同价格含税与否进行明确，明确价格和增值税额。应注意合同条款中的服务费、预收性质费用以及违约金、滞纳金、赔偿款等各类价外费用，明确其是否包含相应的增值税额。同时，应在合同中约定，是否需要取得增值税专用发票以及明确相应的开具发票时限。为了避免存在虚开的嫌疑，合同中应约定发票开具方的诚实、守法义务，以彰显自身“善意”。最后，还需要设置违约金或赔偿损失条款，就发票开具方的违约行为约定相应的责任承担方式。

4. 纳税义务发生时间的确定

在未收讫款项、开具发票的情况下，以合同中约定的付款时间为纳税义务发生时间。因此，企业应关注对付款时点的约定，以推迟纳税义务发生时间。需要强调的是，纳税义务发生时间不仅关系着纳税申报期，还牵涉滞纳金、增值税专票抵扣认证以及行政复议、诉讼等事宜，企业需要认真对待。

第六节　增值税税收优惠政策的筹划

案例导入

某水泥厂是个生产普通硅酸盐水泥的中型企业，由于近几年水泥行业竞争激烈，全行业出现了效益下滑的局面。另一方面，增值税政策实施以来，由于其原材料大多为泥土、砂石及工业企业的废物，如粉煤灰，在购进时大都获取不到增值税专用发票，因而无法抵扣进项税额，税负较高。当了解到有关资源综合利用税收优惠政策之后，水泥厂专门成立了资源综合利用办公室进行水泥配方的革新。企业在资金不富裕的情况下投入资金、人力、物力，认认真真开始攻关了。通过研究，在生产水泥过程中，用粉煤灰代替以前使用的玄武岩，用煤矸石代替部分黏土，用煤泥代替部分燃煤等，通过多次实验，终于研制成功了以废渣为原料的新型水泥。经测试利用这些废料生产出的水泥在质量上比以前的还好，完全达到合格产品的标准。水泥厂这么做可以运用哪些税收优惠政策？可以降低企业税负吗？

一、免征增值税项目

（一）托儿所、幼儿园提供的保育和教育服务。

托儿所、幼儿园，是指经县级以上教育部门审批成立、取得办园许可证的实施0—6岁学前教育的机构，包括公办和民办的托儿所、幼儿园、学前班、幼儿班、保育院、幼儿院。

公办托儿所、幼儿园免征增值税的收入是指，在省级财政部门和价格主管部门审核报省级人民政府批准的收费标准以内收取的教育费、保育费。

民办托儿所、幼儿园免征增值税的收入是指，在报经当地有关部门备案并公示的收费标准范围内收取的教育费、保育费。

超过规定收费标准的收费是指，以开办实验班、特色班和兴趣班等为由另外收取的费用以及与幼儿入园挂钩的赞助费、支教费等超过规定范围的收入，不属于免征增值税的收入。

（二）养老机构提供的养老服务。

养老机构，是指依照民政部《养老机构设立许可办法》（民政部令第48号）设立并依法办理登记的为老年人提供集中居住和照料服务的各类养老机构；养老服务，是指上述养老机构按照民政部《养老机构管理办法》（民政部令第49号）的规定，为收住的老年人提供的生活照料、康复护理、精神慰藉、文化娱乐等服务。

（三）残疾人福利机构提供的育养服务。

（四）婚姻介绍服务。

（五）殡葬服务。

殡葬服务，是指收费标准由各地价格主管部门会同有关部门核定，或者实行政府指导价管理的遗体接运（含抬尸、消毒）、遗体整容、遗体防腐、存放（含冷藏）、火化、骨灰寄存、吊唁设施设备租赁、墓穴租赁及管理等服务。

（六）残疾人员本人为社会提供的服务。

（七）医疗机构提供的医疗服务。

医疗机构，是指依据国务院《医疗机构管理条例》(国务院令第 149 号)及卫生部《医疗机构管理条例实施细则》(卫生部令第 35 号)的规定，经登记取得《医疗机构执业许可证》的机构以及军队、武警部队各级各类医疗机构。具体包括：各级各类医院、门诊部(所)、社区卫生服务中心(站)、急救中心(站)、城乡卫生院、护理院(所)、疗养院、临床检验中心，各级政府及有关部门举办的卫生防疫站(疾病控制中心)、各种专科疾病防治站(所)，各级政府举办的妇幼保健所(站)、母婴保健机构、儿童保健机构，各级政府举办的血站(血液中心)等医疗机构。

本项所称的医疗服务是指，医疗机构按照不高于地(市)级以上价格主管部门会同同级卫生主管部门及其他相关部门制定的医疗服务指导价格(包括政府指导价和按照规定由供需双方协商确定的价格等)为就医者提供《全国医疗服务价格项目规范》所列的各项服务，以及医疗机构向社会提供卫生防疫、卫生检疫的服务。

（八）从事学历教育的学校提供的教育服务。

1. 学历教育

学历教育，是指受教育者经过国家教育考试或者国家规定的其他入学方式，进入国家有关部门批准的学校或者其他教育机构学习，获得国家承认的学历证书的教育形式。具体包括以下几类：

(1) 初等教育：普通小学、成人小学。

(2) 初级中等教育：普通初中、职业初中、成人初中。

(3) 高级中等教育：普通高中、成人高中和中等职业学校(包括普通中专、成人中专、职业高中、技工学校)。

(4) 高等教育：普通本专科、成人本专科、网络本专科、研究生(博士、硕士)、高等教育自学考试、高等教育学历文凭考试。

2. 从事学历教育的学校

从事学历教育的学校，包括以下几类：

(1) 普通学校。

(2) 经地(市)级以上人民政府或者同级政府的教育行政部门批准成立、国家承认其学员学历的各类学校。

(3) 经省级及以上人力资源和社会保障行政部门批准成立的技工学校、高级技工学校。

(4) 经省级人民政府批准成立的技师学院。

上述学校均包括符合规定的从事学历教育的民办学校，但不包括职业培训机构等国家不承认学历的教育机构。

3. 提供教育服务免征增值税的收入

提供教育服务免征增值税的收入，是指对列入规定招生计划的在籍学生提供学历教育服务取得的收入，具体包括：经有关部门审核批准并按规定标准收取的学费、住宿费、课本费、作业本费、考试报名费收入以及学校食堂提供餐饮服务取得的伙食费收入。除此之外的收入，包括学校以各种名义收取的赞助费、择校费等，不属于免征增值税的范围。

学校食堂是指依照《学校食堂与学生集体用餐卫生管理规定》(教育部令第 14 号)管理的学校食堂。

（九）学生勤工俭学提供的服务。

（十）农业机耕、排灌、病虫害防治、植物保护、农牧保险以及相关技术培训业务，家禽、牲畜、水生动物的配种和疾病防治。

农业机耕，是指在农业、林业、牧业中使用农业机械进行耕作（包括耕耘、种植、收割、脱粒、植物保护等）的业务；排灌，是指对农田进行灌溉或者排涝的业务；病虫害防治，是指从事农业、林业、牧业、渔业的病虫害测报和防治的业务；农牧保险，是指为种植业、养殖业、牧业种植和饲养的动植物提供保险的业务；相关技术培训，是指与农业机耕、排灌、病虫害防治、植物保护业务相关以及为使农民获得农牧保险知识的技术培训业务；家禽、牲畜、水生动物的配种和疾病防治业务的免税范围，包括与该项服务有关的提供药品和医疗用具的业务。

（十一）纪念馆、博物馆、文化馆、文物保护单位管理机构、美术馆、展览馆、书画院、图书馆在自己的场所提供文化体育服务取得的第一道门票收入。

（十二）寺院、宫观、清真寺和教堂举办文化、宗教活动的门票收入。

（十三）行政单位之外的其他单位收取的符合《试点实施办法》第十条规定条件的政府性基金和行政事业性收费。

（十四）个人转让著作权。

（十五）个人销售自建自用住房。

（十六）2018 年 12 月 31 日前，公共租赁住房经营管理单位出租公共租赁住房。

公共租赁住房，是指纳入省、自治区、直辖市、计划单列市人民政府及新疆生产建设兵团批准的公共租赁住房发展规划和年度计划，并按照《关于加快发展公共租赁住房的指导意见》（建保〔2010〕87 号）和市、县人民政府制定的具体管理办法进行管理的公共租赁住房。

（十七）台湾航运公司、航空公司从事海峡两岸海上直航、空中直航业务在大陆取得的运输收入。

台湾航运公司，是指取得交通运输部颁发的《台湾海峡两岸间水路运输许可证》且该许可证上注明的公司登记地址在台湾的航运公司。

台湾航空公司，是指取得中国民用航空局颁发的“经营许可”或者依据《海峡两岸空运协议》和《海峡两岸空运补充协议》规定，批准经营两岸旅客、货物和邮件不定期（包机）运输业务，且公司登记地址在台湾的航空公司。

（十八）纳税人提供的直接或者间接国际货物运输代理服务。

1. 纳税人提供直接或者间接国际货物运输代理服务，向委托方收取的全部国际货物运输代理服务收入，以及向国际运输承运人支付的国际运输费用，必须通过金融机构进行结算。

2. 纳税人为大陆与香港、澳门、台湾地区之间的货物运输提供的货物运输代理服务参照国际货物运输代理服务有关规定执行。

3. 委托方索取发票的，纳税人应当就国际货物运输代理服务收入向委托方全额开具增值税普通发票。

（十九）以下利息收入。

1. 2016 年 12 月 31 日前，金融机构农户小额贷款。

小额贷款，是指单笔且该农户贷款余额总额在 10 万元（含本数）以下的贷款。所称农户，是指长期（一年以上）居住在乡镇（不包括城关镇）行政管理区域内的住户，还包括长期居住在城关镇所辖行政村范围内的住户和户口不在本地而在本地居住一年以上的住户，国有农场的职工和农村个体工商户。位于乡镇(不包括城关镇)行政管理区域内和在城关镇所辖行政村范围内的国有经济的机关、团体、学校、企事业单位的集体户;有本地户口,但举家外出谋生一年以上的住户,无论是否保留承包耕地均不属于农户。农户以户为统计单位,既可以从事农业生产经营,也可以从事非农业生产经营。农户贷款的判定应以贷款发放时的承贷主体是否属于农户为准。

2. 国家助学贷款。

3. 国债、地方政府债。

4. 人民银行对金融机构的贷款。

5. 住房公积金管理中心用住房公积金在指定的委托银行发放的个人住房贷款。

6. 外汇管理部门在从事国家外汇储备经营过程中,委托金融机构发放的外汇贷款。

7. 统借统还业务中,企业集团或企业集团中的核心企业以及集团所属财务公司按不高于支付给金融机构的借款利率水平或者支付的债券票面利率水平,向企业集团或者集团内下属单位收取的利息。

统借方向资金使用单位收取的利息,高于支付给金融机构借款利率水平或者支付的债券票面利率水平的,应全额缴纳增值税。

统借统还业务,包括以下几项:

(1) 企业集团或者企业集团中的核心企业向金融机构借款或对外发行债券取得资金后,将所借资金分拨给下属单位(包括独立核算单位和非独立核算单位,下同),并向下属单位收取用于归还金融机构或债券购买方本息的业务。

(2) 企业集团向金融机构借款或对外发行债券取得资金后,由集团所属财务公司与企业集团或者集团内下属单位签订统借统还贷款合同并分拨资金,并向企业集团或者集团内下属单位收取本息,再转付企业集团,由企业集团统一归还金融机构或债券购买方的业务。

(二十) 被撤销金融机构以货物、不动产、无形资产、有价证券、票据等财产清偿债务。

被撤销金融机构,是指经人民银行、银监会依法决定撤销的金融机构及其分设于各地的分支机构,包括被依法撤销的商业银行、信托投资公司、财务公司、金融租赁公司、城市信用社和农村信用社。除另有规定外,被撤销金融机构所属、附属企业,不享受被撤销金融机构增值税免税政策。

(二十一) 保险公司开办的一年期以上人身保险产品取得的保费收入。

一年期以上人身保险,是指保险期间为一年期及以上返还本利的人寿保险、养老年金保险,以及保险期间为一年期及以上的健康保险。

人寿保险,是指以人的寿命为保险标的的人身保险。

养老年金保险,是指以养老保障为目的,以被保险人生存为给付保险金条件,并按约定的时间间隔分期给付生存保险金的人身保险。养老年金保险应当同时符合下列条件:

1. 保险合同约定给付被保险人生存保险金的年龄不得小于国家规定的退休年龄。

2. 相邻两次给付的时间间隔不得超过一年。

健康保险,是指以因健康原因导致损失为给付保险金条件的人身保险。

上述免税政策实行备案管理,具体备案管理办法按照《国家税务总局关于一年期以上返还性人身保险产品免征营业税审批事项取消后有关管理问题的公告》(国家税务总局公告 2015

年第 65 号)规定执行。

(二十二) 下列金融商品转让收入。

1. 合格境外投资者(QFII)委托境内公司在我国从事证券买卖业务。

2. 香港市场投资者(包括单位和个人)通过沪港通买卖上海证券交易所上市 A 股。

3. 对香港市场投资者(包括单位和个人)通过基金互认买卖内地基金份额。

4. 证券投资基金(封闭式证券投资基金,开放式证券投资基金)管理人运用基金买卖股票、债券。

5. 个人从事金融商品转让业务。

(二十三) 金融同业往来利息收入。

1. 金融机构与人民银行所发生的资金往来业务,包括人民银行对一般金融机构贷款,以及人民银行对商业银行的再贴现等。

2. 银行联行往来业务是指,同一银行系统内部不同行、处之间所发生的资金账务往来业务。

3. 金融机构间的资金往来业务是指,经人民银行批准,进入全国银行间同业拆借市场的金融机构之间通过全国统一的同业拆借网络进行的短期(一年以下含一年)无担保资金融通行为。

4. 金融机构之间开展的转贴现业务。

金融机构包括以下几类:

(1) 银行,包括人民银行、商业银行、政策性银行。

(2) 信用合作社。

(3) 证券公司。

(4) 金融租赁公司、证券基金管理公司、财务公司、信托投资公司、证券投资基金。

(5) 保险公司。

(6) 其他经人民银行、银监会、证监会、保监会批准成立且经营金融保险业务的机构等。

(二十四) 同时符合下列条件的担保机构从事中小企业信用担保或者再担保业务取得的收入(不含信用评级、咨询、培训等收入)3 年内免征增值税:

1. 已取得监管部门颁发的融资性担保机构经营许可证,依法登记注册为企(事)业法人,实收资本超过 2 000 万元。

2. 平均年担保费率不超过银行同期贷款基准利率的 50%。平均年担保费率=本期担保费收入/(期初担保余额+本期增加担保金额)×100%。

3. 连续合规经营 2 年以上,资金主要用于担保业务,具备健全的内部管理制度和为中小企业提供担保的能力,经营业绩突出,对受保项目具有完善的事前评估、事中监控、事后追偿与处置机制。

4. 为中小企业提供的累计担保贷款额占其两年累计担保业务总额的 80%以上,单笔 800 万元以下的累计担保贷款额占其累计担保业务总额的 50%以上。

5. 对单个受保企业提供的担保余额不超过担保机构实收资本总额的 10%,且平均单笔担保责任金额最多不超过 3 000 万元人民币。

6. 担保责任余额不低于其净资产的 3 倍,且代偿率不超过 2%。

担保机构免征增值税政策采取备案管理方式。符合条件的担保机构应到所在地县(市)主管税务机关和同级中小企业管理部门履行规定的备案手续,自完成备案手续之日起,享受 3 年免征增值税政策。3 年免税期满后,符合条件的担保机构可按规定程序办理备案手续后继续享受该项政策。

具体备案管理办法按照《国家税务总局关于中小企业信用担保机构免征营业税审批事项取消后有关管理问题的公告》(国家税务总局公告 2015 年第 69 号)规定执行,其中税务机关的备案管理部门统一调整为县(市)级国家税务局。

(二十五) 国家商品储备管理单位及其直属企业承担商品储备任务,从中央或者地方财政取得的利息补贴收入和价差补贴收入。

国家商品储备管理单位及其直属企业,是指接受中央、省、市、县四级政府有关部门(或者政府指定管理单位)委托,承担粮(含大豆)、食用油、棉、糖、肉、盐(限于中央储备)等 6 种商品储备任务,并按有关政策收储、销售上述 6 种储备商品,取得财政储备经费或者补贴的商品储备企业。利息补贴收入,是指国家商品储备管理单位及其直属企业因承担上述商品储备任务从金融机构贷款,并从中央或者地方财政取得的用于偿还贷款利息的贴息收入。价差补贴收入包括销售价差补贴收入和轮换价差补贴收入。销售价差补贴收入,是指按照中央或者地方政府指令销售上述储备商品时,由于销售收入小于库存成本而从中央或者地方财政获得的全额价差补贴收入。轮换价差补贴收入,是指根据要求定期组织政策性储备商品轮换而从中央或者地方财政取得的商品新陈品质价差补贴收入。

(二十六) 纳税人提供技术转让、技术开发和与之相关的技术咨询、技术服务。

1. 技术转让、技术开发

技术转让、技术开发,是指《销售服务、无形资产、不动产注释》中"转让技术"、"研发服务"范围内的业务活动。技术咨询,是指就特定技术项目提供可行性论证、技术预测、专题技术调查、分析评价报告等业务活动。

与技术转让、技术开发相关的技术咨询、技术服务,是指转让方(或者受托方)根据技术转让或者开发合同的规定,为帮助受让方(或者委托方)掌握所转让(或者委托开发)的技术,而提供的技术咨询、技术服务业务,且这部分技术咨询、技术服务的价款与技术转让或者技术开发的价款应当在同一张发票上开具。

2. 备案程序

试点纳税人申请免征增值税时,须持技术转让、开发的书面合同,到纳税人所在地省级科技主管部门进行认定,并持有关的书面合同和科技主管部门审核意见证明文件报主管税务机关备查。

(二十七) 同时符合下列条件的合同能源管理服务:

1. 节能服务公司实施合同能源管理项目相关技术,应当符合国家质量监督检验检疫总局和国家标准化管理委员会发布的《合同能源管理技术通则》(GB/T24915 - 2010)规定的技术要求。

2. 节能服务公司与用能企业签订节能效益分享型合同,其合同格式和内容,符合《中华人民共和国合同法》和《合同能源管理技术通则》(GB/T24915 - 2010)等规定。

(二十八) 2017 年 12 月 31 日前,科普单位的门票收入,以及县级及以上党政部门和科协开展科普活动的门票收入。

科普单位,是指科技馆、自然博物馆,对公众开放的天文馆(站、台)、气象台(站)、地震台(站),以及高等院校、科研机构对公众开放的科普基地。

科普活动，是指利用各种传媒以浅显的、让公众易于理解、接受和参与的方式，向普通大众介绍自然科学和社会科学知识，推广科学技术的应用，倡导科学方法，传播科学思想，弘扬科学精神的活动。

（二十九）政府举办的从事学历教育的高等、中等和初等学校（不含下属单位），举办进修班、培训班取得的全部归该学校所有的收入。

全部归该学校所有，是指举办进修班、培训班取得的全部收入进入该学校统一账户，并纳入预算全额上缴财政专户管理，同时由该学校对有关票据进行统一管理和开具。

举办进修班、培训班取得的收入进入该学校下属部门自行开设账户的，不予免征增值税。

（三十）政府举办的职业学校设立的主要为在校学生提供实习场所、并由学校出资自办、由学校负责经营管理、经营收入归学校所有的企业，从事《销售服务、无形资产或者不动产注释》中"现代服务"（不含融资租赁服务、广告服务和其他现代服务）、"生活服务"（不含文化体育服务、其他生活服务和桑拿、氧吧）业务活动取得的收入。

（三十一）家政服务企业由员工制家政服务员提供家政服务取得的收入。

家政服务企业，是指在企业营业执照的规定经营范围中包括家政服务内容的企业。

员工制家政服务员，是指同时符合下列 3 个条件的家政服务员：

1. 依法与家政服务企业签订半年及半年以上的劳动合同或者服务协议，且在该企业实际上岗工作。

2. 家政服务企业为其按月足额缴纳了企业所在地人民政府根据国家政策规定的基本养老保险、基本医疗保险、工伤保险、失业保险等社会保险。对已享受新型农村养老保险和新型农村合作医疗等社会保险或者下岗职工原单位继续为其缴纳社会保险的家政服务员，如果本人书面提出不再缴纳企业所在地人民政府根据国家政策规定的相应的社会保险，并出具其所在乡镇或者原单位开具的已缴纳相关保险的证明，可视同家政服务企业已为其按月足额缴纳了相应的社会保险。

3. 家政服务企业通过金融机构向其实际支付不低于企业所在地适用的经省级人民政府批准的最低工资标准的工资。

（三十二）福利彩票、体育彩票的发行收入。

（三十三）军队空余房产租赁收入。

（三十四）为了配合国家住房制度改革，企业、行政事业单位按房改成本价、标准价出售住房取得的收入。

（三十五）将土地使用权转让给农业生产者用于农业生产。

（三十六）涉及家庭财产分割的个人无偿转让不动产、土地使用权。

家庭财产分割，包括下列情形：离婚财产分割；无偿赠予配偶、父母、子女、祖父母、外祖父母、孙子女、外孙子女、兄弟姐妹；无偿赠予对其承担直接抚养或者赡养义务的抚养人或者赡养人；房屋产权所有人死亡，法定继承人、遗嘱继承人或者受遗赠人依法取得房屋产权。

（三十七）土地所有者出让土地使用权和土地使用者将土地使用权归还给土地所有者。

（三十八）县级以上地方人民政府或自然资源行政主管部门出让、转让或收回自然资源使用权（不含土地使用权）。

（三十九）随军家属就业。

1. 为安置随军家属就业而新开办的企业，自领取税务登记证之日起，其提供的应税服务 3

年内免征增值税。

享受税收优惠政策的企业，随军家属必须占企业总人数的 60%(含)以上，并有军(含)以上政治和后勤机关出具的证明。

2. 从事个体经营的随军家属，自办理税务登记事项之日起，其提供的应税服务 3 年内免征增值税。

随军家属必须有师以上政治机关出具的可以表明其身份的证明。

按照上述规定，每一名随军家属可以享受一次免税政策。

(四十) 军队转业干部就业。

1. 从事个体经营的军队转业干部，自领取税务登记证之日起，其提供的应税服务 3 年内免征增值税。

2. 为安置自主择业的军队转业干部就业而新开办的企业，凡安置自主择业的军队转业干部占企业总人数 60%(含)以上的，自领取税务登记证之日起，其提供的应税服务 3 年内免征增值税。

享受上述优惠政策的自主择业的军队转业干部必须持有师以上部队颁发的转业证件。

二、增值税纳税人放弃免税权的处理

(一) 生产和销售免征增值税货物或劳务的纳税人要求放弃免税权，应当以书面形式提交放弃免税权声明，报主管税务机关备案。纳税人自提交备案资料的次月起，按照现行有关规定计算缴纳增值税。

(二) 放弃免税权的纳税人符合一般纳税人认定条件但尚未认定为增值税一般纳税人的，应当按现行规定认定为增值税一般纳税人，其销售的货物或劳务可开具增值税专用发票。

(三) 纳税人一经放弃免税权，其生产销售的全部增值税应税货物或劳务均应按照适用税率征税，不得选择某一免税项目放弃免税权，也不得根据不同的销售对象选择部分货物或劳务放弃免税权。

(四) 纳税人自税务机关受理纳税人放弃免税权声明的次月起 36 个月内不得申请免税。

(五) 纳税人在免税期内购进用于免税项目的货物或者应税劳务所取得的增值税扣税凭证，一律不得抵扣。

三、其他最新优惠政策归纳

(一) 销售自己使用过的固定资产

《国家税务总局关于简并增值税征收率有关问题的公告》(国家税务总局公告 2014 年第 36 号)明确规定，自 2014 年 7 月 1 日起，一般纳税人销售自己使用过的固定资产，可按简易办法依 3%征收率减按 2%征收增值税。

纳税人适用按照简易办法依 3%征收率减按 2%征收增值税政策的，按下列公式确定销售额和应纳税额：

$$销售额=含税销售额/(1+3\%)$$

$$纳税额=销售额\times 2\%$$

（二）小型微型企业优惠政策

《国家税务总局关于小微企业免征增值税和营业税有关问题的公告》(国家税务总局公告2014年第57号)规定，自2014年10月1日起，增值税小规模纳税人和营业税纳税人，月销售额或营业额不超过3万元(含3万元，下同)的，免征增值税或营业税。其中，以1个季度为纳税期限的增值税小规模纳税人和营业税纳税人，季度销售额或营业额不超过9万元的，按照上述文件规定免征增值税或营业税。

（三）农产品相关优惠政策

《财政部 国家税务总局关于免征部分鲜活肉蛋产品流通环节增值税政策的通知》(财税〔2012〕75号)规定，自对从事农产品批发、零售的纳税人销售的部分鲜活肉蛋产品免征增值税。免征增值税的鲜活肉产品，是指猪、牛、羊、鸡、鸭、鹅及其整块或者分割的鲜肉、冷藏或者冷冻肉，内脏、头、尾、骨、蹄、翅、爪等组织；免征增值税的鲜活蛋产品，是指鸡蛋、鸭蛋、鹅蛋，包括鲜蛋、冷藏蛋以及对其进行破壳分离的蛋液、蛋黄和蛋壳。

《国家税务总局关于纳税人采取"公司＋农户"经营模式销售畜禽有关增值税问题的公告》(国家税务总局公告2013年第8号)规定，自2013年4月1日起，一些纳税人采取"公司＋农户"经营模式从事畜禽饲养，即公司与农户签订委托养殖合同，向农户提供畜禽苗、饲料、兽药及疫苗等(所有权属于公司)，农户饲养畜禽苗至成品后交付公司回收，公司将回收的成品畜禽用于销售。在上述经营模式下，纳税人回收再销售畜禽，属于农业生产者销售自产农产品，应根据《中华人民共和国增值税暂行条例》的有关规定免征增值税。

《国家税务总局关于动物骨粒适用增值税税率的公告》(国家税务总局公告2013年第71号)规定，自2014年1月1日起，动物骨粒属于《农业产品征税范围注释》(财税字〔1995〕52号)第二条第(五)款规定的动物类"其他动物组织"，其适用的增值税税率为13%。

《国家税务总局关于农用挖掘机、养鸡设备系列、养猪设备系列产品增值税适用税率问题的公告》(国家税务总局公告2014年第12号)规定，自2014年4月1日起，农用挖掘机、养鸡设备系列、养猪设备系列产品属于农机，适用13%增值税税率。

《财政部 国家税务总局关于免征储备大豆增值税政策的通知》(财税〔2014〕38号)规定，自2014年5月1日起，《财政部国家税务总局关于粮食企业增值税征免问题的通知》(财税字〔1999〕198号)第一条规定的增值税免税政策适用范围由粮食扩大到粮食和大豆，并可对免税业务开具增值税专用发票。

《国家税务总局关于杏仁油、葡萄籽油增值税适用税率问题的公告》(国家税务总局公告2014年第22号)规定，自2014年6月1日起，杏仁油、葡萄籽油属于食用植物油，适用13%增值税税率。

《国家税务总局关于牡丹籽油增值税适用税率问题的公告》(国家税务总局公告〔2014〕75号)规定，自2015年2月1日起，以丹凤牡丹和紫斑牡丹的籽仁为原料，经压榨、脱色、脱臭等工艺制成的产品牡丹籽油属于食用植物油，适用13%增值税税率。

（四）即征即退优惠政策

《财政部 国家税务总局关于全面推开营业税改征增值税试点的通知》(财税〔2016〕36

号):一般纳税人提供管道运输服务,对其增值税实际税负超过3%的部分实行增值税即征即退政策。

经人民银行、银监会或者商务部批准从事融资租赁业务的试点纳税人中的一般纳税人,提供有形动产融资租赁服务和有形动产融资性售后回租服务,对其增值税实际税负超过3%的部分实行增值税即征即退政策。商务部授权的省级商务主管部门和国家经济技术开发区批准的从事融资租赁业务和融资性售后回租业务的试点纳税人中的一般纳税人,2016年5月1日后实收资本达到1.7亿元的,从达到标准的当月起按照上述规定执行;2016年5月1日后实收资本未达到1.7亿元但注册资本达到1.7亿元的,在2016年7月31日前仍可按照上述规定执行,2016年8月1日后开展的有形动产融资租赁业务和有形动产融资性售后回租业务不得按照上述规定执行。

本规定所称增值税实际税负,是指纳税人当期提供应税服务实际缴纳的增值税额占纳税人当期提供应税服务取得的全部价款和价外费用的比例。

《财政部 国家税务总局关于动漫产业增值税和营业税政策的通知》(财税〔2013〕98号)规定,2013年1月1日至2017年12月31日,对属于增值税一般纳税人的动漫企业销售其自主开发生产的动漫软件,按17%的税率征收增值税后,对其增值税实际税负超过3%的部分,实行即征即退政策。动漫软件出口免征增值税。

《财政部 国家税务总局关于大型水电企业增值税政策的通知》(财税〔2014〕10号)规定,装机容量超过100万千瓦的水力发电站(含抽水蓄能电站)销售自产电力产品,自2013年1月1日至2015年12月31日,对其增值税实际税负超过8%的部分实行即征即退政策;自2016年1月1日至2017年12月31日,对其增值税实际税负超过12%的部分实行即征即退政策。

《财政部 国家税务总局关于风力发电增值税政策的通知》(财税〔2015〕74号)规定,自2015年7月1日起,对纳税人销售自产的利用风力生产的电力产品,实行增值税即征即退50%的政策。

《财政部 国家税务总局关于新型墙体材料增值税政策的通知》(财税〔2015〕73号)规定,自2015年7月1日起,对纳税人销售自产的列入《享受增值税即征即退政策的新型墙体材料目录》的新型墙体材料,实行增值税即征即退50%的政策。

(五) 扣减增值税规定

1. 退役士兵创业就业

(1) 对自主就业退役士兵从事个体经营的,在3年内按每户每年8 000元为限额依次扣减其当年实际应缴纳的增值税、城市维护建设税、教育费附加、地方教育附加和个人所得税。限额标准最高可上浮20%,各省、自治区、直辖市人民政府可根据本地区实际情况在此幅度内确定具体限额标准,并报财政部和国家税务总局备案。

纳税人年度应缴纳税款小于上述扣减限额的,以其实际缴纳的税款为限;大于上述扣减限额的,应以上述扣减限额为限。纳税人的实际经营期不足一年的,应当以实际月份换算其减免税限额。换算公式为

$$减免税限额=年度减免税限额\div 12\times 实际经营月数$$

纳税人在享受税收优惠政策的当月,持《中国人民解放军义务兵退出现役证》或《中国人民

解放军士官退出现役证》以及税务机关要求的相关材料向主管税务机关备案。

(2) 对商贸企业、服务型企业、劳动就业服务企业中的加工型企业和街道社区具有加工性质的小型企业实体，在新增加的岗位中，当年新招用自主就业退役士兵，与其签订1年以上期限劳动合同并依法缴纳社会保险费的，在3年内按实际招用人数予以定额依次扣减增值税、城市维护建设税、教育费附加、地方教育附加和企业所得税优惠。定额标准为每人每年4 000元，最高可上浮50%，各省、自治区、直辖市人民政府可根据本地区实际情况在此幅度内确定具体定额标准，并报财政部和国家税务总局备案。

本条所称服务型企业是指从事《销售服务、无形资产、不动产注释》中"不动产租赁服务"、"商务辅助服务"(不含货物运输代理和代理报关服务)、"生活服务"(不含文化体育服务)范围内业务活动的企业以及按照《民办非企业单位登记管理暂行条例》(国务院令第251号)登记成立的民办非企业单位。

纳税人按企业招用人数和签订的劳动合同时间核定企业减免税总额，在核定减免税总额内每月依次扣减增值税、城市维护建设税、教育费附加和地方教育附加。纳税人实际应缴纳的增值税、城市维护建设税、教育费附加和地方教育附加小于核定减免税总额的，以实际应缴纳的增值税、城市维护建设税、教育费附加和地方教育附加为限；实际应缴纳的增值税、城市维护建设税、教育费附加和地方教育附加大于核定减免税总额的，以核定减免税总额为限。

纳税年度终了，如果企业实际减免的增值税、城市维护建设税、教育费附加和地方教育附加小于核定的减免税总额，企业在企业所得税汇算清缴时扣减企业所得税。当年扣减不足的，不再结转以后年度扣减。计算公式为：

$$企业减免税总额=\sum 每名自主就业退役士兵本年度在本企业工作月份\div 12\times 定额标准$$

企业自招用自主就业退役士兵的次月起享受税收优惠政策，并于享受税收优惠政策的当月，持下列材料向主管税务机关备案：

1) 新招用自主就业退役士兵的《中国人民解放军义务兵退出现役证》或《中国人民解放军士官退出现役证》。

2) 企业与新招用自主就业退役士兵签订的劳动合同(副本)，企业为职工缴纳的社会保险费记录。

3) 自主就业退役士兵本年度在企业工作时间表。

4) 主管税务机关要求的其他相关材料。

(3) 上述所称自主就业退役士兵是指依照《退役士兵安置条例》(国务院、中央军委令第608号)的规定退出现役并按自主就业方式安置的退役士兵。

(4) 上述税收优惠政策的执行期限为2016年5月1日至2016年12月31日，纳税人在2016年12月31日未享受满3年的，可继续享受至3年期满为止。

按照《财政部 国家税务总局 民政部关于调整完善扶持自主就业退役士兵创业就业有关税收政策的通知》(财税〔2014〕42号)规定享受营业税优惠政策的纳税人，自2016年5月1日起按照上述规定享受增值税优惠政策，在2016年12月31日未享受满3年的，可继续享受至3年期满为止。

《财政部 国家税务总局关于将铁路运输和邮政业纳入营业税改征增值税试点的通知》(财

税〔2013〕106号)附件3第一条第(十二)项城镇退役士兵就业免征增值税政策,自2014年7月1日起停止执行。在2014年6月30日未享受满3年的,可继续享受至3年期满为止。

2. 重点群体创业就业

(1) 对持《就业创业证》(注明“自主创业税收政策”或“毕业年度内自主创业税收政策”)或2015年1月27日前取得的《就业失业登记证》(注明“自主创业税收政策”或附着《高校毕业生自主创业证》)的人员从事个体经营的,在3年内按每户每年8 000元为限额依次扣减其当年实际应缴纳的增值税、城市维护建设税、教育费附加、地方教育附加和个人所得税。限额标准最高可上浮20%,各省、自治区、直辖市人民政府可根据本地区实际情况在此幅度内确定具体限额标准,并报财政部和国家税务总局备案。

纳税人年度应缴纳税款小于上述扣减限额的,以其实际缴纳的税款为限;大于上述扣减限额的,应以上述扣减限额为限。

上述人员包括以下几类:

1) 在人力资源和社会保障部门公共就业服务机构登记失业半年以上的人员。

2) 零就业家庭、享受城市居民最低生活保障家庭劳动年龄内的登记失业人员。

3) 毕业年度内高校毕业生。高校毕业生是指实施高等学历教育的普通高等学校、成人高等学校毕业的学生;毕业年度是指毕业所在自然年,即1月1日至12月31日。

(2) 对商贸企业、服务型企业、劳动就业服务企业中的加工型企业和街道社区具有加工性质的小型企业实体,在新增加的岗位中,当年新招用在人力资源和社会保障部门公共就业服务机构登记失业半年以上且持《就业创业证》或2015年1月27日前取得的《就业失业登记证》(注明“企业吸纳税收政策”)人员,与其签订1年以上期限劳动合同并依法缴纳社会保险费的,在3年内按实际招用人数予以定额依次扣减增值税、城市维护建设税、教育费附加、地方教育附加和企业所得税优惠。定额标准为每人每年4 000元,最高可上浮30%,各省、自治区、直辖市人民政府可根据本地区实际情况在此幅度内确定具体定额标准,并报财政部和国家税务总局备案。

按上述标准计算的税收扣减额应在企业当年实际应缴纳的增值税、城市维护建设税、教育费附加、地方教育附加和企业所得税税额中扣减,当年扣减不足的,不得结转下年使用。

本条所称服务型企业是指从事《销售服务、无形资产、不动产注释》中“不动产租赁服务”、“商务辅助服务”(不含货物运输代理和代理报关服务)、“生活服务”(不含文化体育服务)范围内业务活动的企业以及按照《民办非企业单位登记管理暂行条例》(国务院令第251号)登记成立的民办非企业单位。

(3) 享受上述优惠政策的人员按以下规定申领《就业创业证》:

1) 按照《就业服务与就业管理规定》(劳动和社会保障部令第28号)第六十三条的规定,在法定劳动年龄内,有劳动能力,有就业要求,处于无业状态的城镇常住人员,在公共就业服务机构进行失业登记,申领《就业创业证》。其中,农村进城务工人员和其他非本地户籍人员在常住地稳定就业满6个月的,失业后可以在常住地登记。

2) 零就业家庭凭社区出具的证明,城镇低保家庭凭低保证明,在公共就业服务机构登记失业,申领《就业创业证》。

3) 毕业年度内高校毕业生在校期间凭学生证向公共就业服务机构按规定申领《就业创业证》,或委托所在高校就业指导中心向公共就业服务机构按规定代为其申领《就业创业证》;毕业年度内高校毕业生离校后直接向公共就业服务机构按规定申领《就业创业证》。

4）上述人员申领相关凭证后，由就业和创业地人力资源和社会保障部门对人员范围、就业失业状态、已享受政策情况进行核实，在《就业创业证》上注明“自主创业税收政策”、“毕业年度内自主创业税收政策”或“企业吸纳税收政策”字样，同时符合自主创业和企业吸纳税收政策条件的，可同时加注；主管税务机关在《就业创业证》上加盖戳记，注明减免税所属时间。

(4) 上述税收优惠政策的执行期限为 2016 年 5 月 1 日至 2016 年 12 月 31 日，纳税人在 2016 年 12 月 31 日未享受满 3 年的，可继续享受至 3 年期满为止。

按照《财政部 国家税务总局 人力资源和社会保障部关于继续实施支持和促进重点群体创业就业有关税收政策的通知》(财税〔2014〕39 号)规定享受营业税优惠政策的纳税人，自 2016 年 5 月 1 日起按照上述规定享受增值税优惠政策，在 2016 年 12 月 31 日未享受满 3 年的，可继续享受至 3 年期满为止。

《财政部 国家税务总局关于将铁路运输和邮政业纳入营业税改征增值税试点的通知》(财税〔2013〕106 号)附件 3 第一条第(十三)项失业人员就业增值税优惠政策，自 2014 年 1 月 1 日起停止执行。在 2013 年 12 月 31 日未享受满 3 年的，可继续享受至 3 年期满为止。

(5) 金融企业发放贷款后，自结息日起 90 天内发生的应收未收利息按现行规定缴纳增值税，自结息日起 90 天后发生的应收未收利息暂不缴纳增值税，待实际收到利息时按规定缴纳增值税。

上述所称金融企业，是指银行(包括国有、集体、股份制、合资、外资银行以及其他所有制形式的银行)、城市信用社、农村信用社、信托投资公司、财务公司。

(6) 个人将购买不足 2 年的住房对外销售的，按照 5%的征收率全额缴纳增值税；个人将购买 2 年以上(含 2 年)的住房对外销售的，免征增值税。上述政策适用于北京市、上海市、广州市和深圳市之外的地区

个人将购买不足 2 年的住房对外销售的，按照 5%的征收率全额缴纳增值税；个人将购买 2 年以上(含 2 年)的非普通住房对外销售的，以销售收入减去购买住房价款后的差额按照 5%的征收率缴纳增值税；个人将购买 2 年以上(含 2 年)的普通住房对外销售的，免征增值税。上述政策仅适用于北京市、上海市、广州市和深圳市。

办理免税的具体程序、购买房屋的时间、开具发票、非购买形式取得住房行为及其他相关税收管理规定，按照《国务院办公厅转发建设部等部门关于做好稳定住房价格工作意见的通知》(国办发〔2005〕26 号)、《国家税务总局 财政部 建设部关于加强房地产税收管理的通知》(国税发〔2005〕89 号)和《国家税务总局关于房地产税收政策执行中几个具体问题的通知》(国税发〔2005〕172 号)的有关规定执行。

四、筹划思路与演练

(一) 税率的筹划

由于增值税存在优惠税率的产品，在税率的筹划中，企业应充分利用低税率，特别是关注低税率的适用范围。对于兼营不同税率产品的增值税纳税人，一定要分别核算不同税率的应税产品，避免从高适用税率而增大税收负担。

【案例 3-18】 某钢材厂属增值税一般纳税人，月零售钢材 90 万元，同时又经营零售农机收入 10 万元。如何筹划？

【综合分析】

方案一：未分别核算，应纳增值税＝(90＋10)÷(1＋17％)×17％＝14.53(万元)

方案二：分别核算，应纳增值税＝90÷(1＋17％)×17％＋10÷(1＋13％)×13％＝14.23(万元)

分别核算可以为该钢材厂减轻0.3万元(14.53万元－14.23万元)税负。

（二）免税优惠选择权的筹划

对于销售免税产品的纳税人，如果其客户需要索取增值税专用发票，或者该纳税人兼营应税产品，且免税产品所涉及的进项税额转出比重较大，此时，享受免税优惠对该企业不一定有利。

【案例3-19】 某面粉加工企业，为增值税一般纳税人，主要产品为面粉和麸皮，麸皮为免税的饲料类产品。2015年面粉销售收入(含税)1 500万元，麸皮销售收入为2 000万元，当期进项税为1 000万元，且所有进项税无法准确划分免税与应税项目。

【综合分析】

方案一：享受免税

如果麸皮销售收入作免税处理的话，当期进项税转出为

1 000×2 000÷[2 000＋1 500÷(1＋13％)]＝601.06(万元)

应纳税款为1 500÷(1＋13％)×13％－(1 000－601.06)＝－226.37(万元)

方案二：放弃免税

如果麸皮销售收入作应税处理的话，应纳税款为(1 500＋2 000)÷(1＋13％)×13％－1 000＝－597.34(万元)

显然放弃免税好。

（三）巧用增值税起征点合理筹划

我国增值税按目前全国人均收入水平，对个人纳税人规定了起征点的幅度：按期纳税的，为月销售额5 000—20 000元；按次纳税的，为每次(日)销售额300—500元。纳税人销售额未达到财政部规定的增值税起征点的，免征增值税，达到起征点的，按销售额全额纳税。个人纳税人可以利用增值税起征点的规定，合理规划自己的收入，以获得免征增值税的优惠。

【案例3-20】 湖北省武汉市某个体工商户李某经营一家快餐店，2016年9月的销售额为31 000元。假设该行业的利润率为30％，只考虑增值税、城建税和教育费附加，暂不考虑其他税负。湖北省增值税起征点为月营业额3万元。

【综合分析】

筹划前：应纳增值税＝31 000÷(1＋3％)×3％＝902.91(元)

应纳城建税及教育费附加＝902.91×(7％＋3％)＝90.29(元)

合计税负为993.2(902.91＋90.29)元。

筹划方案：考虑到每月的销售额在起征点附近，某注册税务师建议李某次月将快餐店歇业半天，可以减少销售额约500元，这样就可以把每月的销售额控制在起征点以下。

筹划后：李某快餐店10月的销售额大约为30 500元，30 500÷(1＋3％)＝29 611.65(元)没有达到起征点，免征增值税、城建税及教育费附加。

课后习题

1. 某公司为一个年含税销售额在 80 万元左右的商贸企业，公司每年购进商品的含税价格为 45 万元左右。如果为增值税一般纳税人，适用税率均为 17%；如果为小规模纳税人，则适用 3%的征收率。该公司会计核算健全，有条件被认定为一般纳税人。问该公司应该如何选择？小规模纳税人好还是一般纳税人好？

2. 家家福商场是增值税一般纳税人，商品销售利润率为 30%，即销售 100 元商品，其成本为 70 元。商场购货均能取得增值税专用发票。为促销商品该商场设计了三种折扣方案：一是将商品以八折销售(销售额与折扣额开在同一张发票上)；二是凡购物满 100 元者，均可获赠价值 20 元的商品(成本为 14 元)；三是凡购物满 100 元者，将获返还现金 20 元。从纳税筹划角度看，该商场选择哪种方案最为有利？(以上价格均为含税价格，城建税、教育费附加不考虑，所得税税率为 25%。)

3. 服装生产企业 A 委托棉线生产企业 B 加工棉线 4 吨，双方约定，如果采用自行加工方式生产，每吨棉线 12 000 元，产出棉纱 5 吨，作价 8 000 元/吨，不能提供增值税专用发票；如果采用委托加工方式生产，每吨棉线支付加工费 1 800 元，B 企业电费等可抵扣的进项税额为 500 元，请问 A、B 企业应该如何选择加工方式？

4. A 公司和 B 公司签订了一项代销协议，由 B 公司代销 A 公司的产品，不论采取何种代销方式，A 公司的产品在市场上以 1 000 元/件的价格销售。下面有两种代销方式可以选择：

一是收取手续费方式，即 B 公司以 1 000 元/件的价格对外销售 A 公司的产品，根据代销数量，向 A 公司收取 20%的代销手续费。

二是视同买断方式，B 公司每售出一件产品，A 公司按 800 元的协议价收取货款，B 公司在市场上仍以 1 000 元的价格销售 A 公司的产品，实际售价与协议价之差 200 元/件归 B 公司所有。假定到年末，B 公司共售出该产品 1 万件，对应这 1 万件产品 A 公司可抵扣的进项税为 70 万元。请进行纳税筹划。(其中，城建税税率为 7%，教育费附加征收率为 3%。)

第四章　消费税筹划

本章要点

通过对本章的学习，能了解消费税筹划的基本思路，掌握消费税筹划的基本方法和纳税人和征税范围的规定，学会利用纳税人和征税范围的筹划方法；同时掌握消费税计税依据的规定，学会对计税依据的进行筹划。

第一节　征税范围与纳税义务人的筹划

案例导入

宝丽化妆品集团公司是生产销售化妆品的企业，该企业把生产的化妆品包装环节放在销售公司，销售公司对完工的化妆品进行包装后再出售。销售公司新任的会计小张对公司销售化妆品到底要不要申报缴纳消费税很迷惑。

一、生产应税消费品筹划

《消费税暂行条例》第四条　纳税人生产的应税消费品，于纳税人销售时纳税。纳税人自产自用的应税消费品，用于连续生产应税消费品的，不纳税；用于其他方面的，于移送使用时纳税。

《消费税暂行条例实施细则》第五条　所称销售，是指有偿转让应税消费品的所有权。前款所称有偿，是指从购买方取得货币、货物或者其他经济对益。

第六条　所称用于连续生产应税消费品，是指纳税人将自产自用的应税消费品作为直接材料生产最终应税消费品，自产自用应税消费品构成最终应税消费品的实体。

用于其他方面，是指纳税人将自产自用应税消费品；用于生产非应税消费品、在建工程、管理部门、非生产机构、提供劳务、馈赠、赞助、集资、广告、样品、职工福利、奖励等方面。

二、委托加工应税消费品筹划

《消费税暂行条例》第四条　委托加工的应税消费品，除受托方为个人外，由受托方在向委托方交货时代收代缴税款。

《消费税暂行条例实施细则》第七条　所称委托加工的应税消费品，是指由委托方提供原料和主要材料，受托方只收取加工费和代垫部分辅助材料加工的应税消费品。对于由受托方提供原材料生产的应税消费品，或者受托方先将原材料卖给委托方，然后再接受加工的应税消费品，以及由受托方以委托方名义购进原材料生产的应税消费品，不论在财务上是否作销售处理，都不得作为委托加工应税消费品，而应当按照销售自制应税消费品缴纳消费税。

三、进口应税消费品筹划

《消费税暂行条例》规定：进口应税消费品，应按组成计税价格确定应纳消费税额，组成计税价格的计算公式为

组成计税价格 ＝（关税完税价格＋关税）/（1 － 消费税税率）

四、零售应税消费品筹划

财税〔1994〕95 号《财政部 国家税务总局关于调整金银首饰消费税纳税环节有关问题的通知》规定，自 1995 年 1 月 1 日起，金银首饰消费税由生产销售环节征收改为零售环节征收。改在零售环节征收消费税的金银首饰仅限于金基、银基合金首饰以及金、银和金基、银基合金的镶嵌首饰。零售环节适用税率为 5%，在纳税人销售金银首饰、钻石及钻石饰品时征收。其计税依据是不含增值税的销售额。

对既销售金银首饰，又销售非金银首饰的生产、经营单位，应将两类商品划分清楚，分别核算销售额。凡划分不清楚或不能分别核算的，在生产环节销售的，一律从高适用税率征收消费税；在零售环节销售的，一律按金银首饰征收消费税。金银首饰与其他产品组成成套消费品销售的，应按销售额全额征收消费税。

金银首饰连同包装物销售的，无论包装是否单独计价，也无论会计上如何核算，均应并入金银首饰的销售额，计征消费税。

带料加工的金银首饰，应按受托方销售同类金银首饰的销售价格确定计税依据征收消费税。没有同类金银首饰销售价格的，按照组成计税价格计算纳税。

纳税人采用以旧换新（含翻新改制）方式销售的金银首饰，应按实际收取的不含增值税的全部价款确定计税依据征收消费税。

五、纳税义务人筹划

《消费税暂行条例》第一条　在中华人民共和国境内生产、委托加工和进口本条例规定的消费品的单位和个人，以及国务院确定的销售本条例规定的消费品的其他单位和个人，为消费的纳税人，应当依照本条例缴纳消费税。

《消费税暂行条例实施细则》第二条　条例第一条所称单位，是指企业、行政单位、事业单位、军事单位、社会团体及其他单位。条例第一条所称个人，是指个体工商户及其他个人。条例第一条所称在中华人民共和国境内，是指生产、委托加工和进口属于应税消费品的起运地或者所在地在境内。

六、筹划思路

（一）生产应税消费品筹划

税法规定：生产应税消费品的于销售时纳税，因此纳税人可以通过分设独立核算的销售部

门(公司),降低生产环节应税消费品的售价,其独立核算的分部、公司再按正常的市价对外销售,此环节只缴纳增值税,不缴纳消费税。这样可使集团消费税的整体税负下降,但增值税税负不变。

采用此方法要注意以下几点:(1) 生产环节的定价不能太低,否则主管的税务机关有权进行转让定价的纳税调整;(2) 设立独立核算的经销部门(公司),必然增加部分支出,需要比较降低的税负与增加的支出的大小,最终作出有利的决策。

【案例 4-1】 某酒厂主要生产白酒,每年都有一批老客户到工厂直接购买,销售量大约有 5 000 箱(每箱 12 瓶,每瓶 500 克),每箱对外销售价格 500 元。白酒的定额税率为 0.5 元/500 克。该厂如何降低消费税的税负?

【综合分析】

如果该厂设立一独立核算的经销部,该厂按销售给其他批发商的产品价格与经销部结算,每箱 450 元,经销部再以每箱 500 元的价格对外销售,则应纳消费税税额为:5 000×12×0.5+5 000×450×20%=480 000(元),比直接出售少缴纳消费税 50 000 元。

注意防范转让定价面临被纳税调整的风险。

(二) 委托加工应税消费品筹划

委托加工应税消费品在税法中已明确委托加工的形式,且受托方只履行代扣代缴的义务(除受托方为个体经营者外);如不属于税法中所认定的委托加工形式的,受托方就得按销售自产的应税消费品缴纳消费税。因此受托方在选择委托加工形式时一定要注意按税法的规定,方可节省税收。

【案例 4-2】 明一卷烟厂兼营加工烟丝,10 月份明一卷烟厂发生如下业务:

1. 金沙卷烟厂委托明一卷烟厂加工一批雪茄烟烟丝,金沙卷烟厂提供原材料,成本为 11 万元,明一卷烟厂收取加工费 3 万元。

2. 承接一外地某卷烟厂的委托加工烟丝业务,因运输原因,由明一卷烟厂在当地购买原材料。外地某卷烟厂将原材料款付给明一卷烟厂,同时支付加工费 8 万元。

请对明一卷烟厂当月发生的两笔业务进行消费税的纳税筹划。

【综合分析】

明一卷烟厂第 2 笔业务需计征消费税,如在委托加工合同上注明由外地烟厂自行提供原材料,且注明原材料的成本,则明一卷烟厂当月不缴纳消费税。

(三) 进口应税消费品筹划

从组成计税价格的公式中可以看出关税完税价格越小,对企业的节税越有利。因此,对进口应税消费品的纳税筹划,应尽可能降低到岸价格以及其他组成关税完税价格的因素并获得海关认可。

【案例 4-3】 飞驰汽车公司是一家跨国企业,其生产的汽车在世界汽车市场占有一席之地。2012 年 8 月该公司希望扩大中国市场销路,于是决定利用我国汽车进口关税税率从 30%下降到 25%的有利时机,降低中国境内售价,从而扩大市场份额。该公司汽车的消费税税率为 12%,以前的到岸价格为 80 万元(不含税),该公司如何降低消费税的税负?

【综合分析】

关税税率降低前，该公司汽车进口时应纳关税及消费税为：应纳关税＝80×30％＝24（万元），应纳消费税＝（80＋24）÷（1－12％）×12％＝14.18（万元）。关税税率降低后，该公司汽车进口时应纳关税及消费税为：应纳关税＝80×25％＝20（万元），应纳消费税＝（80＋20）÷（1－12％）×12％＝13.64（万元），该公司进口汽车缴纳的税收减少了24＋14.18－20－13.64＝4.54（万元）。

该公司在中国找了一个销售公司作为合约经销商，公司以60万元的价格将汽车销售给销售公司，然后由销售公司在国内进行销售。该公司与其合作伙伴之间签订了相关协议，销售价格减少的20万元由合作伙伴以加盟费、管理费等其他方式返还给飞驰汽车公司。经过筹划，该公司汽车进口时应纳关税及消费税：应纳关税＝60×25％＝15（万元），应纳消费税＝（60＋15）÷（1－12％）×12％＝10.23（万元）。这样飞驰汽车公司在进口环节缴纳的税收较关税税率降低前减少了24＋14.18－15－10.23＝12.95（万元）。如果考虑增值税的因素，减少的税收会更多。因此可以在保证公司利润不减少的情况下，将汽车的市场价格下降15万元，大幅度提高该汽车的市场竞争力。当然，在采用类似方法进行税务筹划时，完税价格的调整应在税法许可的范围内。

（四）零售应税消费品筹划

由于首饰及珠宝玉石消费税的征收范围及对象采用的是列举法，换言之，就是非列举的首饰是在其他环节计征消费税的或者不计征消费税。对新型产品迭出的首饰行业来说可以利用税收规定的差别，避开高税率，选择低税率。

【案例4－4】 某品牌黄金经销商，其产品有黄金饰品、黄金镶嵌宝石类的饰品、纯金条，为了方便顾客还兼营高档首饰包装收藏盒。那么该纳税人如何申报缴纳消费税？

【综合分析】

根据税法的相关规定，黄金镶嵌宝石类的饰品和纯金条不需在零售环节缴纳消费税，仅黄金饰品和首饰包装收藏盒是在零售环节缴纳消费税的，注意要分别核算各商品的销售额，零售环节的税率为5％，生产环节的税率为10％。否则从高税率计征。

（五）纳税义务人筹划

由于消费税是针对特定的纳税人，因此可以通过企业的新设合并、分立，递延纳税时间。使原企业间的购销环节转变为新企业内部的原材料转让环节，从而递延部分消费税税款。如果后一环节的消费税税率较前一环节低的话，则可直接减轻企业的消费税税负。

【案例4－5】 A是一家以生产药酒为主的酒厂，适用消费税税率为10％，其生产药酒的原材料为白酒，均从B酒厂购入。每年B酒厂向A酒厂提供白酒500万千克，售价为4 000万元。A酒厂销售药酒取得收入6 000万元，数量为5 000万千克。如何减轻B白酒生产企业的消费税？

【综合分析】

A酒厂应纳消费税＝6 000×10％＝600（万元）；由于外购的白酒为原料生产酒类产品，其已纳税额不能予以抵扣，支付的消费税直接计入原材料的成本中。

B酒厂应纳消费税＝4 000×20％＋500×2×0.5＝1 300（万元）。

筹划思路：如果A企业将B企业吸收合并成一家集团公司，使B酒厂成为A酒厂的一个生产车间，其应纳的消费税＝6 000×10％＝600(万元)。

注意：企业的兼并行为不能只考虑消费税税负的大小，还应考虑到自身有无兼并能力及对企业未来发展的影响等多重因素。

第二节　税目与税率筹划

案例导入

春珍公司生产的某保健酒以黄酒工艺发酵而成，各种药材在发酵过程中添加进去的，请问是按其他酒征收消费税还是按黄酒税率征消费税。

一、税目筹划

消费税税目与税率(额)表

税　目	税　率
一、烟	
1. 卷烟	56％加0.003元/支(生产环节)
(1) 甲类卷烟(生产或进口)	36％加0.003元/支(生产环节)
(2) 乙类卷烟(生产或进口)	11％加0.005元/支
(3) 批发环节	
2. 雪茄烟	36％
3. 烟丝	30％
二、酒	
1. 白酒	20％加0.5元/500克(或者500毫升)
2. 黄酒	240元/吨
3. 啤酒	
(1) 甲类啤酒	250元/吨
(2) 乙类啤酒	220元/吨
4. 其他酒	10％
三、化妆品	30％
四、贵重首饰及珠宝玉石	
1. 金银首饰、铂金首饰和钻石及钻石饰品	5％
2. 其他贵重首饰和珠宝玉石	10％
五、鞭炮、焰火	15％
六、成品油	
1. 汽油	1.52元/升
2. 柴油	1.20元/升
3. 航空煤油(暂缓征收)	1.20元/升
4. 石脑油	1.52元/升

（续表）

税　目	税　率
5. 溶剂油 6. 润滑油 7. 燃料油	1.52 元/升 1.52 元/升 1.20 元/升
七、摩托车 1. 气缸容量(排气量,下同)在 250 毫升(含 250 毫升)以下的 2. 气缸容量在 250 毫升以上的	3% 10%
八、小汽车 1. 乘用车 (1) 气缸容量(排气量,下同)在 1.0 升(含 1.0 升)以下的 (2) 气缸容量在 1.0 升以上至 1.5 升(含 1.5 升)的 (3) 气缸容量在 1.5 升以上至 2.0 升(含 2.0 升)的 (4) 气缸容量在 2.0 升以上至 2.5 升(含 2.5 升)的 (5) 气缸容量在 2.5 升以上至 3.0 升(含 3.0 升)的 (6) 气缸容量在 3.0 升以上至 4.0 升(含 4.0 升)的 (7) 气缸容量在 4.0 升以上的 2. 中轻型商用客车	1% 3% 5% 9% 12% 25% 40% 5%
九、高尔夫球及球具	10%
十、高档手表	20%
十一、游艇	10%
十二、木制一次性筷子	5%
十三、实木地板	5%
十四、电池	4%
十五、涂料	4%(2015 年 2 月 1 日起征)

财税〔2001〕84 号《调整酒类产品消费税政策的通知》规定：

(1) 每吨啤酒出厂价格(合包装物及包装物押金)在 3 000 元(含 3 000 元,不含增值税)以上的,单位税额 250 元/吨。

(2) 每吨啤酒出厂价格在 3 000 元(不含 3 000 元,不含增值税)以下的,单位税额 220 元/吨。

(3) 娱乐业、饮食业自制啤酒,单位税额 250 元/吨。

酒是酒精度在 1 度以上的各种酒类饮料。酒精又名乙醇,是指用蒸馏或合成方法生产的酒精度在 95 度以上的无色透明液体。酒类包括粮食白酒、薯类白酒、黄酒、啤酒、果啤和其他酒。酒精包括各种工业酒精、医用酒精和食用酒精。

关于酒的征收范围的确定:(1) 外购酒精生产的白酒,应按酒精所用原料确定白酒的适用税率。凡酒精所用原料无法确定的,一律按照粮食白酒的税率征税。(2) 外购两种以上酒精生产的白酒,一律从高适用税率征税。(3) 以外购白酒加浆浓度或外购散酒灌装出售,以及外购白酒以一曲香、香精进行调香、调味生产的白酒,按照外购白酒所用原料确定适用税率。凡白酒所用原料无法确定的，一律按照粮食白酒的税率征税。

对饮食业、商业、娱乐业举办的啤酒屋、啤酒坊利用啤酒生产设备生产的啤酒，应当征收消费税。

国税函〔2008〕742 号《国家税务总局关于调味料酒征收消费税问题的通知》规定：鉴于国家已经出台了调味品分类国家标准，按照国家标准调味料酒属于调味品，不属于配制酒和泡制酒，对调味料酒不再征收消费税。

调味料酒是指以白酒、黄酒或食用酒精为主要原料，添加食盐、植物香辛料等配制加工而成的产品名称标注（在食品标签上标注）为调味料酒的液体调味品。

国税函〔2006〕768 号《关于购进乙醇生产销售无水乙醇征收消费税问题的批复》规定：对于以外购酒精为原料、经蒸馏脱水处理后生产的无水乙醇，属于本税目征收范围，应按规定征收消费税。

财税〔2006〕20 号《啤酒包装物押金消费税政策》规定：规定啤酒消费税单位税额按照出厂价格（合包装物及包装物押金）划分档次，上述包装物押金不包括供重复使用的塑料周转箱的押金。

国税函〔2005〕333 号《国家税务总局关于果啤征收消费税的批复》规定：果啤是一种口味介于啤酒和饮料之间的低度酒精饮取，主要成分为啤酒和果汁。尽管果啤在口味和成分上与普通啤酒有所区别，但无论是从产品名称，还是从产品含啤酒的本质上看，果啤均属于啤酒，应按规定征收消费税。

国税函〔2003〕382 号《国家税务总局关于啤酒集团内部企业间销售（调拨）啤酒液征收消费税问题的批复》规定：关于啤酒生产集团为解决下属企业之间糖化能力和包装能力不匹配，优化各企业间资源配置，将有糖化能力而无包装能力的企业生产的啤酒液销售（调拨）给异地企业进行灌装，对此如何征收消费税问题，经研究，现批复如下：

1. 啤酒生产集团内部企业间调拨销售的啤酒液，应由啤酒液生产企业按现行规定申报缴纳消费税。

2. 购入方企业应依据取得的销售方销售啤酒液所开具的增值税专用发票上记载的销售数量、销售额、销售单价确认销售方啤酒液适用的消费税单位税额，单独建立外购啤酒液购入使用台账，计算外购啤酒液已纳消费税额。

3. 购入方使用啤酒液连续灌装生产并对外销售的啤酒，应依据其销售价格确定适用单位税额计算缴纳消费税，但其外购啤酒液已纳的消费税额，可以从其当期应纳消费税额中抵减。

国税发〔2006〕66 号《国家税务总局关于印发〈葡萄酒消费税管理办法（试行）〉》规定：在中华人民共和国境内（以下简称境内）生产、委托加工、进口葡萄酒的单位和个人，为葡萄酒消费税纳税人。葡萄酒消费税适用《消费税税目税率（税额）表》“酒及酒精”税目下设的“其他酒”子目。葡萄酒是指以葡萄为原料，经破碎（压榨）、发酵而成的酒精度在 1 度（含）以上的葡萄原酒和成品酒（不含以葡萄为原料的蒸馏酒）。

国家税务总局公告 2011 年第 53 号《国家税务总局关于配制酒消费税适用税率问题的公告》规定：

1. 配制酒（露酒）是指以发酵酒、蒸馏酒或食用酒精为酒基，加入可食用或药食两用的辅料或食品添加剂，进行调配、混合或再加工制成的，并改变了其原酒基风格的饮料酒。

2. 配制酒消费税适用税率

(1) 以蒸馏酒或食用酒精为酒基，同时符合以下条件的配制酒，按消费税税目税率表“其他酒”10%适用税率征收消费税。

✍ 具有国家相关部门批准的国食健字或卫食健字文号。

✍ 酒精度低于 38 度(含)。

(2) 以发酵酒为酒基，酒精度低于 20 度(含)的配制酒，按消费税税目税率表“其他酒”10%适用税率征收消费税。

(3) 其他配制酒，按消费税税目税率表“白酒”适用税率征收消费税。

上述蒸馏酒或食用酒精为酒基是指酒基中蒸馏酒或食用酒精的比重超过 80%(含)；发酵酒为酒基是指酒基中发酵酒的比重超过 80%(含)。

财税〔2014〕93 号《财政部 国家税务总局关于调整消费税政策的通知》规定：

1. 取消气缸容量 250 毫升(不含)以下的小排量摩托车消费税。气缸容量 250 毫升和 250 毫升(不含)以上的摩托车继续分别按 3%和 10%的税率征收消费税。

2. 取消汽车轮胎税目。

3. 取消车用含铅汽油消费税，汽油税目不再划分二级子目，统一按照无铅汽油税率征收消费税。

4. 取消酒精消费税。取消酒精消费税后，“酒及酒精”品目相应改为“酒”，并继续按现行消费税政策执行。

财税〔2015〕11 号《财政部 国家税务总局关于继续提高成品油消费税的通知》规定：

1. 将汽油、石脑油、溶剂油和润滑油的消费税单位税额由 1.4 元/升提高到 1.52 元/升。

2. 将柴油、航空煤油和燃料油的消费税单位税额由 1.1 元/升提高到 1.2 元/升。航空煤油继续暂缓征收。

3. 本通知自 2015 年 1 月 13 日起执行。

财税〔2015〕16 号《财政部 国家税务总局关于对电池、涂料征收消费税的通知》规定：自 2015 年 2 月 1 日起对电池、涂料征收消费税。现将有关事项通知如下：

1. 将电池、涂料列入消费税征收范围(具体税目注释见附件)，在生产、委托加工和进口环节征收，适用税率均为 4%。

2. 对无汞原电池、金属氢化物镍蓄电池(又称“氢镍蓄电池”或“镍氢蓄电池”)、锂原电池、锂离子蓄电池、太阳能电池、燃料电池和全钒液流电池免征消费税。

2015 年 12 月 31 日前对铅蓄电池缓征消费税；自 2016 年 1 月 1 日起，对铅蓄电池按 4%税率征收消费税。

对施工状态下挥发性有机物(Volatile Organic Compounds，VOC)含量低于 420 克/升(含)的涂料免征消费税。

财税〔2015〕60 号规定：

1. 将卷烟批发环节从价税税率由 5%提高至 11%，并按 0.005 元/支加征从量税。

2. 纳税人兼营卷烟批发和零售业务的，应当分别核算批发和零售环节的销售额、销售数量；未分别核算批发和零售环节销售额、销售数量的，按照全部销售额、销售数量计征批发环节消费税。

3. 本通知自 2015 年 5 月 10 日起执行。

二、税率的筹划

《消费税暂行条例》第三条规定：纳税人兼营不同税率的应当缴纳消费税的消费品（以下简称应税消费品），应当分别核算不同税率应税消费品的销售额、销售数量；未分别核算销售额、销售数量，或者将不同税率的应税消费品组成成套消费品销售的，从高适用税率。

财税〔2009〕84号《关于调整烟产品消费税政策的通知》规定：甲类香烟的消费税从价税税率由原来的45%调整为56%，乙类香烟的消费税从价税税率由原来的30%调整为36%，雪茄烟由原来的25%调整为36%。另外在卷烟批发环节加征一道从价税，税率为5%，即在中华人民共和国境内从事卷烟批发业务的单位和个人，凡是批发销售的所有牌号规格卷烟的，都要按批发卷烟的销售额（不含增值税）乘以5%的税率缴纳批发环节的消费税。

甲类卷烟是指每标准条（200支）调拨价格在70元（不含增值税）以上（含70元）的卷烟；乙类卷烟是指每标准条调拨价格在70元（不含增值税）以下的卷烟。

卷烟的从量定额税率不变，即0.003元/支。

财税〔2015〕60号《财政部 国家税务总局关于调整卷烟消费税的通知》规定：

1. 将卷烟批发环节从价税税率由5%提高至11%，并按0.005元/支加征从量税。

2. 纳税人兼营卷烟批发和零售业务的，应当分别核算批发和零售环节的销售额、销售数量；未分别核算批发和零售环节销售额、销售数量的，按照全部销售额、销售数量计征批发环节消费税。

3. 本通知自2015年5月10日起执行。

三、筹划思路与演练

（一）税目筹划

同一税目下的应税消费品，属于不同子目时，税率也有不同的规定。改变应税消费品的形态，使其适用较低的税率时，可以达到节税的目的。

【案例4-6】 甲酒业有限公司将散装白酒50吨加工成药酒后销售。散装白酒的销售额为42万元（不含税），加工成药酒后的销售额为62万元。白酒定额税率为0.5元/斤，比例税率为20%，其他酒税率为10%。如何筹划可以减轻税负？

【综合分析】

在直接销售白酒的情况下，应纳消费税税额＝42×20%＋50×2 000×0.5÷10 000＝13.4（万元）；在加工成药酒后销售的情况下（药酒属于其他酒，税率为10%），应纳消费税税额＝62×10%＝6.2（万元）。可见加工成药酒后销售可以节税13.4－6.2＝7.2（万元）。

（二）税率的筹划

1. 当企业兼营多种不同税率的应税消费品时，应当分别核算不同税率应税消费品的销售额、销售数量；

2. 将不同税率的应税消费品组成成套消费品销售的，从高适用税率；

3. 根据税法的有关规定对不同等级的应税消费品进行定价筹划，即利用“税收临界点”进行纳税筹划。

在消费税的税目税率表中，有一些税目对于同一种产品根据价格或成分、容量等的差异制定了不同的税率（额），如卷烟、啤酒、汽油和小汽车。对于这一类应税产品，当企业的销售价格位于《消费税暂行条例》中规定的临界价格附近时，税率变化会形成实质上的全额累进税，所以当销售价格在临界价格附近时，税后存在较大的差异。如果企业的产品定价刚刚在临界价格上，不妨考虑将价格适当调整，使价格降低到临界价格以下，征税可以适用低税率，从而取得更高的税收收益。

以卷烟为例，假设城建税税率为 7%，教育费附加为 3%，每标准条进项税额为 X，当每标准条调拨价格为 69.99 元，低于 70 元时，适用消费税比例税率为 36%，则每标准条应纳消费税及附加＝(69.99×36%＋150÷250)×(1＋7%＋3%)＝28.3760(元)。由于增值税为价外税，不影响企业利润，未予考虑，但增值税应纳的城建税及教育费附加影响利润，应予以考虑。

每标准条应纳增值税附加＝(69.99×17%－X)×(7%＋3%)

设每标准条调拨价格提高到 Y 元，当 Y≥70 元时，适用消费税比例税率 56%，则每标准条应纳消费税及附加＝(Y×56%＋150÷250)×(1＋7%＋3%)

每标准条应纳增值税附加＝(Y×17%－X)×(7%＋3%)

当调拨价格提高所增加的收入小于增加的消费税及附加和增值税附加，就会得不偿失。

由 Y－69.99＜(Y×56%－69.99×36%)×(1＋7%＋3%)＋(Y×17%－69.99×17%)×(7%＋3%)解得 70≤Y＜111.95(元)。因此，当每标准条调拨价格处于 70—111.95 元之间，提高销售价格并不能增加企业的效益。当售价处于这个区间时，应采取降价措施，实现经济利益最大化；当售价在这个区间之外时，售价越高，获得的利益越大。

【案例 4－7】 A 市区的某卷烟厂为增值税一般纳税人，当月生产销售卷烟 4 000 标准条，每条调拨价格为 75 元(不含增值税)，适用消费税比例税率为 56%，定额税率每支 0.003 元，每标准箱 50 000 支，即 250 标准条。则当月应纳消费税为 170 400 元(75×4 000×56%＋4 000×200×0.003)，如何筹划可以减轻企业的税负？

【综合分析】

每标准条调拨价格超过 70 元，则适用 56%的高税率，如果将调拨价格降为 70 元以下，则适用 36%的低档税率。若卷烟厂将每标准条调拨价格降为 65 元，则当月应纳消费税＝65×4 000×36%＋4 000×200×0.003＝96 000(元)。通过筹划，收入减少＝(75－65)×4 000＝40 000(元)，消费税减少＝170 400－96 000＝74 400(元)，如果考虑增值税和应纳的城建税及教育费附加，经济利益将增加更多。

第三节　计税依据筹划

案例导入

某知名品牌手表厂将凡是出厂售价在 10 000 元以上的手表都随赠一个精致的包装盒，每个包装盒的成本 200 元。请判断随赠包装盒要不要并入销售额中作为税基。

一、从价计征方式筹划

《消费税暂行条例》规定:销售额为纳税人销售应税消费品向购买方收取的全部价款和价外费用。

《消费税暂行条例实施细则》规定:销售是指有偿转让应税消费品的所有权。价外费用,是指价外向购买方收取的手续费、补贴、基金、集资费、返还利润、奖励费、违约金、滞纳金、延期付款利息、赔偿金、代收款项、代垫款项、包装费、包装物租金、储备费、优质费、运输装卸费以及其他各种性质的价外收费。但下列项目不包括在内:

1. 同时符合以下条件的代垫运输费用

(1) 承运部门的运输费用发票开具给购买方的;

(2) 纳税人将该项发票转交给购买方的。

2. 同时符合以下条件代为收取的政府性基金或者行政事业性收费

(1) 由国务院或者财政部批准设立的政府性基金,由国务院或者省级人民政府及其财政、价格主管部门批准设立的行政事业性收费;

(2) 收取时开具省级以上财政部门印制的财政票据;

(3) 所收款项全额上缴财政。

应税消费品连同包装物销售的,无论包装物是否单独计价以及在会计上如何核算,均应并入应税消费品的销售额中缴纳消费税。如果包装物不作价随同产品销售,而是收取押金,此项押金则不应并入应税消费品的销售额中征税。但对因逾期未收回的包装物不再退还的或者已收取的时间超过 12 个月的押金,应并入应税消费品的销售额,按照应税消费品的适用税率缴纳消费税。

对既作价随同应税消费品销售,又另外收取押金的包装物的押金,凡纳税人在规定的期限内没有退还的,均应并入应税消费品的销售额,按照应税消费品的适用税率缴纳消费税。

二、从量计征方式筹划

《消费税暂行条例》规定:实行从量定额办法计算的应纳税额=销售数量×定额税率。

《消费税暂行条例实施细则》规定,销售数量,是指应税消费品的数量。具体如下:

1. 销售应税消费品的,为应税消费品的销售数量;
2. 自产自用应税消费品的,为应税消费品的移送使用数量;
3. 委托加工应税消费品的,为纳税人收回的应税消费品数量;
4. 进口应税消费品的,为海关核定的应税消费品进口征税数量。

第十条　实行从量定额办法计算应纳税额的应税消费品,计量单位的换算标准如下:

黄酒	1 吨=962 升
啤酒	1 吨=988 升
汽油	1 吨=1 388 升
柴油	1 吨=1 176 升
航空煤油	1 吨=1 246 升
石脑油	1 吨=1 385 升

溶剂油 1吨=1 282升
润滑油 1吨=1 126升
燃料油 1吨=1 015升

三、自产自用应纳消费税的筹划

(一)自产的应税消费品用于连续生产应税消费品

《消费税暂行条例》规定:纳税人自产自用的应税消费品,用于连续生产应税消费品的,不纳税。

《消费税暂行条例实施细则》规定:用于连续生产应税消费品,是指纳税人将自产自用的应税消费品作为直接材料生产最终应税消费品,自产自用应税消费品构成最终应税消费品的实体。

(二)自产的应税消费品用于其他方面的

《消费税暂行条例》规定:纳税人自产自用的应税消费品,除用于连续生产应税消费品外,凡用于其他方面的,于移送使用时纳税。

《消费税暂行条例实施细则》规定:用于其他方面,是指纳税人将自产自用应税消费品用于生产非应税消费品、在建工程、管理部门、非生产机构、提供劳务、馈赠、赞助、集资、广告、样品、职工福利、奖励等方面。

(三)组成计税价格

《消费税暂行条例》规定:纳税人自产自用的应税消费品,按照纳税人生产的同类消费品的销售价格计算纳税。

《消费税暂行条例实施细则》规定:同类消费品的销售价格,是指纳税人或者代收代缴义务人当月销售的同类消费品的销售价格,如果当月同类消费品各期销售价格高低不同,应按销售数量加权平均计算。但销售的应税消费品有下列情况之一的,不得列入加权平均计算:

(1) 销售价格明显偏低并无正当理由的;

(2) 无销售价格的。

如果当月无销售或者当月未完结,应按照同类消费品上月或者最近月份的销售价格计算纳税。

《消费税暂行条例》规定:没有同类消费品销售价格的、按照组成计税价格计算纳税。

实行从价定率办法计算纳税的组成计税价格计算公式:

$$组成计税价格 = (成本 + 利润) \div (1 - 比例税率)$$

实行复合计税办法计算纳税的组成计税价格计算公式:

$$组成计税价格 = (成本 + 利润 + 自产自用数量 \times 定额税率) \div (1 - 比例税率)$$

《消费税暂行条例实施细则》规定:成本是指应税消费品的产品生产成本。

第十七条 利润是指根据应税消费品的全国平均成本利润率+计算利润,应税消费品全国平均成本利润率由国家税务总局确定。

（四）将应税消费品用于“换、投、抵”方面

国税发〔1993〕156号《国家税务总局关于印发〈消费税若干具体问题的规定〉的通知》规定：纳税人用于换取生产资料和消费资料，投资入股和抵偿债务等方面的应税消费品，应当以纳税人同类应税消费品的最高销售价格作为计税依据计算消费税。

四、委托加工消费品的筹划

《消费税暂行条例实施细则》规定：委托加工的应税消费品，是指由委托方提供原料和主要材料，受托方只收取加工费和代垫部分辅助材料加工的应税消费品。对于由受托方提供原材料生产的应税消费品，或者受托方先将原材料卖给委托方，然后再接受加工的应税消费品，以及由受托方以委托方名义购进原材料生产的应税消费品，不论在财务上是否作销售处理，都不得作为委托加工应税消费品，而应当按照销售自制应税消费品缴纳消费税。

《消费税暂行条例》规定：委托加工的应税消费品，除受托方为个人外，由受托方在向委托方交货时代收代缴税款。

如果受托方没有代扣代缴税款的，那么委托方须补缴税款，其计税依据是如果收回的应税消费品已经直接销售的，按销售额计税；收回的应税消费品尚未销售或不能直接销售的（如收回后用于连续生产等），按组成计税价格计税。

《消费税暂行条例实施细则》规定：委托个人加工的应税消费品，由委托方收回后缴纳消费税。

国税发〔1994〕130号《关于消费税若干征税问题的通知》规定：对纳税人委托个体经营者加工的应税消费品，一律于委托方收回后在委托方所在地缴纳消费税。

《消费税暂行条例实施细则》规定：委托加工的应税消费品直接出售的，不再缴纳消费税。

财法〔2012〕8号《财政部国家税务总局关于〈中华人民共和国消费税暂行条例实施细则〉有关条款解释的通知》规定：《中华人民共和国消费税暂行条例实施细则》（财政部令第51号）第七条第二款，“委托加工的应税消费品直接出售的，不再缴纳消费税”。现将这一规定的含义解释如下：

委托方将收回的应税消费品，以不高于受托方的计税价格出售的，为直接出售，不再缴纳消费税；委托方以高于受托方的计税价格出售的，不属于直接出售，须按照规定申报缴纳消费税，在计税时准予扣除受托方已代收代缴的消费税。

五、已纳消费税税额扣除的计算

（一）外购已税消费品税额扣除

国税发〔1995〕94号《用外购和委托加工收回的应税消费品连续生产应税消费品征收消费税》规定：为了避免重复征税，现行消费税规定，将外购应税消费品和委托加工收回的应税消费品继续生产应税消费品销售的，可以将外购应税消费品和委托加工收回应税消费品已缴纳的消费税给予扣除。

财税〔2006〕33号《财政部、国家税务总局关于调整和完善消费税政策的通知》规定：下列

应税消费品准予在消费税应纳税额中扣除原来已纳的消费税税款。

1. 外购已税烟丝生产的卷烟；

2. 外购已税化妆品生产的化妆品；

3. 外购已税珠宝玉石生产的贵重首饰及珠宝玉石；

4. 外购已税鞭炮焰火生产的鞭炮焰火；

5. 外购已税杆头、杆身和握把为原料生产的高尔夫球杆；

6. 外购已税木制一次性筷子为原料生产的木制一次性筷子；

7. 外购已税实木地板为原料生产的实木地板；

8. 外购已税汽油、柴油、石脑油、燃料油、润滑油用于连续生产应税成品油；

9. 外购已税摩托车生产的摩托车（如用外购两轮摩托车改装三轮摩托车）。

国税发〔2006〕49 号《国家税务总局关于印发〈调整和完善消费税政策征收管理规定〉》：外购应税消费品连续生产应税消费品抵扣税款的计算方法如下：

（1）实行从价定率办法计算应纳税额的

当期准予扣除外购应税消费品已纳税款
＝当期准予扣除外购应税消费品买价×外购应税消费品适用税率

当期准予扣除外购应税消费品买价＝期初库存外购应税消费品买价＋当期购进的外购应税消费品买价－期末库存的外购应税消费品买价

外购应税消费品买价为纳税人取得的本规定第二条第（三）款规定的发票（含销货清单）注明的应税消费品的销售额（增值税专用发票必须是 2006 年 4 月 1 日以后开具的，下同）。

（2）实行从量定额办法计算应纳税额的

当期准予扣除的外购应税消费品已纳税款＝当期准予扣除外购应税消费品数量×外购应税消费品单位税额

当期准予扣除外购应税消费品数量＝期初库存外购应税消费品数量＋当期购进外购应税消费品数量－期末库存外购应税消费品数量

外购应税消费品数量为本规定第二条第（三）款规定的发票（含销货清单）注明的应税消费品的销售数量。

国税函〔2006〕769 号《关于进一步加强消费税纳税申报及税款抵扣管理的通知》规定：从商业企业购进应税消费品连续生产应税消费品，符合抵扣条件的，准予扣除外购应税消费品已纳消费税税款。

国家税务总局公告 2015 年第 15 号规定：2015 年 5 月 1 日纳税人从葡萄酒生产企业购进（以下简称外购）、进口葡萄酒连续生产应税葡萄酒的，准予从葡萄酒消费税应纳税额中扣除所耗用应税葡萄酒已纳消费税税款。如本期消费税应纳税额不足抵扣的，余额留待下期抵扣。

（二）委托加工收回的已税消费品税额扣除

财税〔2006〕33 号（《财政部 国家税务总局关于调整和完善消费税政策的通知》）规定下列应税消费品准予在消费税应纳税额中扣除已纳的消费税：

(1) 委托加工收回已税烟丝生产的卷烟;

(2) 委托加工收回已税化妆品生产的化妆品;

(3) 委托加工收回已税珠宝玉石生产的贵重首饰及珠宝玉石;

(4) 委托加工收回已税鞭炮焰火生产的鞭炮焰火;

(5) 委托加工收回已税杆头、杆身和握把为原料生产的高尔夫球杆;

(6) 委托加工收回已税木制一次性筷子为原料生产的木制一次性筷子;

(7) 委托加工收回已税实木地板为原料生产的实木地板;

(8) 委托加工收回已税汽油、柴油、石脑油、燃料油、润滑油用于连续生产应税成品油;

(9) 委托加工收回已税摩托车生产的摩托车(如用外购两轮摩托车改装三轮摩托车)。

国税发〔2006〕49 号《国家税务总局关于印发〈调整和完善消费税政策征收管理规定〉的通知》规定:关于委托加工收回应税消费品连续生产应税消费品请费税税款抵扣的计算方法如下。

当期准予扣除的委托加工应税消费品已纳税款=期初库存的委托加工应税消费品已纳税款+当期收回的委托加工应税消费品已纳税款-期末库存的委托加工应税消费品已纳税款

委托加工应税消费品已纳税款为代扣代收税款凭证注明的受托方代收代缴的消费税。

财税字〔1994〕95 号《财政部 国家税务总局关于调整金银首饰消费税纳税环节有关问题的通知》规定:纳税人用委托加工收回的已税珠宝玉石生产的改在零售环节征收消费税的金银首饰,在计税时一律不得扣除委托加工收回的珠宝玉石的已纳消费税税款。

财税〔2008〕19 号《调整部分成品油消费税政策》规定:以外购或委托加工收回的已税石脑油、润滑油、燃料油为原料生产的应税消费品,准予从消费税应纳税额中扣除原料已纳的消费税税款。

六、筹划思路与演练

(一) 从价计征方式筹划

1. 企业要想减少税基,可着力于包装物,关键是对包装物不能作价随同产品出售,而应采取收取"押金"的形式,这样押金就不并入销售额计算消费税税额。即使在经过一年后,需要将押金并入应税消费品的销售额,按照应税消费品的适用税率征收消费税,企业也可以递延消费税额一年时间。

2. 企业也可以采用"先销售后包装"的方式让商家成为承担包装任务的主体,将包装的任务转嫁给商家。这种方式更多适用于成套消费品的出售(如礼品套装酒、化妆品套装的)。

3. 对酒类产品生产企业销售酒类产品(黄酒、啤酒除外)收取的包装物押金,无论押金是否返还、会计上如何核算,均须并入酒类产品销售额中,依酒类产品的适用税率征收消费税。酒类产品包装物的筹划关键在于尽量节省包装物成本,以减少税基。

【案例 4-8】 芳雅公司 10 月销售给超市化妆品一批,取得销售收入 15 000 元,其中包括价值 10 000 元的口红和价值 5 000 元的包装物。上述价格都为不含增值税的价格。问该企业对此销售行为应当如何进行纳税筹划(根据现行的税法规定,化妆品的消费税税率为 30%)?

【综合分析】

筹划前:企业应纳消费税=15 000×30%=4 500(元)。

若将化妆品和包装物按照各自的价格分别销售给超市,再由超市包装后对外销售,则包装物本身无须缴纳消费税。

先将上述化妆品和包装物分品种销售给超市，在此销售环节化妆品和包装物分别开具发票，在账务处理环节对不同的产品分别核算销售收入，然后再由超市包装成套装消费品后对外销售。在这种情况下，价值 5 000 元的包装物不必缴纳消费税。企业应纳消费税税额为：10 000×30%=3 000(元)

因此，企业在销售应税消费品时，若其包装物有一定的价值，我们可将消费品和包装物按照各自的价格分别销售给零售商，再由零售商包装后对外销售。这样使得企业不必针对包装物本身缴纳消费税，并且应税消费品的包装物越昂贵，其节税效果越明显。

(二) 从量计征方式筹划

1. 在消费税的税目中，有一些定额征税应税消费品，消费税的税额与销售价格是没有关系的，如黄酒和成品油，纳税人可以通过不断推出新产品，并提高售价，既不增加消费税，又可以提高利润；

2. 对于有些税目，同一种产品根据价格的差异制定了不同的定额税率，如啤酒和卷烟。可以通过合理降低产品销售价格，从而适用较低的定额税率，增加税后利润。

【案例 4-9】 某啤酒厂生产 A 品牌啤酒出厂价格为 3 000 元/吨。税法规定对啤酒实行差别定额税率，每吨啤酒出厂价格为 3 000 元(含 3 000 元)以上的，单位税额 250 元/吨；在 3 000元以下的，单位税额 220 元/吨。问如何筹划出厂价格可以减轻税负？

【综合分析】

按原每吨 3 000 元的定价，每吨需要缴纳 250 元消费税，则每吨啤酒税后收益=3 000－250=2 750(元)，该厂经厂部研究决定降低啤酒的售价，定为 2 980 元/吨，此时每吨只需缴纳消费税 220 元，则每吨啤酒收益=2 980－220=2 760(元)，这样做不仅增加了税后收益，而且由于价格优势，还可以增强企业的市场竞争力。

(三) 自产自用应纳消费税的筹划

1. 自产的应税消费品用于连续生产应税消费品

税法规定，对自产自用的应税消费品用于连续生产应税消费品的不征税，体现了税不重征且计税简便的原则。

【案例 4-10】 新进烟丝厂，当月生产烟丝金额 60 万元，其中直接对外出售烟丝金额 50 万元(不含税)，另外 10 万元烟丝用于当月生产卷烟所耗用。该厂报税员当月应申报缴纳的消费税是多少？

【综合分析】

当月烟丝应缴纳的消费税税额=50×30%=15(万元)

因为用于连续生产卷烟的烟丝不缴纳消费税，只对直接销售的烟丝征收消费税。当然，销售卷烟需要缴纳消费税。

2. 自产的应税消费品用于其他方面的

所谓“用于生产非应税消费品”，是指把自产的应税消费品用于生产消费税税目所列 14 类应税消费品以外的产品。例如原油加工厂用生产出的应税消费品汽油调和制成溶剂汽油，该溶剂汽油就属于非应税消费品。

所谓“用于在建工程”，是指把自产的应税消费品用于本单位的各项建设工程。例如油厂把自己生产的柴油用于本厂基建工程的车辆、设备使用。

所谓“用于管理部门、非生产机构”，是指把自己生产的应税消费品用于与本单位有隶属关系的管理部门或非生产机构。

所谓“用于馈赠、赞助、集资、广告、样品、职工福利、奖励”，是指把自己生产的应税消费品无偿赠送给他人或以资金的形式投资于外单位某些事业或作为商品广告、经销样品或以福利、奖励的形式发给职工。例如摩托车厂把生产的摩托车赠送或赞助给摩托车拉力赛使用，兼作商品广告等。

总之，企业自产的应税消费品虽然没有用于销售或连续生产应税消费品，但只要是用于税法所规定的范围都要视同销售，依法缴纳消费税。

【案例 4－11】 美佳化妆品厂是一家经营各种化妆品、护肤护发品的企业，10 月该公司共生产各类化妆品价值 300 万元，但由于产品市场定位欠佳，预计该月仅能销售化妆品共 15 万元。为了避免产品积压，该公司决定将部分剩余的化妆品赠送给协作企业，并加大对外广告宣传的力度。发生如下业务：

(1) 用化妆品做成礼品盒馈赠给协作企业，价值 3 万元；

(2) 企业赞助当地电视台举办的大型歌舞晚会用化妆品价值 5 万元；

(3) 广告样品用化妆品，总计价值 0.4 万元；

(4) 将化妆品分配给本公司职工共计价值 2 万元；

(5) 销售化妆品 16 万元。(以上价格均不含税)

月末进行纳税申报时，公司财务人员应申报缴纳的消费税是多少？

【综合分析】

应纳消费税＝3×30%＋5×30%＋0.4×30%＋2×30%＋16×30%＝7.92(万元)

3. 组成计税价格

由于成本是计算组成计税价格的重要因素，成本的高低直接影响组成计税价格的高低，进而影响到应纳税额的多少。而产品成本又是通过企业自身的会计核算计算出来的，按照会计制度或会计准则的核算要求，很多间接费用、车间经费、企管费均要通过一定的分配方法在各步骤的产成品、半成品、在产品中分配，因此通过合理的计算可以达到少纳税的目的。只要将自用应税消费品应负担的间接费用少留一部分，将更多的费用分配给其他产品(但注意不要严重违反配比原则)，就会降低用来计算组成计税价格的成本，从而使计算出来的组成计税价格缩小，使自用应税消费品所负担的消费税也相应地减少。

【案例 4－12】 丽人化妆品厂刚试制出一批新产品，还没有投入市场，“三八”节时将这批产品发放给员工作为福利，并让员工试用后提出改进建议。按统一的原材料、费用分配标准计算企业自产自用应税消费品成本为 20 万元，成本利润率为 5%，消费税税率为 30%，其组成计税价格和应纳消费税计算如下：

组成计税价格＝20×(1＋5%)÷(1－30%)＝30(万元)

应纳消费税＝30×30%＝9(万元)

【综合分析】

丽人化妆品厂通过一定的成本核算法降低自产自用应税消费品的成本，当成本降低为 15

万元时，其应纳消费税为

组成计税价格＝15×(1＋5%)÷(1－30%)＝22.5(万元)

应纳税额＝22.5×30%＝6.75(万元)

少纳消费税＝9－6.75＝2.25(万元)

4. 将应税消费品用于“换、投、抵”方面

纳税人自产的应税消费品除了用于销售或者自己使用，还有可能用于换取生产资料和消费资料、投资入股或抵偿债务等方面，会计上把这种行为称作非货币性资产交易。企业用应税消费品进行换取生产资料和消费资料、投资入股或抵偿债务的行为，是按照纳税人同类应税消费品的最高销售价格作为计税依据，这样做显然会加重企业的税收负担。企业如果采取先销售后入股(换货、抵债)的方式，就可以达到减轻税负的目的。因此，企业应尽量避免使用应税消费品进行换取生产资料和消费资料、投资入股或抵偿债务。

【案例 4－13】 安捷摩托车厂(一般纳税人)，当月对外销售同型号的摩托车(汽缸容量在250毫升以上)时共有三种价格，以5 000元的单价销售了300辆，以5 500元的单价销售200辆，以6 000元的单价销售100辆。当月以20辆同型号的摩托车与甲企业换取原材料。以上价格均是不含税价，摩托车的消费税税率为10%。计算该月消费税和增值税的应纳税额，如何筹划？

【综合分析】

应纳消费税＝(5 000×300＋5 500×200＋6 000×100＋6 000×20)×10%＝33.2(万元)，应纳增值税＝(5 000×300＋5 500×200＋6 000×100)/(300＋200＋100)＝5 533.33(元)，(5 000×300＋5 500×200＋6 000×100＋5 533.33×20)×17%＝562 813.32(元)

如果该企业按照当月的平均售价将这20辆摩托车先销售给甲企业，然后再用销货款购买原材料，则应纳消费税＝(5 000×300＋5 500×200＋6 000×100＋5533.33×20)×10%＝331 066.66(元)，可节税。

(四) 委托加工消费品的筹划

对委托加工应税消费品定义的理解很重要，应注意以下几点：

1. 明确区分什么是委托加工应税消费品，什么不是委托加工应税消费品。确定区分的条件，就是由委托方提供原料和主要材料，受托方只收取加工费和代垫部分辅助材料；无论是委托方还是受托方凡不符合规定条件的，都不是委托加工应税消费品的形式。

2. 为什么要对委托加工应税消费品规定严格的限定条件呢？委托加工应税消费品是由受托方代收代缴消费税的，且受托方只就其加工劳务缴纳增值税。如果委托方不能提供原料和主要材料，而是受托方以某种形式提供原料，就不是税法所认定的委托加工形式，而是受托方销售自制的应税消费品，就会出现受托方确定计税价格偏低、代收代缴消费税不真实的现象；同时受托方也只以加工劳务缴纳增值税，逃避了自制应税消费品要缴纳增值税和消费税的责任，这是税法所不允许的避税行为。

3. 不属于委托加工的应税消费品如何缴纳消费税呢？税法规定应当按照销售自制应税消费品缴纳消费税。也就是说，应确定由受托方按销售自制消费品缴纳消费税。这体现了税收管理的源泉控制原则，避免了税源的流失。

4. 委托加工的应税消费品收回后直接出售，按不高于受托方的计税价格，否则按差额补税。这是在2013年9月1日后才施行的，所以选择委托加工后直接销售的应税消费品还是选

择自行生产后再销售的应税消费品来说，尤其要注意这点。

【案例 4-14】 某首饰厂外购宝石坯，价值为 10 000 元，该厂将这批宝石委托 A 宝石厂加工抛光打磨后收回，共支付加工费 4 000 元，A 厂同类消费品的售价为 32 000 元。然后该首饰厂将收回的宝石出售，共取得销售款 30 000 元(以上价格均不含税，消费税税率 10%)，该厂应缴纳多少消费税？如果该厂采取自己磨制加工，发生的相关费用支出和委托加工加工费一样，问该厂应纳消费税是多少？哪种方式有利？

【综合分析】

委托加工方式：

受托方代收代缴的消费税为(10 000+4 000)÷(1−10%)×10%=1 555.56(元)。

自行生产方式：

应纳消费税为 30 000×10%=3 000(元)。

因此在成本和售价相同，且销售售价没有高于受托方计税价格的情况下，采取委托加工方式下可以节省消费税 1 444.44 元。

(五) 已纳消费税税额扣除的计算

1. 外购已税消费品税额扣除

对自己不生产，只是购进后再销售应税消费品的工业企业：(1) 符合可抵扣的范围；(2) 取得可抵扣的合法凭证，在进货渠道选择上尽量从一般纳税人处进货，获取增值税专用发票；(3) 准予扣除外购应税消费品已纳消费税税额的计算方法；(4) 在零售环节纳税的金银(2003 年 5 月 1 日起含铂金)首饰、钻石、钻石饰品不得抵扣外购珠宝玉石的已纳税款。

【案例 4-15】 恒远公司是生产销售珠宝玉石的，该公司自己并不生产应税消费品，而是外购珠宝玉石后，经过简单的组合或加工，再销售出去，某月该公司发生如下业务：

1. 从 A 公司购进价值 50 万元的珠宝玉石，该公司月初库存的外购珠宝玉石价值 10 万元，月末库存的外购珠宝玉石价值 30 万元。

2. 销售珠宝玉石 45 万元，货款已收讫(税率 10%)。

该公司报税员申报当月应纳消费税为 45×10%−(50+10−30)×10%=1.5(万元)

问该公司消费税应纳税额的计算是否正确？

【综合分析】

正确。国家税务总局国税发〔1997〕84 号通知规定：对自己不生产应税消费品，而只是购进后再销售应税消费品的工业企业，其销售的粮食白酒、薯类白酒、酒精、化妆品、护肤护发品、鞭炮焰火和珠宝玉石，凡不能构成最终消费品直接进入消费市场，而需进一步生产加工的，如需进一步加浆降度的白酒和食用酒精，需进行调香、调味和勾兑的白酒，需进行深加工、包装、贴标、组合的珠宝玉石、化妆品、酒、鞭炮焰火等，应当征收消费税，同时允许扣除上述外购应税消费品的并纳税款。

2. 委托加工收回的已税消费品税额扣除

(1) 允许抵扣税额的税目从大类上看不包括酒类、小汽车、高档手表、游艇。从允许抵扣项目的子目上看不包括雪茄烟、汽油、柴油、溶剂油、航空煤油、燃料油。

(2)生产应税消费品应按当期生产领用量扣除委托加工收回的应税消费品已纳消费税税款。

【案例 4-16】 酒类产品加工方式不同税负的比较(暂不考虑增值税):

方案一:委托加工成散装白酒,收回后灌装成瓶装白酒。A 酒厂委托 B 酒厂将一批价值 100 万元的粮食加工成散装白酒,加工协议中约定加工费 50 万元。加工的白酒(50 万千克)运回 A 厂后继续加工成瓶装白酒,加工成本、分摊费用共计 25 万元,该批白酒全部售出取得不含税的售价是 500 万元。

方案二:直接委托加工成瓶装白酒后收回,A 酒厂不再继续加工,直接对外销售,取得不含税的售价是 500 万元。如(1) 粮食成本不变,支付加工费 75 万元。

方案三:自行加工完毕后销售,成本和售价都不变。

请为 A 酒厂这三种方式选择出最有利的?

【综合分析】

方案一:A 酒厂支付代扣代缴的消费税、城市维护建设税和教育费附加=100×(1+7%+3%)=110(万元)

A 酒厂收回后销售,应纳消费税、城市维护建设税和教育费附加=500×20%+50×2×0.5×(1+7%+3%)=165(万元)

A 酒厂税后利润=(500-100-50-110-25-165)×(1-25%)=37.5(万元)

方案二:A 酒厂支付代扣代缴的消费税=城市维护建设税、教育费附加=106.25×(7%+3%)=10.625(万元)

A 酒厂收回后销售,取得售价高于组价的,应纳消费税=500×20%+50×2×0.5-106.25=43.75(万元)

应纳城市维护建设税和教育费附加=43.75×(7%+3%)=4.375(万元)

税后利润=(500-100-75-106.25-10.625-43.75-4.375)×(1-25%)=35.625(万元)

方案三:自行加工完毕后销售,应纳消费税、城市维护建设税和教育费附加=500×20%+50×2×0.5×(1+7%+3%)=165(万元)

税后利润=(500-100-75-165)×(1-25%)=120(万元)

通过计算可以看出方案三利润最大。原因在于委托加工的酒类所代扣代缴的消费税不能扣除,且委托加工收回后直接对外销售的,委托方以高于受托方的计税价格出售的,不属于直接出售,需按照规定申报缴纳消费税,在计税时准予扣除受托方已代收代缴的消费税。故提高了这两种加工方式的税负。

第四节 消费税征收管理与税收优惠政策的筹划

一、纳税义务发生时间的筹划

《消费税暂行条例》规定:纳税人生产的应税消费品于销售时纳税,进口消费品应当于应税消费品报关进口环节纳税。

《消费税暂行条例实施细则》规定:消费税纳税义务发生的时间,以货款结算方式或行为发生时间分别确定。

1. 纳税人销售的应税消费品,其纳税义务的发生时间如下:

(1) 纳税人采取赊销和分期收款结算方式的,其纳税义务的发生时间,为销售合同规定的收款日期的当天。

(2) 纳税人采取预收货款结算方式的,其纳税义务的发生时间,为发出应税消费品的当天。

(3) 纳税人采取托收承付和委托银行收款方式销售的应税消费品,其纳税义务的发生时间,为发出应税消费品并办妥托收手续的当天。

(4) 纳税人采取其他结算方式的,其纳税义务的发生时间,为收讫销售款或者取得索取销售款的凭据的当天。

2. 纳税人自产自用的应税消费品,其纳税义务的发生时间,为移送使用的当天。

3. 纳税人委托加工的应税消费品,其纳税义务的发生时间,为纳税人提货的当天。

4. 纳税人进口的应税消费品,其纳税义务的发生时间,为报关进口的当天。

二、纳税期限的筹划

《消费税暂行条例》规定:消费税的纳税期限分别为1日、3日、5日、10日、15日、1个月或者1个季度。纳税人的具体纳税期限,由主管税务机关根据纳税人应纳税额的大小分别核定;不能按照固定期限纳税的,可以按次纳税。

纳税人以1个月或者1个季度为1个纳税期的,自期满之日起15日内申报纳税;以1日、3日、5日、10日或者15日为1个纳税期激,自期满之日起5日内预缴税款,于次月1日起至15日内申报纳税并结清上月应纳税款。

纳税人进口应税消费品,应当自海关填发海关进口消费税专用缴款书之日起15日内缴纳税款。

如果纳税人不能按照规定的纳税期限依法纳税,将按《税收征收管理法》的有关规定处理。

三、筹划思路与演练

(一) 纳税义务发生时间的筹划

结算方式不同,纳税义务的发生时间也不同。虽然对于整个结算期间来说,所缴纳的税款是相同的,但是由于缴纳税款的时间不同,货币的时间价值不同,企业所获得的经济利益也不同,企业可通过选择结算方式来进行纳税筹划,获取资金的时间价值。

【案例4-17】 日丽化妆品有限公司本年发生如下销售业务:

(1) 3月10日销售给A商场一批化妆品,销售合同约定:销售金额为300万元,货物于3月10日、6月10日、9月10日分三次发给商场(每次发100万元货),货款于每次货物发出后两个月内支付。公司会计在3月底将300万元销售额计缴了消费税。

(2) 9月20日B公司向日丽化妆品有限公司定制一批化妆品,销售合同中约定销售价格为100万元,由于是定制款要一定的时间生产,约定货物在明年的1月10日前发出。但货款在9月20日签订销售合同时付清。公司的会计在9月底将100万元销售额计缴了消费税。

【综合分析】

由于公司销售人员不熟悉经济合同书立对税收的影响,财务人员对涉税事项又很谨慎,因而在业务尚未完结就已经缴纳了税款,使企业资金占压严重。具体分析如下:合同中没有明确销售方式,财会人员对其按直接销售做了税务处理。如果是在书立销售合同时,将此笔业务明确为"分期收款结算方式销售"业务,那么这笔销售收入的纳税义务发生时间就可以向后推迟,分别为3月、6月和9月底，为企业争取了资金时间价值。

（二）纳税期限的筹划

纳税人按期纳税，是不会被加收滞纳金的。同样合法纳税，在时间的安排上有的对企业有利，有的对企业不利。纳税人在合法的期限内尽量推迟纳税时间，不但可以加速资金周转，而且可以获取一定的利息收入。在利用纳税期限进行纳税筹划时，一般做法是：在纳税期内尽可能推迟纳税，并根据申报和纳税期限的改变按期合理调度税金，避免资金的闲置，以保证流动资金得到最佳利用。

【案例4－18】 按照规定，1日、3日、5日、10日或15日为一期的纳税人，应在纳税期满后5日内预缴税款。经主管税务机关核定飞腾汽车厂以5日为一期纳税，按上月应纳税额预缴，月度终了后申报纳税，结清本月税额。某年某月该汽车厂应纳消费税12 000 000元，飞腾汽车厂如何进行消费税纳税筹划？

【综合分析】

该汽车厂与税务机关沟通协商，在保证不少缴税款的前提下改为1个月为一期纳税，那么可在下月15日前申报纳税。这样可以避免月初现金的大量流出，从而利用这段时间货币的时间价值。

（三）消费税的税收优惠政策

财税〔2000〕26号《财政部 国家税务总局关于对低污染排放小汽车减征消费税的通知》规定，对生产销售达到低污染排放限值的小轿车、越野车和小客车减征30%的消费税。计算公式为：

$$减征税额=按法定税率计算的消费税额\times 30\%$$

$$应征税额=按法定税率计算的消费税额-减征税额$$

低污染排放限值，相当于欧盟指令94/12/EC、96/69/EC排放标准（简称“欧洲Ⅱ号标准”）。生产小汽车厂商尽量使产品更新升级，创造条件使小汽车达到低污染排放限值，享受税收优惠政策。

【案例4－19】 吉星汽车厂生产各类排量小汽车，之前由于设备和技术陈旧，生产小汽车没有达到国家规定的低污染排放限值，故企业获利不高。

【综合分析】

该汽车厂向主管税务机关咨询相关政策后，改进生产技术和设备，经有关部门检测后达到了规定的低污染排放限值。汽车生产企业向税务机关提出申请获得了减征消费税。

课后习题

1. 新星酒厂既生产粮食白酒，又生产药酒，还生产上述两类酒的小瓶装礼品套装。10月份，该厂对外销售粮食白酒18 000瓶，不含增值税价格30元/瓶，每瓶一斤装；销售药酒10 000瓶，不含增值税价格60元/瓶，每瓶一斤装；销售套装酒1 000套，不含增值税价格150元/套，其中白酒 3 瓶、药酒 3 瓶，均为半斤装。要求：(1) 分别计算三类酒单独核算和不单独核算情况下各自应缴纳的消费税；(2) 分析(1) 计算结果差异的原因。

2. 红叶卷烟厂是一大型卷烟生产企业。今年 9 月接到一笔 7 000 万元、共 540 标准箱的卷烟生产订单。如何生产这批产品，公司高层管理有三种不同意见：一是自行加工，红叶卷烟厂将购入的价值 1 000 万元的烟叶自行加工成卷烟。加工成本、分摊费用共计 1 700 万元，售价 7 000 万元；二是委托其他企业将烟叶加工成烟丝，收回后本企业再进一步加工成卷烟。委托某企业将价值 1 000 万元的烟叶加工成烟丝，协议规定加工费 680 万元(委托方没有同类商品售价)，加工的烟丝运回本企业后，继续生产成卷烟，加工成本、分摊费用共计 1 020 万元，该批卷烟售出价格 7 000 万元；三是全部生产流程委托其他企业加工，收回后直接销售给客户。红叶卷烟厂提供烟叶价值 1 000 元，支付加工费 1 700 万元，加工数量为 540 标准箱，加工完毕，运回卷烟厂后直接销售，对外价格仍然为 7 000 万元。

三种方案，哪一个可为企业带来最大税后利益呢？(增值税、印花税不计)

第五章　企业所得税的纳税筹划

本章要点

通过对本章的学习了解企业所得税基本的税收规定，掌握企业所得税纳税义务人筹划，收入、扣除项目、税率、税收优惠等各种纳税筹划的方法。

第一节　企业所得税纳税义务人的筹划

一、居民企业及其税收政策

在中华人民共和国境内，企业和其他取得收入的组织（以下统称企业）为企业所得税的纳税人，依照本法的规定缴纳企业所得税。个人独资企业、合伙企业（指依照中国法律、行政法规成立的）不适用本法。

（一）居民企业概念

企业分为居民企业和非居民企业。居民企业，是指依法在中国境内成立，或者依照外国（地区）法律成立但实际管理机构在中国境内的企业。居民企业分为两大类：一类是依照中国法律、行政法规在中国境内成立的企业、事业单位、社会团体及其他取得收入的组织；另一类是依照外国法律成立的企业和其他取得收入的组织。

依照外国法律成立的居民企业，必须具备其实际管理机构在中国境内的条件。"实际管理机构"是指对企业的生产经营、人员、账务、财产等实施实质性全面管理和控制的机构。实际管理机构的认定，涉及 4 个核心要素（即生产经营、人员、财务、财产）和一个关键认定标准，即全面管理和控制。

（二）境外注册中资控股居民企业

《关于境外注册中资控股企业依据实际管理机构标准认定为居民企业有关问题的通知》（国税发〔2009〕82 号）规定：境外中资企业是指由中国境内的企业或企业集团作为主要控股投资者，在境外依据外国（地区）法律注册成立的企业。境外中资企业同时符合以下条件的，根据相关规定，应判定其为实际管理机构在中国境内的居民企业，并实施相应的税收管理，就其来源于中国境内、境外的所得征收企业所得税。

① 企业负责实施日常生产经营管理运作的高层管理人员及其高层管理部门履行职责的

场所主要位于中国境内；

② 企业的财务决策(如借款、放款、融资、财务风险管理等)和人事决策(如任命、解聘和薪酬等)由位于中国境内的机构或人员决定，或需要得到位于中国境内的机构或人员批准；

③ 企业的主要财产、会计账簿、公司印章、董事会和股东会议纪要档案等位于或存放于中国境内；

④ 企业 1/2(含 1/2)以上有投票权的董事或高层管理人员经常居住于中国境内。

(三) 居民企业的纳税义务

居民企业承担全面的纳税义务，即应就其来源于中国境内、境外的所得向中国政府交纳企业所得税。上述“所得”包括销售货物、提供劳务、转让财产、利息、租金、特许权使用费、接受捐赠、股息红利等权益性所得和其他所得。

(四) 公司制企业的税收政策

公司制企业是法人实体，有独立的法人财产，享有法人财产权。公司需以其全部财产对自己的债务承担有限责任。公司制企业一般分为股份有限公司和有限责任公司两大类。除此之外，还有两种特殊形式的有限责任公司，即一人有限公司和国有独资公司。

我国税法规定，公司制形式的居民企业，应对其实现的利润总额作出纳税调整后按 25%的法定税率缴纳企业所得税。如果公司制居民企业向自然人投资者分配股利或红利，应按20%的税率代扣代缴投资者个人股息红利所得的个人所得税。投资于国内居民企业的自然人股东，其获得的股息红利所得，按持股时间的不同，实施差别化征税政策，上述所得统一适用20%的税率计征个人所得税。

《关于上市公司股息红利差别化个人所得税政策有关问题的通知》(财税〔2015〕101 号文)规定，自 2015 年 9 月 8 日起，个人从公开发行和转让市场取得的上市公司股票，持股期限超过 1 年的，股息红利所得暂免征收个人所得税；持股期限在 1 个月以内(含 1 个月)的，其股息红利所得全额计入应纳税所得额；持股期限在 1 个月以上至 1 年(含 1 年)的，暂减按 50%计入应纳税所得额；上述所得统一适用 20%的税率计征个人所得税。全国中小企业股份转让系统挂牌公司股息红利差别化个人所得税政策，按照本通知规定执行。之前财税〔2012〕85 号有不同规定，自 2013 年 1 月 1 日至 2015 年 9 月 7 日，个人从公开发行和转让市场取得的上市公司股票，持股期限超过 1 年的，暂减按 25%计入应纳税所得额；上述所得统一适用 20%的税率计征个人所得税。所称上市公司，是指在上海证券交易所、深圳证券交易所挂牌交易的上市公司；持股期限，是指个人从公开发行和转让市场取得上市公司股票之日至转让交割该股票之日前一日的持有时间。

《财政部、国家税务总局关于将国家自主创新示范区有关税收试点政策推广到全国范围实施的通知》(财税〔2015〕116 号)第三条规定，个人股东获得转增的股本，应按照“利息、股息、红利所得”项目，适用 20%税率征收个人所得税。自 2016 年 1 月 1 日起，全国范围内的中小高新技术企业以未分配利润、盈余公积、资本公积向个人股东转增股本时，个人股东一次缴纳个人所得税确有困难的，可根据实际情况自行制定分期缴税计划，在不超过 5 个公历年度内(含)分期缴纳，并将有关资料报主管税务机关备案。也就是说，自然人股东获得企业不论用资本公积还是留存收益转增的资本或股本，均视为股息、红利所得，均征收个人所得税。只是自然人股东获得中小高新技术企业转增资本或股本的股息红利所得，可以分期纳税，取得其他企业的股票股利不可以分期纳税。

仅考虑税收负担一方面，公司形式以股份有限公司为佳。其原因有二：一是有利于降低自然人股东的税负；二是世界各国税法中鼓励投资的有关税收减免条款一般针对股份有限公司。

二、非居民企业及其税收政策

（一）非居民企业的概念

非居民企业，是指依照外国（地区）法律成立且实际管理机构不在中国境内，但在中国境内设立机构、场所的，或者在中国境内未设立机构、场所，但有来源于中国境内所得的企业。

上述所称机构、场所，是指在中国境内从事生产经营活动的机构、场所，包括以下几类形式：

1. 管理机构、营业机构、办事机构

管理机构，是指对企业生产经营活动进行管理决策的机构。营业机构，是指企业开展日常生产经营活动的固定场所，如商场等。办事机构，是指企业在当地设立的从事联络和宣传等活动的机构，如外国企业为开拓中国市场设立的代表处，为企业进入中国市场进行调查和宣传等工作。

2. 工厂、农场、开采自然资源的场所

工厂是工业企业进行生产经营活动的场所，如厂房、车间所在地。农场是企业从事农业、牧业等生产经营的场所。开采资源的场所，是指采掘业的生产经营活动场所，如矿山、油田等。

3. 提供劳务的场所

包括从事交通运输、仓储租赁、咨询经纪、科学研究、技术服务、教育培训、餐饮住宿、中介代理、旅游、娱乐、加工以及其他劳务服务活动的场所。

4. 从事建筑、安装、装配、修理、勘探等工程作业的场所

包括建筑工地、港口码头、地质勘探场地等工程作业场所。

5. 其他从事生产经营活动的机构、场所

6. 非居民企业委托营业代理人在中国境内从事生产经营活动的

包括委托单位或者个人经常代其签订合同，或者储存、交付货物等，该营业代理人视为非居民企业在中国境内设立的机构、场所。

（二）非居民企业的纳税义务及其税收政策

非居民企业承担有限的纳税义务，应就其来源于中国境内或者有来源于境外且与其中国境内机构、场所有实际联系的所得，向中国政府交纳企业所得税。

（三）非居民企业的税收政策

非居民企业税收政策，具体区分为两类：

1. 在中国境内未设立机构、场所的，或者虽设立机构、场所但取得的所得与其所设机构、

场所没有实际联系的，承担有限的纳税义务，仅就其来源于中国境内的所得缴纳企业所得税。

2. 在中国境内设立有机构、场所的，承担准全面的纳税义务，应当就其所设机构、场所取得的来源于中国境内的所得，以及来源于中国境外但与其所设机构、场所有实际联系的所得，缴纳企业所得税。上述“实际联系”，是指非居民企业在中国境内设立的机构、场所拥有据以取得所得的股权、债权及拥有、管理、控制据以取得所得的财产等。

非居民企业税收政策及税率适用相对复杂，下面通过表格的形式分析非居民企业的税率适用(见表 5-1)。

表 5-1 非居民企业税率适用分析表

境内设有机构、场所的	境内、境外有联系的所得:25%
	境内无联系的所得:10%
	境外无联系的所得:不纳税
境内无机构、场所的	有境内所得:10%
	无境内所得:不纳税

综上可见，居民企业和非居民企业纳税人的划分，对纳税主体的税收实践会产生深远影响。

三、母子公司与总分公司

根据公司法有关规定，子公司和母公司均具有法人资格，依法独立承担民事责任；分公司不具有法人资格，其民事责任由总公司承担。两者在很多方面都存在较大差别，下面着重分析其税收政策。

(一) 子公司是独立纳税人

子公司，亦称作附属公司，是指一定数额的股份被另一公司控制或依照协议被另一公司实际控制、支配的公司。

子公司具有独立法人资格，拥有自己所有的财产，自己的公司名称、章程和董事会，以自己的名义开展经营活动、从事各类民事活动，独立承担公司行为所带来的一切后果和责任。子公司在法律上与母公司是相互独立的，但在经济上又与母公司存在着被控制与控制的关系，如财产权和经营权均由母公司拥有并控制，涉及公司利益的重大决策或重大人事安排，仍要由母公司决定。

在税收政策上，由于子公司的独立法人资格，一般视为一国税收上的居民企业，承担全面的纳税义务；同时也能享受所在国给予的税收优惠政策。但建立子公司的手续一般都很复杂，财务制度较为严格，必须设置账簿进行独立核算，并需要相关的审计和证明，经营亏损不能冲抵母公司的盈利，与母公司间的交易往往是各国税务机关反避税审查的重点内容。

(二) 分公司是非独立纳税人

分公司，是指在业务、资金、人事等方面受总公司管辖而不具有法人资格的分支机构，如分厂、分店等。分公司在法律上、经济上没有独立性，财务上属于非独立核算，仅仅是总公司的附属机构。分公司没有自己的名称、章程，没有自己的财产，并以总公司的资产对分公司的债务承担法律责任。

根据我国税法规定，居民企业在中国境内设立不具有法人资格的营业机构，应当汇总计算缴纳企业所得税。可见，法人所得税制要求总、分公司汇总计算缴纳企业所得税。因此，设立不具有法人资格的分支机构，可以实现总、分公司之间盈亏互抵，合理减轻税收负担。

《〈跨省市总分机构企业所得税分配及预算管理办法〉的通知》（财预〔2012〕40 号）规定，属于中央与地方共享范围的跨省市总分机构企业缴纳的企业所得税，按照统一规范、兼顾总机构和分支机构所在地利益的原则，实行"统一计算、分级管理、就地预缴、汇总清算、财政调库"的处理办法，总分机构统一计算的当期应纳税额的地方分享部分中，25％由总机构所在地分享，50％由各分支机构所在地分享，25％按一定比例在各地间进行分配。统一计算，是指居民企业应统一计算包括各个不具有法人资格营业机构在内的企业全部应纳税所得额、应纳税额。总机构和分支机构适用税率不一致的，应分别按适用税率计算应纳所得税额。分级管理，是指居民企业总机构、分支机构，分别由所在地主管税务机关属地进行监督和管理。就地预缴，是指居民企业总机构、分支机构，应按本办法规定的比例分别就地按月或者按季向所在地主管税务机关申报、预缴企业所得税。

汇总清算，是指在年度终了后，总分机构企业根据统一计算的年度应纳税所得额、应纳所得税额，抵减总机构、分支机构当年已就地分期预缴的企业所得税款后，多退少补。财政调库，是指财政部定期将缴入中央总金库的跨省市总分机构企业所得税待分配收入，按照核定的系数调整至地方国库。

跨省市总分机构企业是指跨省（自治区、直辖市和计划单列市，下同）设立不具有法人资格分支机构的居民企业。总机构和具有主体生产经营职能的二级分支机构就地预缴企业所得税。三级及三级以下分支机构，其营业收入、职工薪酬和资产总额等统一并入二级分支机构计算。按照现行财政体制的规定，国有邮政企业（包括中国邮政集团公司及其控股公司和直属单位）、中国工商银行股份有限公司、中国农业银行股份有限公司、中国银行股份有限公司、国家开发银行股份有限公司、中国农业发展银行、中国进出口银行、中国投资有限责任公司、中国建设银行股份有限公司、中国建银投资有限责任公司、中国信达资产管理股份有限公司、中国石油天然气股份有限公司、中国石油化工股份有限公司、海洋石油天然气企业[包括中国海洋石油总公司、中海石油（中国）有限公司、中海油田服务股份有限公司、海洋石油工程股份有限公司]、中国长江电力股份有限公司等企业总分机构缴纳的企业所得税（包括滞纳金、罚款收入）为中央收入，全额上缴中央国库，不实行本办法。不具有主体生产经营职能且在当地不缴纳营业税、增值税的产品售后服务、内部研发、仓储等企业内部辅助性的二级分支机构以及上年度符合条件的小型微利企业及其分支机构，不实行本办法。居民企业在中国境外设立不具有法人资格分支机构的，按本办法计算有关分期预缴企业所得税时，其应纳税所得额、应纳所得税额及分摊因素数额，均不包括其境外分支机构。

分支机构分摊预缴税款。总机构在每月或每季终了之日起十日内，按照上年度各省市分支机构的营业收入、职工薪酬和资产总额三个因素，将统一计算的企业当期应纳税额的 50％在各分支机构之间进行分摊（总机构所在省市同时设有分支机构的，同样按三个因素分摊），各分支机构根据分摊税款就地办理缴库，所缴纳税款收入由中央与分支机构所在地按 60：40 分享。分摊时三个因素权重依次为 0.35、0.35 和 0.3。当年新设立的分支机构第二年起参与分摊；当年撤销的分支机构自办理注销税务登记之日起不参与分摊。但是，该文件还规定了八种不就地预缴税款的分支机构：① 垂直管理的中央类企业。如铁路运输企业（包括广铁集团和大秦铁路公司）、国有邮政企业、中国工商银行股份有限公司、中国农业银行、中国银行股份有限公司、国家开发银行、中国农业发展银行、中国进出口银行、中央汇金投资有限责任公司、中国建设银行股份有限公司、中国建银投资有限责任公司、中国石油天然气股份有限公司、中国石油化工股份有限公司以及海洋石油天然气企业（包括港澳台和外商投资、外国海上石油天然气企业）等缴纳所得税未纳入中央和地方分享范围的企业。② 三级及以下分支机构不就地预缴企业所得税，其经营收入、职工工资和资产总额统一计入二级分支机构。③ 不具备独立生产经营职能的部门，或者具有独立生产经营的职能部门与管理职能部门的经营收入、职工工资和资产总额不能分开核算的，具有独立生产经营职能的部门不得视同一个分支机构，不就地预缴企业所得税。④ 不具有主体生产经营职能，且在当地不缴纳增值税、营业税的产品售后服务、内部研发、仓储等企业内部辅助性的二级及以下分支机构，不就地预缴企业所得税。⑤ 上年度认定为小型微利企业的，其分支机构不就地预缴企业所得税。⑥ 新设立的分支机构，设立当年不就地预缴企业所得税。⑦ 撤销的分支机构，撤销当年剩余期限内应分摊的企业所得税款由总机构缴入中央国库。⑧ 企业在中国境外设立的不具有法人资格的营业机构，不就地预缴企业所得税。

四、筹划思路与演练

企业在成立或设立分支机构时，应考虑其组织形式与税负之间的关系。因为不同的企业组织形式，存在不同的纳税主体身份，所面临的税收政策也不同，相应的税负也不同。

企业组织形式大致可以分为三类：个人独资企业、合伙企业和公司制企业。根据财税〔2000〕91 号文件规定，从 2000 年起，个人独资企业、合伙企业所得比照个体工商户的生产、经营所得，适用五级超额累进税率（见表 5－2），仅征个人所得税。公司制企业缴纳 25%的企业所得税，其若向自然人投资者分配股息、红利，须代扣代缴个人股东 20%的个人所得税。

表 5－2　个体工商户的生产、经营所得适用的税率和速算扣除数表

级数	全年含税应纳税所得额	税率%	速算扣除数(元)
1	不超过 15 000 元的	5	0
2	超过 15 000 元至 30 000 元的部分	10	750
3	超过 30 000 元至 60 000 元的部分	20	3 750
4	超过 60 000 元至 100 000 元的部分	30	9 750
5	超过 100 000 元的部分	35	14 750

注：本表所称全年应纳税所得额是指依照本法第六条的规定，以每一纳税年度的收入总额减除成本、费用以及损失后的余额

从表 5－2 分析，个体工商户的应税所得额为 6 万元时，其边际税率为 20%，由于其适用的是累进税率，其实际税率应为 13.75%[(60 000×20%－3 750)÷60 000×100%]；应税所得额为 10 万元时，边际税率为 30%，其实际税率为 20.25%（计算方法同上）；应税所得额为 20 万元时，边际税率为 35%，实际税率为 27.625%。而公司制企业适用 25%的企业所得税税率。公司制企业在向自然人股东分配股息、红利时，须代扣代缴个人股东 20%的个税。可见，从企

业所得税这一角度考虑，年应税所得在10万元以下的，同等盈利水平下，个体工商户税负较轻。值得说明的是，企业所得税中有很多优惠税率，不同行业或不同区域的企业可能执行10％、15％或20％的优惠税率，同等盈利水平下，比较公司制企业和个体工商户的税负就有所不同。

（一）纳税人主体身份的选择

筹划思路中，首先，从总体税负角度来讲，个人独资企业、合伙企业一般低于公司制企业。但是，在独资企业、合伙企业和公司制企业的决策中，要充分考虑税基、税率和优惠政策等多种因素和可能存在的各种风险，最终税负的高低是多种因素共同作用的结果，不能只考虑一种因素和风险。其次，居民纳税人和非居民纳税人的选择上，尽量达到作为非居民纳税人的条件，后者所承担的纳税义务是有限的。

【案例5-1】　中国海洋石油有限公司于1999年8月在香港注册成立，并于2001年2月27日和28日分别在纽约证券交易所（股票代码：CEO）和香港联合交易所（股票代码：0883）挂牌上市。注册地址：中国香港花园道一号中银大厦65层。请问：该公司是中国企业所得税的居民企业，还是非居民企业？纳税人身份的判定不同，会对该公司和相关法人股东的税负产生怎样的影响？

【综合分析】

按实际管理机构所在地的标准来认定，中国海洋石油有限公司为中国境内的居民企业。相应地，该企业负有全面的纳税义务，同时负有为其非居民企业股东代扣代缴企业所得税，为其自然人股东代扣代缴个人所得税的义务。即，其在向非居民企业股东派发股息、红利时，须代扣代缴10％的企业所得税；在向自然人股东派发股息、红利时，须代扣代缴20％的个人所得税。

【案例5-2】　某人欲在武汉自办企业，估计年应税所得额为500 000元，该如何选择企业的组织形式呢？

【综合分析】

若选择设立个人独资企业或合伙企业，应缴纳个人所得税，其税收负担＝500 000×35％－14 750＝160 250（元）；若选择设立公司制企业，应缴纳企业所得税。不同的筹资方式，其税收负担也不同，具体分析如下：

（1）若投资者均为企业法人，根据居民企业间直接投资的股息、红利所得免征企业所得税，其税收负担＝500 000×25％＝125 000（元）；（2）若投资者均为自然人，实现的税后利润若全部作为股利分配给投资者，根据政策规定，其税收负担＝500 000×25％＋500 000×（1－25％）×20％＝200 000（元）。

可见，选择企业具体组织形式时，应在综合权衡企业经营风险、经营规模、管理方式及筹资方式等因素的基础上，选择税负较小的组织形式。

（二）纳税人组织形式的选择

设立子公司与分公司的税收利益的高低并不是绝对的。它受一国税收制度、经营状况及企业内部利润分配政策等多种因素的限制。一般来说，投资初期分支机构发生亏损的可能性较大，采用分公司的组织形式，总分公司通过汇总纳税，盈亏可互抵。当公司进入稳定的盈利期后，采用子公司的组织形式，可以充分享受所在地的税收优惠政策。

【案例5-3】 某食品高新技术公司总部设在武汉，属于国家重点扶持的企业，企业所得税税率为15%。经测算，未来五年内，武汉总部的应税所得均为1 000万元。为扩大经营规模，准备在其他省份建立一家产品种植加工W企业，在选择W企业的组织形式时，总公司开始考虑相关的税负。

这个企业产品为鱼类，它是一种生产较慢的鱼，在新区域撒下鱼苗，达到初次具有商业价值的收获期需要4—5年。这样，W企业在开办初期会面临巨大亏损，但亏损会逐渐减少。经估计，W公司前四年的亏损额分别为：300万元、200万元、150万元、100万元，第五年开始盈利，盈利额为400万元。

W企业应选择建立全资子公司，还是选择建立分公司呢？

【综合分析】

选择建立子公司与分公司的税负分析如下：

若选择设立子公司，母子公司间的盈亏不可互抵，则前四年总部及其W子公司的应纳所得税总额为600万元(每年都为1 000×15%=150万元)。

若选择设立分公司，通过汇总纳税，总分公司间的盈亏可以互抵，则前四年总部及其W分公司的应纳所得税总额分别为105万元(1 000×15%-300×15%)、120万元(1 000×15%-200×15%)、127.5万元(1 000×15%-150×15%)、135万元(1 000×15%-100×15%)，前四年公司总体税负为487.5万元(105+120+127.5+135)。

通过税负分析，应选择建立分公司的形式，企业整体税负相对较低。

第二节　企业所得税计税依据的纳税筹划

一、应纳税所得额的计算

根据税法规定，企业应以权责发生制为原则，注重收入与费用的时间配比，要求企业收入费用的确认时间不得提前或滞后。企业在不同纳税期间享受的税收优惠政策，坚持权责发生制原则的前提下，可有效防止企业利用收入、费用支出确认时间的不同规避税收。

企业所得税的计税依据为应纳税所得额，即指纳税人在一个纳税年度的收入总额减除成本、费用和损失等后的余额。计算公式如下：

直接法：应纳税所得额=收入总额-不征税收入-免税收入-各项扣除金额
-允许弥补的以前年度亏损

上述公式中的数据均为税法规定口径的数据。税法规定的收入总额不同于会计规定的收入总额，税法规定的准予扣除项目金额也不同于会计成本、费用、税金和损失。上述公式能从理论上展示应纳税所得额的计算因素。

间接法：　　应纳税所得额 = 会计利润总额 ± 纳税调整项目金额

税收调整项目金额包括两方面的内容：

(1) 企业的财务会计处理和税收规定不一致的应予以调整的金额；

(2) 企业按税法规定准予扣除的金额。

二、收入项目

（一）收入的类型

企业的收入总额包括以货币形式和非货币形式从各种来源取得的收入，具体包括：销售货物收入，提供劳务收入，转让财产收入股息、红利等权益性投资收益，利息收入，租金收入，特许权使用费收入，接受捐赠收入，其他收入。

企业取得收入的货币形式包括现金、存款、应收账款、应收票据、准备持有至到期的债券投资以及债务的豁免等；纳税人以非货币形式取得的收入，包括固定资产、生物资产、无形资产、股权投资、存货、不准备持有至到期的债券投资、劳务以及有关权益等，这些非货币资产应当按照公允价值确定收入额，公允价值是指按照市场价格确定的价值。

收入总额中的下列收入为不征税收入：财政拨款；依法收取并纳入财政管理的行政事业性收费、政府性基金；国务院规定的其他不征税收入（即各类财政性资金）。上述不征税收入用于支出所形成的费用，不得在计算应纳税所得额时扣除；用于支出所形成的资产，其计算的折旧、摊销不得在计算应纳税所得额时扣除。

《财政部 国家税务总局关于财政性资金、行政事业性收费、政府性基金有关企业所得税政策问题的通知》（财税〔2008〕151 号）规定，企业取得的各类财政性资金，除属于国家投资和资金使用后要求归还本金的以外，均应计入企业当年收入总额；对企业取得的由国务院财政、税务主管部门规定专项用途并经国务院批准的财政性资金，准予作为不征税收入，在计算应纳税所得额时从收入总额中减除。本条所称财政性资金，是指企业取得的来源于政府及其有关部门的财政补助、补贴、贷款贴息，以及其他各类财政专项资金，包括直接减免的增值税和即征即退、先征后退、先征后返的各种税收，但不包括企业按规定取得的出口退税款；所称国家投资，是指国家以投资者身份投入企业，并按有关规定相应增加企业实收资本（股本）的直接投资。

《关于进一步鼓励软件产业和集成电路产业发展企业所得税政策的通知》（财税〔2012〕27 号）规定，符合条件的软件企业按照《财政部 国家税务总局关于软件产品增值税政策的通知》（财税〔2011〕100 号）规定取得的即征即退增值税款，由企业专项用于软件产品研发和扩大再生产并单独进行核算，可以作为不征税收入，在计算应纳税所得额时从收入总额中减除。

《国家税务总局关于发布〈企业政策性搬迁所得税管理办法〉的公告》（国家税务总局公告 2012 年第 40 号）规定，企业在搬迁期间发生的搬迁收入和搬迁支出，可以暂不计入当期应纳税所得额，而在完成搬迁的年度，对搬迁收入和支出进行汇总清算。

《财政部 国家税务总局关于专项用途财政性资金企业所得税处理问题的通知》（财税〔2011〕70 号）规定，自 2011 年 1 月 1 日起，企业从县级以上各级人民政府财政部门及其他部门取得的应计入收入总额的财政性资金，凡同时符合以下条件的，可以作为不征税收入，在计算应纳税所得额时从收入总额中减除：(1) 企业能够提供规定资金专项用途的资金拨付文件；(2) 财政部门或其他拨付资金的政府部门对该资金有专门的资金管理办法或具体管理要求；(3) 企业对该资金以及以该资金发生的支出单独进行核算。企业将符合条件的财政性资金作不征税收入处理后，在 5 年（60 个月）内未发生支出且未缴回财政部门或其他拨付资金的政府部门的部分，应计入取得该资金第六年的应税收入总额；计入应税收入总额的财政性资金发生的支出，允许在计算应纳税所得额时扣除。

《关于企业所得税应纳税所得额若干税务处理问题的公告》(国家税务总局公告 2012 年第 15 号)规定,企业取得的不征税收入,应按照《财政部 国家税务总局关于专项用途财政性资金企业所得税处理问题的通知》(财税〔2011〕70 号,以下简称《通知》)的规定进行处理。凡未按照《通知》规定进行管理的,应作为企业应税收入计入应纳税所得额,依法缴纳企业所得税。

收入总额中的下列收入为免税收入:国债利息收入;符合条件的居民企业之间的股息、红利等权益性投资收益;在中国境内设立机构、场所的非居民企业从居民企业取得与该机构、场所有实际联系的股息、红利等权益性投资收益;非营利公益组织的非营利收入。

《国家税务总局关于贯彻落实企业所得税法若干税收问题的通知》(国税函〔2010〕79 号)规定,企业取得的各项免税收入所对应的各项成本费用,除另有规定者外,可以在计算企业应纳税所得额时扣除。

(二) 收入确认时间

1. 股权收入转让

《关于贯彻落实企业所得税法若干税收问题的通知》(国税函〔2010〕第 79 号)规定,企业转让股权收入,应于转让协议生效且完成股权变更手续时,确认收入的实现;转让股权收入扣除为取得该股权所发生的成本后,为股权转让所得;企业在计算股权转让所得时,不得扣除被投资企业未分配利润等股东留存收益中按该项股权所可能分配的金额。

2. 股息、红利等权益性投资收益

《关于贯彻落实企业所得税法若干税收问题的通知》(国税函〔2010〕第 79 号)规定,企业权益性投资取得股息、红利等收入,应以被投资企业股东会或股东大会作出利润分配或转股决定的日期,确定收入的实现;被投资企业将股权(票)溢价所形成的资本公积转为股本的,不作为投资方企业的股息、红利收入,投资方企业也不得增加该项长期投资的计税基础。

3. 利息收入

利息收入,是指企业将资金提供给他人使用但不构成权益性投资,或者因他人占用本企业资金取得的收入包括存款利息、贷款利息、债券利息、欠款利息等收入。利息收入,按照合同约定的债务人应付利息的日期确认收入的实现。

4. 租金收入

租金收入,是指企业提供固定资产、包装物或者其他有形资产的使用权取得的收入。租金收入,按照合同约定的承租人应付租金的日期确认收入的实现。

《关于贯彻落实企业所得税法若干税收问题的通知》(国税函〔2010〕第 79 号)规定,如果交易合同或协议中规定租赁期限跨年度,且租金提前一次性支付的,根据《实施条例》第九条规定的收入与费用配比原则,出租人可对上述已确认的收入,在租赁期内,分期均匀计入相关年度收入。出租方如为在我国境内设有机构场所且据实申报缴纳企业所得的非居民企业,也按本条规定执行。

5. 特许权使用费收入

特许权使用费收入,是指企业提供专利权、非专利技术、商标权、著作权以及其他特许权的使用权取得的收入。特许权使用费收入,按照合同约定的特许权使用人应付特许权使用费的

日期确认收入的实现。

6. 接受捐赠收入

接受捐赠收入是指，企业接受的来自其他企业、组织或者个人无偿给予的货币性资产、非货币性资产。接受捐赠收入按照实际收到捐赠资产的日期确认收入的实现。

《国家税务总局关于企业所得税应纳税所得额若干问题的公告》(国家税务总局公告 2014 年第 29 号)规定，企业接收股东划入资产(包括股东赠予资产、上市公司在股权分置改革过程中接收原非流通股股东和新非流通股股东赠予的资产、股东放弃本企业的股权，下同)，凡合同、协议约定作为资本金(包括资本公积)且在会计上已做实际处理的，不计入企业的收入总额，企业应按公允价值确定该项资产的计税基础；企业接收股东划入资产，凡作为收入处理的，应按公允价值计入收入总额，计算缴纳企业所得税，同时按公允价值确定该项资产的计税基础。

7. 其他收入

其他收入是指，企业取得的除以上收入外的其他收入，包括企业资产溢余收入、逾期未退包装物押金收入、确实无法偿付的应付款项、已作坏账损失处理后又收回的应收款项、债务重组收入、补贴收入、违约金收入、汇兑收益等。

《关于贯彻落实企业所得税法若干税收问题的通知》(国税函〔2010〕第 79 号)规定，企业发生债务重组，应在债务重组合同或协议生效时确认收入的实现。《国家税务总局关于企业混合性投资业务企业所得税处理问题的公告》(国家税务总局公告 2013 年第 41 号)规定，自 2013 年 9 月 1 日起，企业混合性投资业务，对于被投资企业赎回的投资，投资双方应于赎回时将赎价与投资成本之间的差额确认为债务重组损益，分别计入当期应纳税所得额。混合性投资业务是指兼具权益和债权双重特性的投资业务。

《财政部 国家税务总局关于非货币性资产投资企业所得税政策问题的通知》(财税〔2014〕116 号)规定，自 2014 年 1 月 1 日起，企业以非货币性资产对外投资，应于投资协议生效并办理股权登记手续时，确认非货币性资产转让收入的实现；应对非货币性资产进行评估并按评估后的公允价值扣除计税基础后的余额，计算确认非货币性资产转让所得；企业以非货币性资产对外投资而取得被投资企业的股权，应以非货币性资产的原计税成本为计税基础，加上每年确认的非货币性资产转让所得，逐年进行调整；被投资企业取得非货币性资产的计税基础，应按非货币性资产的公允价值确定。

《国家税务总局关于非货币性资产投资企业所得税有关征管问题的公告》(国家税务总局公告 2015 年第 33 号)规定，关联企业之间发生的非货币性资产投资行为，投资协议生效后 12 个月内尚未完成股权变更登记手续的，于投资协议生效时，确认非货币性资产转让收入的实现；实行查账征收的居民企业以非货币性资产对外投资确认的非货币性资产转让所得，可自确认非货币性资产转让收入年度起不超过连续 5 个纳税年度的期间内，分期均匀计入相应年度的应纳税所得额，按规定计算缴纳企业所得税。

(三) 分期确认收入的项目

1. 以分期收款方式销售货物的，按照合同约定的收款日期确认收入的实现。

2. 企业受托加工制造大型机械设备、船舶、飞机，以及从事建筑、安装、装配工程业务或者提供其他劳务等持续时间超过12个月的按照纳税年度内完工进度或者完成的工作量确认收入的实现。

3. 企业提供跨纳税年度且金额较大的劳务，提供劳务交易的结果能够可靠估计的，应采用完工进度(完工百分比)法确认提供劳务收入。

下列提供劳务满足收入确认条件的，应按规定确认收入：① 安装费，应根据安装完工进度确认收入。安装工作是商品销售附带条件的，安装费在确认商品销售实现时确认收入。② 宣传媒介的收费，应在相关的广告或商业行为出现于公众面前时确认收入。广告的制作费，应根据制作广告的完工进度确认收入。③ 软件费，为特定客户开发软件的收费，应根据开发的完工进度确认收入。④ 服务费，包含在商品售价内可区分的服务费，在提供服务的期间分期确认收入。⑤ 艺术表演、招待宴会和其他特殊活动的收费，在相关活动发生时确认收入。收费涉及几项活动的，预收的款项应合理分配给每项活动，分别确认收入。⑥ 会员费，申请人会或加入会员，只允许取得会籍，所有其他服务或商品都要另行收费的，在取得该会员费时确认收入。申请人会或加入会员后，会员在会员期内不再付费就可得到各种服务或商品，或者以低于非会员的价格销售商品或提供服务的，该会员费应在整个受益期内分期确认收入。⑦ 特许权费，属于提供设备和其他有形资产的特许权费，在交付资产或转移资产所有权时确认收入；属于提供初始及后续服务的特许权费，在提供服务时确认收入。⑧ 劳务费，长期为客户提供重复的劳务收取的劳务费在相关劳务活动发生时确认收入。

(四) 收入实现的确认原则

企业销售收入的确认，必须遵循权责发生制原则和实质重于形式原则。

1. 企业销售商品同时满足下列条件的，应确认收入的实现：

① 商品销售合同已经签订，企业已将商品所有权相关的主要风险和报酬转移给购货方；

② 企业对已售出的商品既没有保留通常与所有权相联系的继续管理权，也没有实施有效控制；

③ 收入的金额能够可靠地计量；

④ 已发生或将发生的销售方的成本能够可靠地核算。

2. 符合上款收入确认条件，采取下列商品销售方式的，应按以下规定确认收入实现时间：

① 销售商品采用托收承付方式的，在办妥托收手续时确认收入。

② 销售商品采取预收款方式的，在发出商品时确认收入。

③ 销售商品需要安装和检验的，在购买方接受商品以及安装和检验完毕时确认收入。如果安装程序比较简单，可在发出商品时确认收入。

④ 销售商品采用支付手续费方式委托代销的，在收到代销清单时确认收入。

3. 采用售后回购方式销售商品的，销售的商品按售价确认收入，回购的商品作为购进商品处理。有证据表明不符合销售收入确认条件的，如以销售商品方式进行融资，收到的款项应确认为负债，回购价格大于原售价的，差额应在回购期间确认为利息费用。需要注意的是，售后回购不满足收入确认条件的，企业所得税不确认销售环节的收入，但增值税、营业税和土地增值税均会确认相关流转收入进行纳税。

4. 销售商品以旧换新的，销售商品应当按照销售商品收入确认条件确认收入，回收的商品作为购进商品处理。

5. 商业折扣

企业为促进商品销售而在价格上给予的价格优惠，应按照扣除商业折扣后的金额确定销售商品收入金额。现金折扣是指债权人为鼓励债务人在规定的期限内付款而向债务人提供的价格优惠；其应按扣除现金折扣前的金额确定销售商品收入金额，现金折扣在实际发生时计入财务费用。销售折让是指，企业因售出商品的质量不合格等原因而在售价上给予的减让；销售退回是指企业因售出商品质量、品种不符合要求等原因而发生的退货。企业已确认销售收入的售出商品发生销售折让和销售退回，应当在发生当期冲减当期销售商品收入。

6. 企业以买一赠一等方式组合销售本企业商品的，不属于捐赠，应将总的销售金额按各项商品的公允价值的比例来分摊确认各项的销售收入。

三、税前扣除项目

（一）税前允许扣除的项目

企业在生产经营活动中实际发生的与取得收入有关的、合理的支出，包括成本、费用、税金、损失和其他，准予在计算应纳税所得额时扣除。

企业发生的支出应当区分收益性支出和资本性支出。收益性支出在发生当期直接扣除；资本性支出应当分期扣除或者计入有关资产成本，不得在发生当期直接扣除。

1. 工资薪金支出

《关于企业所得税应纳税所得额若干税务处理问题的公告》（国家税务总局公告 2012 年第 15 号）规定：企业因雇用季节工、临时工、实习生及返聘离退休人员所实际发生的费用，应区分为工资薪金支出和职工福利费支出，并按《企业所得税法》规定在企业所得税前扣除；其中属于工资薪金支出的，准予计入企业工资薪金总额的基数，作为计算其他各项相关费用扣除的依据。

《国家税务总局关于企业工资薪金和职工福利费等支出税前扣除问题的公告》（国家税务总局公告 2015 年第 34 号）规定，列入企业员工工资薪金制度、固定与工资薪金一起发放的福利性补贴，符合《国家税务总局关于企业工资薪金及职工福利费扣除问题的通知》（国税函〔2009〕3 号）第一条规定的，可作为企业发生的工资薪金支出，按规定在税前扣除，不能同时符合上述条件的福利性补贴，应作为国税函〔2009〕3 号文件第三条规定的职工福利费，按规定计算限额税前扣除；企业接受外部劳务派遣用工所实际发生的费用，应分两种情况按规定在税前扣除：按照协议（合同）约定直接支付给劳务派遣公司的费用，应作为劳务费支出，直接支付给员工个人的费用，应作为工资薪金支出和职工福利费支出，其中属于工资薪金支出的费用，准予计入企业工资薪金总额的基数，作为计算其他各项相关费用扣除的依据；企业在年度汇算清缴结束前向员工实际支付的已预提汇缴年度工资薪金，准予在汇缴年度按规定扣除。

2. 社会保险费支出

《财政部、国家税务总局关于补充养老保险费、补充医疗保险费有关企业所得税政策问题的通知》（财税〔2009〕27 号）规定，自 2008 年 1 月 1 日起，企业根据国家有关政策规定，为在本企业任职或者受雇的全体员工支付的补充养老保险费、补充医疗保险费，分别在不超过职工工资总额 5%标准内的部分，在计算应纳税所得额时准予扣除；超过的部分，不予扣除。按照国家有关规定为特殊工种职工支付的人身安全保险费和国务院财政、税务主管部门规定可以扣除的其他商业保险费，可以扣除。

《财政部、国家税务总局、保监会关于开展商业健康保险个人所得税政策试点工作的通知》(财税〔2015〕56号)规定，对试点地区个人购买符合规定的商业健康保险产品的支出，允许在当年(月)计算应纳税所得额时予以税前扣除，扣除限额为2 400元/年(200元/月)。为确保商业健康保险个人所得税政策试点平稳实施，拟在各地选择一个中心城市开展试点工作。其中，北京、上海、天津、重庆四个直辖市全市试点，各省、自治区分别选择一个人口规模较大且具有较高综合管理能力的试点城市。

3. 职工福利费、工会经费和职工教育经费支出

不超过工资薪金总额14%、2%、2.5%的部分，准予扣除；超过部分，除职工教育经费准予在以后纳税年度结转扣除外，其他不得扣除。

《国家税务总局关于企业工资薪金及职工福利费扣除问题的通知》(国税函〔2009〕3号)规定，企业职工福利费包括以下内容：① 尚未实行分离办社会职能的企业，其内设福利部门所发生的设备、设施和人员费用，包括职工食堂、职工浴室、理发室、医务所、托儿所、疗养院等集体福利部门的设备、设施及维修保养费用和福利部门工作人员的工资薪金、社会保险费、住房公积金、劳务费等；② 为职工卫生保健、生活、住房、交通等所发放的各项补贴和非货币性福利，包括企业向职工发放的因公外地就医费用、未实行医疗统筹企业职工医疗费用、职工供养直系亲属医疗补贴、供暖费补贴、职工防暑降温费、职工困难补贴、救济费、职工食堂经费补贴、职工交通补贴等。③ 按照其他规定发生的其他职工福利费，包括丧葬补助费、抚恤费、安家费、探亲假路费等。

《关于企业加强职工福利费财务管理的通知》(财企〔2009〕242号)规定，企业为职工提供的交通、住房、通信待遇，已实行货币化改革的，按月按标准发放或支付的住房补贴、交通补贴或者车改补贴、通信补贴，应当纳入职工工资总额，不再纳入职工福利费管理；尚未实行货币化改革的，企业发生的相关支出作为职工福利费管理，但根据国家有关企业住房制度改革政策的统一规定，不得再为职工购建住房。

《国务院关于推进文化创意和设计服务与相关产业融合发展的若干意见》(国发〔2014〕10号)规定，文化创意和设计服务企业发生的职工教育经费支出，不超过工资薪金总额8%的部分，准予在计算应纳税所得额时扣除。

《财政部、国家税务总局、商务部、科技部、国家发展改革委关于完善技术先进型服务企业有关企业所得税政策问题的通知》(财税〔2014〕59号)规定，自2014年1月1日起至2018年12月31日止，在北京、天津、上海、重庆、大连、深圳、广州、武汉、哈尔滨、成都、南京、西安、济南、杭州、合肥、南昌、长沙、大庆、苏州、无锡、厦门等21个中国服务外包示范城市，经认定的技术先进型服务企业发生的职工教育经费支出，不超过工资薪金总额8%的部分，准予在计算应纳税所得额时扣除；超过部分，准予在以后纳税年度结转扣除。

《关于进一步鼓励软件产业和集成电路产业发展企业所得税政策的通知》(财税〔2012〕27号)规定，集成电路设计企业和符合条件软件企业的职工培训费用，应单独进行核算并按实际发生额在计算应纳税所得额时扣除。

4. 利息支出

向金融企业的借款利息支出，包括加息、罚息，据实扣除。向非金融企业的借款利息支出，

不超过按照金融企业同期同类贷款利率计算的数额部分，据实扣除，超过部分不得在发生当期和以后年度扣除。向关联企业借款的利息支出，不超过按照金融企业同期同类贷款利率和相关债资比例计算的数额部分，准予扣除，超过的部分不得在发生当期和以后年度扣除。其接受关联方债权性投资与其权益性投资比例为：金融企业 5∶1；其他企业 2∶1。

《国家税务总局关于企业所得税若干问题的公告》（国家税务总局公告 2011 年第 34 号）第一条规定，鉴于目前我国对金融企业利率要求的具体情况，企业在按照合同要求首次支付利息并进行税前扣除时，应提供"金融企业的同期同类贷款利率情况说明"，以证明其利息支出的合理性。"金融企业的同期同类贷款利率情况说明"中，应包括在签订该借款合同当时，本省任何一家金融企业提供同期同类贷款利率情况。该金融企业应为经政府有关部门批准成立的可以从事贷款业务的企业，包括银行、财务公司、信托公司等金融机构。"同期同类贷款利率"是指在贷款期限、贷款金额、贷款担保以及企业信誉等条件基本相同下，金融企业提供贷款的利率。既可以是金融企业公布的同期同类平均利率，也可以是金融企业对某些企业提供的实际贷款利率。

《国家税务总局关于企业混合性投资业务企业所得税处理问题的公告》（国家税务总局公告 2013 年第 41 号）规定，企业混合性投资业务，被投资企业支付的利息，应于应付利息的日期，确认利息支出，并按税法和《国家税务总局关于企业所得税若干问题的公告》（2011 年第 34 号）第一条的规定，进行税前扣除。

5. 业务招待费

企业业务招待费按照发生额的 60％扣除，但最高不得超过当年销售（营业）收入的 5‰。超标准部分，不能向以后纳税年度结转。当年销售（营业）收入，指年销售（营业）收入减除销售退回、销售折让和销项税额等各项支出后的收入，包括主营业务收入、其他业务收入和视同销售收入，不包括营业外收入、税收上应确定的其他收入。

《国家税务总局关于贯彻落实企业所得税法若干税收问题的通知》（国税函〔2010〕79 号）规定：从事股权投资业务的企业（包括集团公司总部、创业投资企业等），其从被投资企业所分配的股息、红利以及股权转让收入，可以按规定的比例计算业务招待费扣除限额。

《关于企业所得税应纳税所得额若干税务处理问题的公告》（国家税务总局公告 2012 年第 15 号）规定，筹建期间，企业发生的与筹办活动有关的业务招待费支出，可按实际发生额的 60％计入企业筹办费，并按国税函〔2009〕98 号的有关规定在税前扣除。

《国家税务总局关于印发〈房地产开发经营业务企业所得税处理办法〉的通知》（国税发〔2009〕31 号）规定，企业通过正式签订《房地产销售合同》或《房地产预售合同》所取得的收入，应确认为销售收入的实现。也就是说，房地产开发企业销售未完工开发产品确认的预售收入可以作为业务招待费和广告费税前扣除限额的基数。

6. 广告费和业务宣传费

企业发生的符合条件的广告费和业务宣传费支出，除国务院财政、税务主管部门另有规定外，不超过当年销售（营业）收入 15％的部分，准予扣除；超过部分，准予在以后纳税年度结转扣除。

《关于企业所得税应纳税所得额若干税务处理问题的公告》（国家税务总局公告 2012 年第 15 号）规定，筹建期间，企业发生的广告费和业务宣传费，可按实际发生额计入企业筹办费，并按国税函〔2009〕98号的有关规定在税前扣除。

《关于广告费和业务宣传费支出税前扣除政策的通知》(财税〔2012〕48号)规定:自2011年1月1日起至2015年12月31日止,化妆品制造与销售、医药制造和饮料制造(不含酒类制造,下同)企业发生的广告费和业务宣传费支出,不超过当年销售(营业)收入30%的部分,准予扣除;超过部分,准予在以后纳税年度结转扣除。对签约广告费和业务宣传费分摊协议(以下简称分摊协议)的关联企业,其中一方发生的不超过当年销售(营业)收入税前扣除限额比例内的广告费和业务宣传费支出可以在本企业扣除,也可以将其中的部分或全部按照分摊协议归集至另一方扣除。另一方在计算本企业广告费和业务宣传费支出企业所得税税前扣除限额时,可将按照上述办法归集至本企业的广告费和业务宣传费不计算在内。烟草企业的烟草广告费和业务宣传费支出,一律不得在计算应纳税所得额时扣除。

7. 劳动保护费

合理的劳动保护支出,是指确因特殊工作环境需要为雇员配备或提供工作服、手套、安全保护用品、防暑降温用品等所发生的支出。企业发生的合理的劳动保护支出,准予扣除。

《国家税务总局关于企业所得税若干问题的公告》(国家税务总局公告2011年第34号)第二条规定,企业根据其工作性质和特点,由企业统一制作并要求员工工作时统一着装所发生的工作服饰费用,根据《实施条例》第二十七条的规定,可以作为企业合理的支出给予税前扣除。

8. 公益性捐赠支出

在依照国家会计规定计算的年度会计利润总额12%及以内部分的部分,准予企业在计算应纳税所得额时扣除。公益性捐赠支出的条件须符合财税〔2010〕45号的要求。

《财政部 海关总署 国家税务总局关于支持玉树地震灾后恢复重建有关税收政策问题的通知》(财税〔2010〕59号)规定,关于鼓励社会各界支持抗震救灾和灾后恢复重建的税收政策:① 自2010年4月14日起,对单位和个体经营者将自产、委托加工或购买的货物通过公益性社会团体、县级以上人民政府及其部门捐赠给受灾地区的,免征增值税、城市维护建设税及教育费附加。② 自2010年4月14日起,对企业、个人通过公益性社会团体、县级以上人民政府及其部门向受灾地区的捐赠,允许在当年企业所得税前和当年个人所得税前全额扣除。③ 财产所有人将财产(物品)直接捐赠或通过公益性社会团体、县级以上人民政府及其部门捐赠给受灾地区或受灾居民所书立的产权转移书据,免征应缴纳的印花税。④ 对专项用于抗震救灾和灾后恢复重建、能够提供由县级以上(含县级)人民政府或其授权单位出具的抗震救灾证明的新购特种车辆,免征车辆购置税。符合免税条件但已经征税的特种车辆,退还已征税款。

9. 关联方之间的费用

企业之间支付的管理费、企业内营业机构之间支付的租金和特许权使用费,以及非银行企业内营业机构之间支付的利息,不得扣除。非居民企业在中国境内设立的机构、场所,就其中国境外总机构发生的与该机构、场所生产经营有关的费用,能够提供总机构出具的费用汇集范围、定额、分配依据和方法等证明文件并合理分摊的,准予扣除。

《国家税务总局关于母子公司间提供服务支付费用有关企业所得税处理问题的通知》(国税发〔2008〕86号)规定,母公司向其子公司提供各项服务,双方应签订服务合同或协议,明确规定提供服务的内容、收费标准及金额等,凡按上述合同或协议规定所发生的服务费,母公司应作为营业收入申报纳税,子公司作为成本费用在税前扣除。子公司申报税前扣除向母公司支付的服务费用，应向主管税务机关提供与母公司签订的服务合同或者协议等与税前扣除该项费用相关的材料。不能提供相关材料的，支付的服务费用不得税前扣除。母公司以管理费形式向子公司提取费用，子公司因此支付给母公司的管理费，不得在税前扣除。

《国家税务总局关于企业向境外关联方支付费用有关企业所得税问题的公告》（国家税务总局公告 2015 年第 16 号）规定，自 2015 年 3 月 18 日起，企业向未履行功能、承担风险，无实质性经营活动的境外关联方支付的费用，在计算企业应纳税所得额时不得扣除。企业因接受下列劳务而向境外关联方支付的费用，在计算企业应纳税所得额时不得扣除：与企业承担功能风险或者经营无关的劳务活动；关联方为保障企业直接或者间接投资方的投资利益，对企业实施的控制、管理和监督等劳务活动；关联方提供的，企业已经向第三方购买或者已经自行实施的劳务活动；企业由于附属于某个集团而获得额外收益，但并未接受集团内关联方实施的针对该企业的具体劳务活动；已经在其他关联交易中获得补偿的劳务活动；其他不能为企业带来直接或者间接经济利益的劳务活动。企业使用境外关联方提供的无形资产需支付特许权使用费的，应当考虑关联各方对该无形资产价值创造的贡献程度，确定各自应当享有的经济利益。企业向仅拥有无形资产法律所有权而未对其价值创造做出贡献的关联方支付特许权使用费，不符合独立交易原则的，在计算企业应纳税所得额时不得扣除。企业以融资上市为主要目的，在境外成立控股公司或者融资公司，因融资上市活动所产生的附带利益向境外关联方支付的特许权使用费，在计算企业应纳税所得额时不得扣除。根据企业所得税法实施条例第一百二十三条的规定，企业向境外关联方支付费用不符合独立交易原则的，税务机关可以在该业务发生的纳税年度起 10 年内，实施特别纳税调整。

10. 手续费、佣金支出

《财政部、国家税务总局关于企业手续费及佣金支出税前扣除政策的通知》（财税〔2009〕29 号）规定，企业发生与生产经营有关的手续费及佣金支出，不超过以下规定计算限额以内的部分，准予扣除；超过部分，不得扣除。保险企业：财产保险企业按当年全部保费收入扣除退保金等后余额的 15%（含本数，下同）计算限额；人身保险企业按当年全部保费收入扣除退保金等后余额的 10%计算限额。其他企业：按与具有合法经营资格中介服务机构或个人（不含交易双方及其雇员、代理人和代表人等）所签订服务协议或合同确认的收入金额的 5%计算限额。同时文件要求，企业应与具有合法经营资格中介服务企业或个人签订代办协议或合同，并按国家有关规定支付手续费及佣金。除委托个人代理外，企业以现金等非转账方式支付的手续费及佣金不得在税前扣除。企业为发行权益性证券支付给有关证券承销机构的手续费及佣金不得在税前扣除。企业不得将手续费及佣金支出计入回扣、业务提成、返利、进场费等费用。企业已计入固定资产、无形资产等相关资产的手续费及佣金支出，应当通过折旧、摊销等方式分期扣除，不得在发生当期直接扣除。企业支付的手续费及佣金不得直接冲减服务协议或合同金额，并如实入账。

《国家税务总局关于印发〈房地产开发经营业务企业所得税处理办法〉的通知》（国税发〔2009〕31 号）第二十条规定，房地产开发企业委托境外机构销售开发产品的，其支付境外机构的销售费用（含佣金或手续费）不超过委托销售收入 10%的部分，准予据实扣除。

《关于企业所得税应纳税所得额若干税务处理问题的公告》（国家税务总局公告 2012 年第 15 号）规定，从事代理服务、主营业务收入为手续费、佣金的企业（如证券、期货、保险代理等企业），其为取得该类收入而实际发生的营业成本（包括手续费及佣金支出），准予在企业所得税前据实扣除。电信企业在发展客户、拓展业务等过程中(如委托销售电话入网卡、电话充值卡等),需向经纪人、代办商支付手续费及佣金的,其实际发生的相关手续费及佣金支出,不超过当年收入总额5%的部分,准予在企业所得税前据实扣除。

《国家税务总局关于中国邮政储蓄银行支付邮政企业代理费企业所得税处理问题的通知》(国税函〔2012〕564号)规定,自2012年11月1日起,邮政企业及其各省子公司吸收储蓄存款后,资金交由邮储银行运作、使用,邮储银行运作、使用取得利息收入,按照国家规定的结算方式,在邮储银行与邮政企业进行分配,并以"代理费"的形式,向邮政企业及其各省子公司支付此收益;支付的上述"代理费",不属于《财政部、国家税务总局关于企业手续费及佣金支出税前扣除政策的通知》(财税〔2009〕29号)中所规定的"手续费及佣金"范围。根据《中华人民共和国企业所得税法》第八条及其实施条例第二十七条的规定,邮储银行按照财政部等有关部门规定支付给邮政企业及其各省子公司的上述"代理费",准予据实在计算企业应纳税所得额时扣除。

11. 固定资产成本

企业按照规定计算的固定资产折旧,准予在计算应纳税所得额时扣除。企业应当自固定资产投入使用月份的次月起计算折旧;停止使用的固定资产,应当自停止使用月份的次月起停止计算折旧。

但下列固定资产不得计算折旧扣除:房屋、建筑物以外未投入使用的固定资产;以经营租赁方式租入的固定资产;以融资租赁方式租出的固定资产;已足额提取折旧,仍继续使用的固定资产;与经营活动无关的固定资产;单独估价作为固定资产入账的土地;其他不得计算提取折旧的固定资产。

除国务院财政、税务主管部门另有规定外,固定资产计算折旧的最低年限如下:房屋、建筑物为20年;飞机、火车、轮船、机器、机械和其他生产设备为10年;与生产经营活动有关的器具、工具、家具等为5年;飞机、火车、轮船以外的运输工具为4年;电子设备为3年。

《关于进一步鼓励软件产业和集成电路产业发展企业所得税政策的通知》(财税〔2012〕27号)规定,企业外购的软件,凡符合固定资产或无形资产确认条件的,可以按照固定资产或无形资产进行核算,其折旧或摊销年限可以适当缩短,最短可为2年(含)。集成电路生产企业的生产设备,其折旧年限可以适当缩短,最短可为3年(含)。

《国家税务总局关于企业固定资产加速折旧所得税处理有关问题的通知》(国税发〔2009〕81号)规定,企业拥有并用于生产经营的主要或关键的固定资产,由于以下原因确需加速折旧的,可以缩短折旧年限或者采取加速折旧的方法:① 由于技术进步,产品更新换代较快的;② 常年处于强震动、高腐蚀状态的。企业采取缩短折旧年限方法的,对其购置的新固定资产,最低折旧年限不得低于税法规定的折旧年限的60%;若为购置已使用过的固定资产,其最低折旧年限不得低于税法规定的最低折旧年限减去已使用年限后剩余年限的60%。最低折旧年限一经确定,一般不得变更。企业拥有并使用符合本通知第一条规定条件的固定资产采取加速折旧方法的,可以采用双倍余额递减法或者年数总和法。加速折旧方法一经确定,一般不得变更。本通知自2008年1月1日起执行。

《财政部 国家税务总局关于完善固定资产加速折旧企业所得税政策的通知》(财税〔2014〕75号)规定,自2014年1月1日起,对生物药品制造业,专用设备制造业,铁路、船舶、航空航天和其他运输设备制造业,计算机、通信和其他电子设备制造业,仪器仪表制造业,信息传输、软件和信息技术服务业等 6 个行业的企业 2014 年 1 月 1 日后新购进的固定资产，可缩短折旧年限或采取加速折旧的方法。对上述 6 个行业的小型微利企业 2014 年 1 月 1 日后新购进的研发和生产经营共用的仪器、设备，单位价值不超过 100 万元的，允许一次性计入当期成本费用在计算应纳税所得额时扣除，不再分年度计算折旧；单位价值超过 100 万元的，可缩短折旧年限或采取加速折旧的方法。对所有行业企业 2014 年 1 月 1 日后新购进的专门用于研发的仪器、设备，单位价值不超过 100 万元的，允许一次性计入当期成本费用在计算应纳税所得额时扣除，不再分年度计算折旧；单位价值超过 100 万元的，可缩短折旧年限或采取加速折旧的方法。对所有行业企业持有的单位价值不超过 5 000 元的固定资产，允许一次性计入当期成本费用在计算应纳税所得额时扣除，不再分年度计算折旧。企业按本通知第一条、第二条规定缩短折旧年限的，最低折旧年限不得低于企业所得税法实施条例第六十条规定折旧年限的 60%；采取加速折旧方法的，可采取双倍余额递减法或者年数总和法。本通知第一至三条规定之外的企业固定资产加速折旧所得税处理问题，继续按照企业所得税法及其实施条例和现行税收政策规定执行。

《财政部 国家税务总局关于进一步完善固定资产加速折旧企业所得税政策的通知》（财税〔2015〕106 号）规定，自 2015 年 1 月 1 日起，对轻工、纺织、机械、汽车等四个领域重点行业的企业 2015 年 1 月 1 日后新购进的固定资产，可由企业选择缩短折旧年限或采取加速折旧的方法。对上述行业的小型微利企业 2015 年 1 月 1 日后新购进的研发和生产经营共用的仪器、设备，单位价值不超过 100 万元的，允许一次性计入当期成本费用在计算应纳税所得额时扣除，不再分年度计算折旧；单位价值超过 100 万元的，可由企业选择缩短折旧年限或采取加速折旧的方法。企业按本通知第一条、第二条规定缩短折旧年限的，最低折旧年限不得低于企业所得税法实施条例第六十条规定折旧年限的 60%；采取加速折旧方法的，可采取双倍余额递减法或者年数总和法。按照企业所得税法及其实施条例有关规定，企业根据自身生产经营需要，也可选择不实行加速折旧政策。

《国家税务总局关于企业所得税应纳税所得额若干问题的公告》（国家税务总局公告 2014 年第 29 号）第五条规定，自 2013 年度起，企业固定资产会计折旧年限如果短于税法规定的最低折旧年限，其按会计折旧年限计提的折旧高于按税法规定的最低折旧年限计提的折旧部分，应调增当期应纳税所得额；企业固定资产会计折旧年限已期满且会计折旧已提足，但税法规定的最低折旧年限尚未到期且税收折旧尚未足额扣除，其未足额扣除的部分准予在剩余的税收折旧年限继续按规定扣除。企业固定资产会计折旧年限如果长于税法规定的最低折旧年限，其折旧应按会计折旧年限计算扣除，税法另有规定除外。企业按会计规定提取的固定资产减值准备，不得税前扣除，其折旧仍按税法确定的固定资产计税基础计算扣除。企业按税法规定实行加速折旧的，其按加速折旧办法计算的折旧额可全额在税前扣除。石油天然气开采企业在计提油气资产折耗（折旧）时，由于会计与税法规定计算方法不同导致的折耗（折旧）差异，应按税法规定进行纳税调整。

《关于贯彻落实企业所得税法若干税收问题的通知》（国税函〔2010〕第 79 号）规定，企业固定资产投入使用后，由于工程款项尚未结清未取得全额发票的，可暂按合同规定的金额计入固定资产计税基础计提折旧，待发票取得后进行调整。但该项调整应在固定资产投入使用后 12 个月内进行。

《国家税务总局关于企业所得税若干问题的公告》（国家税务总局公告 2011 年第 34

号）规定，企业对房屋、建筑物固定资产在未足额提取折旧前进行改扩建的，改扩建支出需资本化，如推倒重置的房屋净值计入新资产计税成本，投入使用次月一并计提折旧，提升功能的改扩建支出并入原房屋的计税基础，改扩建完工投入使用后的次月起，按尚可使用年限计提折旧。

12. 无形资产

企业无形资产按直线法计提的摊销，准予在计算应纳税所得额时扣除。但下列无形资产不得计算摊销费用扣除：自行开发的支出已在计算应纳税所得额时扣除的无形资产；自创商誉；与经营活动无关的无形资产；其他不得计算摊销费用扣除的无形资产。

外购商誉的支出，在企业整体转让或清算时，准予扣除。

无形资产的摊销年限不得低于 10 年，从取得投入使用的当月开始摊销。财税〔2012〕27 号规定，企业外购的软件，凡符合固定资产或无形资产确认条件的，可以按照固定资产或无形资产进行核算，其折旧或摊销年限可以适当缩短，最短可为 2 年（含）。

13. 长期待摊费用

在计算应纳税所得额时，企业发生的下列支出作为长期待摊费用，按照规定摊销的，准予扣除：已足额提取折旧的固定资产的改建支出；租入固定资产的改建支出；固定资产的大修理支出；其他应当作为长期待摊费用的支出。

大修理支出，是指同时符合下列条件的支出：修理支出达到取得固定资产时的计税基础 50%以上；修理后固定资产的使用年限延长 2 年以上。大修理支出，按照固定资产尚可使用年限分期摊销。

作为长期待摊费用的支出，自支出发生月份的次月起，按不得低于 3 年分期摊销。

14. 投资资产成本

企业对外投资期间，投资资产的成本在计算应纳税所得额时不得扣除。

投资资产，是指企业对外进行权益性投资和债权性投资形成的资产。企业在转让或者处置投资资产时，投资资产的成本，准予扣除。

15. 存货成本

企业使用或者销售存货，按照规定计算的存货成本，准予在计算应纳税所得额时扣除。

企业使用或者销售的存货的成本计算方法，可以在先进先出法、加权平均法、个别计价法中选用一种。计价方法一经选用，不得随意变更。

16. 资产或财产净值的界定

企业转让资产，该项资产的净值，准予在计算应纳税所得额时扣除。

资产净值和财产净值，是指有关资产、财产的计税基础减除已按规定扣除的折旧、折耗、摊销、准备金等后的余额。

17. 亏损的扣除

企业纳税年度发生的亏损，准予向以后年度结转，用以后年度的所得弥补，但结转年限最长不得超过 5 年。5 年内不论是盈利或亏损，都作为实际弥补期限计算。

企业在汇总计算缴纳企业所得税时，其境外机构的亏损不得抵减境内营业机构的盈利。

(1) 境外同一国家内可纵向弥补，也可横向弥补；境外不同国家间的盈亏不可相互弥补。

《财政部、国家税务总局关于企业境外所得税收抵免有关问题的通知》(财税〔2009〕125号)第二条(五)规定，在汇总计算境外应纳税所得额时，企业在境外同一国家(地区)设立不具有独立纳税地位的分支机构，按照规定计算的亏损，不得抵减其境内或他国(地区)的应纳税所得额，但可以用同一国家(地区)其他项目或以后年度的所得按规定弥补。

(2) 筹办期间的亏损弥补。

《关于贯彻落实企业所得税法若干税收问题的通知》(国税函〔2010〕第79号)规定，企业自开始生产经营的年度，为开始计算企业损益的年度。企业从事生产经营之前进行筹办活动期间发生筹办费用支出，不得计算为当期的亏损。相关支出按国税函〔2009〕98号的有关规定在税前扣除。

(3) 减免项目、应税项目亏损不可相互弥补。

《国家税务总局关于发布〈中华人民共和国企业所得税年度纳税申报表(A类，2014年版)〉的公告》(国家税务总局公告2014年第63号)中，《所得减免优惠明细表》(A107020)中明确纳税人必须将免税项目的收入、成本、相关税费、应分摊的期间费用和纳税调整额单独列出来，单独计算第6列项目所得额。A107020表第7列“减免所得额”在填表说明中列明：本行<0，填写负数。而该列数据根据表内、表间关系要填到主表(A100000)第20行中，减去负数的“所得减免”实际就是纳税调增了。因此，这实际明确了如果企业免税项目亏损是不能用应税项目所得去弥补的，需要纳税调增。但是，根据填表说明来看，第7列“减免所得额”：填报享受所得减免企业所得税优惠的企业，该项目按照税法规定实际可以享受免征、减征的所得额。本行<0的，填写负数。且第40行第7列=表A100000第20行。换句话说，企业如果有多个免税项目，这个填表规则实际明确的这样一个政策，就是企业如果有多个免税项目，应该首先将不同免税项目的盈利和亏损进行相互弥补，如果不同免税项目最终有所得，享受免税。如果不同免税项目盈亏互抵后最终是亏损，该亏损就不能用当年应税项目所得来弥补。根据《关于公布现行有效的税收规范性文件目录的公告》(国家税务总局公告2010年第26号)，自2015年1月1日起国税函〔2010〕148号全文废止。

(4) 检查调增的应纳税所得额可弥补亏损。

《国家税务总局关于查增应纳税所得额弥补以前年度亏损处理问题的公告》(国家税务总局公告2010年第20号)规定，自2010年12月1日起，税务机关对企业以前年度纳税情况进行检查时调增的应纳税所得额，凡企业以前年度发生亏损且该亏损属于企业所得税法规定允许弥补的，应允许调增的应纳税所得额弥补该亏损。弥补该亏损后仍有余额的，按照企业所得税法规定计算缴纳企业所得税。对检查调增的应纳税所得额应根据其情节，依照《中华人民共和国税收征收管理法》有关规定进行处理或处罚。

(5) 资产损失追补确认形成的亏损弥补。

《国家税务总局关于发布〈企业资产损失所得税税前扣除管理办法〉的公告》(国税总局公告2011年第25号)规定，企业以前年度发生的资产损失未能在发生当年准确计算并按期扣除的，可按规定，向税务机关说明并进行专项申报扣除。其中属于实际资产损失，准予追补至该项损失发生年度扣除，其追补确认期限一般不得超过5年。

(6) 被投资企业的亏损不可在投资企业税前弥补。

《国家税务总局关于企业所得税若干问题的公告》(国家税务总局公告2011年第34号)规定，被投资企业发生的经营亏损，由被投资企业按规定结转弥补；投资企业不得调整减低其投资成本，也不得将其确认为投资损失。

(7) 以前年度发生应扣未扣支出追补确认形成的亏损弥补。

《关于企业所得税应纳税所得额若干税务处理问题的公告》(国家税务总局公告 2012 年第 15 号)规定，对企业发现以前年度实际发生的、按照税收规定应在企业所得税前扣除而未扣除或者少扣除的支出，企业做出专项申报及说明后，准予追补至该项目发生年度计算扣除，但追补确认期限不得超过 5 年。企业由于上述原因多缴的企业所得税税款，可以在追补确认年度企业所得税应纳税款中抵扣，不足抵扣的，可以向以后年度递延抵扣或申请退税。亏损企业追补确认以前年度未在企业所得税前扣除的支出，或盈利企业经过追补确认后出现亏损的，应首先调整该项支出所属年度的亏损额，然后再按照弥补亏损的原则计算以后年度多缴的企业所得税款，并按前款规定处理。

(二) 不得扣除的项目

在计算应纳税所得额时，下列支出不得扣除：① 向投资者支付的股息、红利等权益性投资收益款项；② 企业所得税税款；③ 税收滞纳金；④ 罚金、罚款和被没收财物的损失；⑤ 企业所得税法第九条规定以外的捐赠支出；⑥ 赞助支出；⑦ 未经核定的准备金支出；⑧ 与取得收入无关的其他支出。

四、筹划思路与演练

(一) 收入的筹划

1. 收入确认金额的筹划

收入确认金额，即收入计量，也就是在收入确认的基础上解决金额多少的问题。

收入确认金额的筹划原则，就是在把握好企业所得税收入总额范围的前提下，运用好各项收入抵免因素，尽可能减少本期需要确认的收入金额。收入计量中存在的各项抵免因素，如各种商业折扣、销售折让、销售退回，出口销售中的外国运费、装卸费、保险费、佣金等，于实际发生时冲减了销售收入；销售现金折扣，于实际发生时计入财务费用，也就相当于抵减了销售收入。这些抵免因素减少了应纳税所得额，给纳税筹划提供了一定空间。

2. 收入确认时点的筹划

收入总额确认时点的筹划，原则就是将收入确认时点安排在对纳税人最有利的时点，一般情况下是延迟确认收入，但有时也可能是提前确认收入。

推迟应税收入的实现时间，形成的延迟纳税相当于取得国家的一笔无息贷款。纳税人通过销售结算方式的选择，控制收入确认的时间，可以合理归属所得年度，从而达到降低税负的目的。目前税法中存在多项不按权责发生制确认收入的项目，给筹划提供了较大空间。如利息、租金、特许权使用费收入，分期收款方式的收入，股权转让收入，委托代销方式销售商品，接受捐赠收入等，纳税人可以通过签订合同、协议、办理变更手续来筹划企业所得税收入确认的时间，对此作出适当安排，获取相应的纳税筹划利益。

【案例 5-4】 武汉某大型商场，为增值税一般纳税人，企业所得税采取查账征收方式，适用税率为 25%。假定该商场每销售 100 元商品，其平均商品成本为 50 元，且企业赠送礼品的进销差价率同其他商品。2016年末，商场决定开展促销活动，促销方案分别有"满100打8折"、"满100送20元现金折扣券"、"满100送价值20元的商品"、"满100返20元现金"、"满100送加量20元的同款商品"。请问：仅考虑税负问题，哪种促销方式对企业最有利？

【综合分析】

案例中，商业企业不同促销活动对企业税负的影响不同，具体分析如下：

方案一："满100打8折"，即顾客购物满100元，赠送2折商业折扣的优惠。

这一方案只需商场在销售的发票金额栏注明折扣额，销售收入按扣除折扣后的金额确定，则

应纳增值税＝80÷(1＋17%)×17%－50÷(1＋17%)×17%＝4.36(元)

销售毛利润＝80÷(1＋17%)－50÷(1＋17%)＝25.64(元)

应纳企业所得税＝25.64×25%＝6.41(元)

税后净收益＝25.64－6.41＝19.23(元)

方案二："满100送20元现金折扣券"，即顾客购物满100元，赠送20元代金券(不可兑换现金，在下次购物可代币结算)。

这种方案使顾客获得下次购物的折扣期权，则

应纳增值税＝100÷(1＋17%)×17%－50÷(1＋17%)×17%＝7.27(元)

销售毛利润＝100÷(1＋17%)－50÷(1＋17%)＝42.73(元)

应纳企业所得税＝42.73×25%＝10.68(元)

税后净收益＝42.73－10.68＝32.05(元)

当顾客下次使用代金券时，商场的纳税和获利情况就与方案(1)一样。相比之下，方案(2)仅比方案(1)多了流入资金增量部分的时间价值，也就是一种"延期折扣"。

方案三："满100送价值20元的礼品"

此方案下，企业赠送礼品属于增值税的视同销售，应计算销项税额；且属于企业所得税的非公益性捐赠，赠送礼品成本税前不允许扣除。则

应纳增值税＝100÷(1＋17%)×17%－50÷(1＋17%)×17%＋20÷(1＋17%)×17%－10÷(1＋17%)×17%＝8.73(元)

销售毛利润＝100÷(1＋17%)－50÷(1＋17%)－10÷(1＋17%)－20÷(1＋17%)×17%＝31.27(元)

应纳企业所得税＝[31.27＋10÷(1＋17%)＋20÷(1＋17%)×17%]×25%＝10.68(元)

税后净收益＝31.27－10.68＝20.59(元)

方案四："满100返20元现金"

只要商场在销售发票金额栏注明折扣额，"返现"亦属于商业折扣，只不过此行为属于定率折扣，方案(1)属于定额折扣。增值税和企业所得税中均可以按扣除折扣后的金额计税。相关纳税与获利情况与方案(1)相同。

方案五："满100送加量20元同款商品"，即顾客购物满100元，商场送加量价值20元的同款商品，实行捆绑式销售，总价格不变。

此方案实质就是加量不加价的优惠。商场收取的销售收入没有变化，但捆绑式销售避免了无偿赠送，加量部分成本可税前列支，则

应纳增值税＝100÷(1＋17%)×17%－50÷(1＋17%)×17%－10÷(1＋17%)×17%＝

5.82(元)

销售毛利润=100÷(1+17%)-50÷(1+17%)-10÷(1+17%)=34.18(元)

应纳企业所得税=34.18×25%=8.55(元)

税后净收益=34.18-8.55=25.64(元)

上述方案中,方案一与方案五相比,即再把20元商品作正常销售,则

应纳增值税=20÷(1+17%)×17%-10÷(1+17%)×17%=1.46(元)

销售毛利润=20÷(1+17%)-10÷(1+17%)=8.54(元)

应纳企业所得税=8.54×25%=2.14(元)

税后净收益=8.54-2.14=6.4(元)

综上所述,方案一最终可获净利为25.63(19.23+6.4),与方案五获利大致相等。但方案一的再销售能否及时实现具有不确定性,考虑存货占用资金的成本,方案五优于方案一。

【案例5-5】 武汉某汽车公司为增值税一般纳税人,2015年8月发生销售业务5笔,共计应收货款3 000万元,其中有三笔共计2 000万元,本月10日内结清;由于购货方资金紧张,加之双方是长期合作伙伴,双方协商其余款项在2015年末一次性结清。该企业当月可抵扣的增值税进项为260万元,毛利率为15%,企业所得税税率为25%。该企业如何进行筹划?

【综合分析】

该企业确定无法一次性收到相应销售款,于是采取赊销的方式销售商品,从税收利益上来讲是务实的。税收利益分析如下:

方案一:如果企业完全采用直接收款方式销售,则

当月应纳增值税=3 000÷(1+17%)×17%-260=175.90(万元)

当月应预缴的企业所得税=3 000÷(1+17%)×15%×25%=96.15(万元)

方案二:如果企业对无法收到的款项采取赊销或分期收款,则

当月应纳增值税=2 000÷(1+17%)×17%-260=30.60(万元)

当月应预缴的企业所得税=2 000÷(1+17%)×15%×25%=64.10(万元)

综上分析,方案(2)比方案(1)少垫付增值税和企业所得税分别为145.30万元、32.05万元。可见,销售商品结算方法不同,企业所得税、增值税收入确认时间也不同。如果企业在不能及时收到货款的情况下,采取赊销和分期收款方式结算资金,可实现递延纳税,相当于从政府获得一笔无息贷款。

(二)扣除项目的筹划

企业所得税的计税依据是在收入总额中减除准予扣除的项目后的余额,体现了所得的纯收益性。在纳税年度收入总额一定的情况下,尽可能增大成本、费用、损失等扣除项目,通过事前筹划,合法地促使扣除金额最大化以减少计税所得。成本、费用筹划,一方面增大扣除的金额,另一方面合理地安排扣除归属期,或提前扣除,或推迟扣除。

1. 期间费用的筹划

企业期间费用包括管理费用、销售费用、财务费用,其金额的大小直接影响企业的应纳税所得额。目前,总结起来,税法将期间费用项目划分为三类:据实扣除的项目、有具体扣除标准的项目、给予优惠的项目。

税法中,费用项目在实际发生时据实扣除的,包括工资薪金支出、劳动保护费、办公费、差

旅费、董事会费、咨询费、诉讼费、经营性租赁费、物业费、车辆使用费、长期待摊费用的摊销、房产税、车船税、土地使用税、印花税等。这类费用的筹划思路为：

(1) 正确设置费用项目，合理加大费用开支。

(2) 选择合理的费用分摊方法。比如，涉及资产、费用的摊销金额扣除项目，在选择分摊方法时，要结合企业的盈亏情况综合考虑：在盈利年度，应选择使费用尽快分摊进费用的方法，尽早发挥抵税作用，延迟纳税；若在亏损年度，应选择使费用尽可能摊入亏损并能全部得到税前弥补的年度，最大化利用费用分摊的抵税效应；若在减免税期间，应选择能使减免税年度摊销额最小、正常年度摊销额增大的摊销方法。

税法中，有具体扣除标准的项目，包括职工福利费、职工教育经费、工会经费、业务招待费用、广告费和业务宣传费、利息费用等。这类费用的筹划思路为：

(1) 原则上遵照税法规定进行会计核算扣除，避免税法与会计核算差异巨大而遭遇纳税调整，进而增加企业税负；

(2) 合理区分不同费用项目的核算范围，使税法允许税前扣除的标准得到充分利用；

(3) 费用的合理转化，将有扣除标准的费用项目通过会计处理，转化为没有扣除标准的费用，加大扣除项目总额。

税法给予优惠的费用项目包括研发费用等，应充分利用该优惠加大税前扣除。筹划应用在税收优惠里具体阐述。

【案例5-6】 夏天，属于啤酒消费的旺季。2016年武汉某啤酒生产厂为提高啤酒产量，须做好夏季防暑降温工作，确保职工在劳动生产过程中的安全和身体健康。考虑到2015年职工福利费支出已经超过企业所得税允许扣除的比例，现在要给生产一线职工按每人每天200元的标准随工资发放防暑降温费，可能会做纳税调整。针对此事项，如何筹划解决企业的两难境地？

【综合分析】

如果企业选择随工资发放现金补贴，企业所得税中要做职工福利费列支，须受工资总额14%的扣除比例限制，年终汇算清缴时，有时无法避免纳税调整的麻烦。所以，企业可以选择购买防暑工作服、解毒剂、清凉饮料等防暑降温用品发放给职工，此项支出属于劳动保护费，所得税前可全额列支。这样既实现了对职工工作身体安全的保障，在提高产量的同时，又为职工提供了生产性福利，还可在税前全额扣除。福利费支出较多的企业，这样筹划可谓一举多得。

【案例5-7】 设某企业当期销售收入为X，年业务招待费支出实际发生额为Y，则当年企业所得税税前允许扣除的业务招待费为$60\%Y$，同时不超过$5‰X$，可推算出，在$60\%Y=5‰X$的点上，可同时满足企业所得税前扣除比例的要求，由此得出$X/Y=120$。从而，如果企业当期列支的业务招待费等于当年销售收入的1/120这个临界点时，可以充分利用业务招待费所得税前扣除比例的政策。不过，需要说明的是，即使上述等式成立，业务招待费实际支出中的40%要调增当期应纳税所得额。

假定某家具制造厂估算的2016年的销售收入为2 000万元，则该企业如何筹划业务招待费支出？

【综合分析】

先根据临界点公式，大致估算出当年税前可扣除的业务招待费支出=(1/120)×2 000=16.67(万元)；如果企业当年度业务招待费支出不可避免地发生很多，企业可通过外购商品给员工发非货币福利，增加视同销售收入，增加税前扣除限额计算的基数，实现增加扣除的目的，以求获得最大经济效益。

【案例5-8】 某房地产开发企业，在武汉某一黄金地段开发楼盘，其广告费税前扣除比例为15%，预计2016年销售收入为1个亿，计划本年广告及宣传费开支为1 800万元。该企业的广告费及业务宣传费支出如何进行筹划？

【综合分析】

方案一：在当地电视台黄金时间每天播出4次，间隔播出10个月和当地畅销报刊连续刊登12月。则此项广告费及业务宣传费税前不允许扣除的金额＝1 800－10 000×15%＝300(万元)，企业广告费实际总支出＝1 800＋300＝2 100(万元)。

方案二：在当地电视台每天播出3次，间隔播出10个月和当地畅销报刊做广告支出1 300万元，雇佣在校大学生在节假日到各商圈人流大的地方发放宣传资料需支出50万元，建立自己的网页和在有关网站发布售房信息，发布和维护费用需支出450万元。

比较起来，方案二最佳，因网站发布和维护费可在管理费用中直接列支(税法未对此项费用规定税前扣除比例)。此时，方案二各项支出均在税法规定的限额内，税前均可据实扣除，无须纳税调整，并且扩大了广告宣传的维度，对企业房产销售起到更广的促销作业。

2. 成本项目的筹划

(1) 成本的归属对象和归属期间的筹划思路。企业应将生产经营活动中发生的成本合理划分为直接成本与间接成本。直接成本，是指可直接计入相关成本对象或劳务中的直接材料、直接人工等。间接成本，是指多个部门为同一成本对象提供服务的共同成本，或同一种投入可制造、提供两种及以上产品或劳务的联合成本。根据实际情况选择合适的方法，将间接成本合理分配计入相关成本对象，尤其在既生产应税产品又生产免税产品的企业，合理确定成本的归属对象和归属期间显得极为重要。

(2) 成本结转处理方法的筹划思路。会计上的成本结转处理方法，主要包括在产品不计算成本法、约当产量法、在产品按完工产品计算法、在产品按定额成本计价法等。采取不同的成本结转处理方法对完工产品成本的结转影响很大，税法对此并没有限制，所以企业应根据实际情况选择适当的方法。比如，选择在产品不计算成本，每期发生的生产费用可全部作为完工产品的成本，随着产品的销售，即可扩大当期的营业成本，进而减少当期应纳税所得额。当然，成本结转方法一经选定便不能随意更改，如需更改，须向当地主管税务部门申请下一年的成本结转方法，否则，税务机关有权进行纳税调整。

(3) 成本核算方法的筹划思路。成本核算方法主要为品种法、分批法、分步法三种基本方法。每一种方法对产成品成本的归集与计算要求各不相同，对最终计算的产成品成本结果影响很大。合理选择成本核算方法，形成对企业有利的产成品价值。

(4) 成本费用在存货、资本化对象、期间费用间的筹划思路。① 某项成本费用，若在存货与资本化对象之间进行选择，应尽可能选择计入存货成本，不仅可以获得增值税的抵扣，还可以加快其税前扣除。② 某项成本费用，若在存货与期间费用之间选择，仅从所得税的角度出发，应计入期间费用，即可在发生当期税前扣除。但考虑到增值税，如果不涉及进项税额的抵扣问题，企业可直接选择计入期间费用；若涉及进项税额的抵扣，企业又能取得合规增值税专用发票的，应尽可能将其计入存货。因为选择计入期间费用，只获得所得税加速扣除的好处，但这是以放弃进项税额的抵扣为前提，得不偿失。

【案例5-9】 某企业为保证正常的生产经营，每年需有一定的库存材料。2015年，该企业进货6次，具体见表5-3，并在该年售出了10 000件产品，市场不含税售价为50元/件。除材料费用外，其他开支20/件。假设企业所得税税率适用25%的税率。对于企业来讲，存货成本的核算，采取先进先出法和加权平均法哪个更有利？

表5-3　2015年某企业进货情况表

月份	日期	摘要	数量(件)	单价(元)	金额(元)
2	5	购入	15 000	12	180 000
4	2	购入	13 000	16	208 000
6	1	购入	8 000	22	176 000
8	3	购入	16 000	18	288 000
10	4	购入	12 000	13	156 000
12	2	购入	15 000	21	315 000

【综合分析】

(1) 采取先进先出法，则

材料费用＝10 000×12＝120 000(元)

其他开支＝10 000×20＝200 000(元)

销售收入＝10 000×50＝500 000(元)

利润额＝500 000－320 000＝180 000(元)

应纳企业所得税额＝180 000×25%＝45 000(元)

(2) 采取加权平均法，则

购入价＝(180 000＋208 000＋176 000＋288 000＋156 000＋315 000)÷(15 000＋13 000＋8 000＋16 000＋12 000＋15 000)＝16.75(元)

产品成本＝10 000×16.75＝167 500(元)

其他开支＝10 000×20＝200 000(元)

销售收入＝10 000×50＝500 000(元)

利润额＝500 000－167 500－200 000＝132 500(元)

应纳企业所得税额＝132 500×25%＝33 125(元)

从上述分析得出，企业选用加权平均法核算原材料成本，可节约税负11 875元。所以，用加权平均法作为原材料等存货的计价方法，可以增加当期产品销售成本，有利于处于盈利期企业降低企业所得税税负。需要指出的是，当企业处于免税期和初创的亏损期时，加大产品成本扣除并不利于以后期间企业所得税税负的降低。

3. 固定资产的筹划

固定资产折旧是影响企业应纳税所得额的重要因素。固定资产的筹划主要是对折旧的筹划。而固定资产折旧金额的大小，主要取决于四大因素：折旧年限、折旧方法、净残值和折旧金额，固定资产的筹划应充分考虑这四种因素的影响。筹划思路如下：

(1) 通过减少或增加固定资产的计税基础、折旧方法的选择和折旧年限的选择，企业一定程度上可以对固定资产的折旧金额进行筹划。如，企业处于盈利期，在税法范围内，选择加速折旧方法，缩短折旧年限，加大固定资产的折旧额，增加税前扣除金额，折旧越快，企业早期纳税就越少，相当于获得一笔无息贷款。若企业处于亏损期，应尽量使固定资产前期折旧少，使其后期折旧费用扣除加大而减少纳税。

（2）对于不再用又不能计提折旧的固定资产，应加快处理，实现财产损失的税前扣除。

（3）取得固定资产的筹划。企业取得固定资产的方式，主要有外购、经营性租入和融资性租入等。对于不同的取得方式，税法规定也不同，这给纳税筹划留下了一定的空间。如，经营性租入固定资产的，其符合独立交易原则的租金可在受益期内均匀扣除；融资性租入的固定资产，租金支出不可扣除，但可按自有资产提取折旧费用进行税前扣除。

【案例5－10】 武汉某生产企业2015年刚刚成立，预计前4年会亏损。为扩大业务，2016年购买一辆货车，价值50万元，预计使用年限为8年，预计净残值为2万元，企业准备选择直线法计提折旧。为使企业获得较大的税收利益，企业如何事前筹划确定其折旧年限？

【综合分析】

我们知道，资产折旧年限越小，每一年的折旧金额就越大，费用扣除就越多，从而减少企业早期应交的企业所得税。税法规定，飞机、火车、轮船以外的运输工具，折旧年限不得低于4年。可见，税前可以扣除的固定资产折旧金额须按大于或等于4年的时间计提折旧。

由于企业刚成立不久，前4年会亏损，企业根本享受不到早提折旧带来的税收减少的好处，此时，折旧年限确定为8年比4年更有利。

纳税筹划是根据企业的具体情况、在税法规定范围内做出对企业节税有利的选择。所以，如果企业处于稳定的盈利期，且未享受任何定期免税的优惠，企业固定资产选择4年的折旧年限，每一年的折旧额比按8年计提折旧的折旧额可减少所得税15 000元，这样减少早期纳税金额，对企业更有利。

【案例5－11】 2015年12月，某生产企业盘存资产时，发现本企业有一不需用的生产机器设备，原作为固定资产核算，因其能耗过高，2015年8月被停用。该设备原值为200万元，预计使用年限为10年，无残值，盘存当月账面余值为100万元。目前出售可取得不含税收入5万元。不考虑企业所得税之外的税费，企业应如何筹划该不用资产？

【综合分析】

税法规定，房屋、建筑物以外未投入使用的固定资产，不得计提折旧在企业所得税前扣除。国家税务总局公告2011年第25号规定，企业在实际处置、转让资产过程中发生的合理损失，即实际资产损失，且会计上已作损失处理的年度申报扣除，准予在企业所得税税前扣除。可见，对于企业不用的固定资产，选择提前处置，其合理的处置损失可以在所得税前扣除，在处置当前可以抵税。

案例中的盘存不需用的资产，因其生产停用，如不对外处置，账面价值100万元，税法上不能计提折旧税前扣除，计提的减值准备也不能税前扣除，应选择在2015年12月对外出售。处置净损失95万元，可以清单申报的方式在2015年的所得税汇算清缴时税前扣除，早日实现损失的抵税效应。

4. 无形资产摊销的筹划

企业取得无形资产的途径和摊销方法不同，企业每期的摊销就会有差别，从而影响当期的应纳税所得额。筹划思路如下：

（1）就取得途径来讲，自主研发比外购的无形资产对所得税的节税更有利。首先，自主研发分为研究阶段和开发阶段，根据准则，研究阶段的费用支出可以完全费用化，并享受 50%的加计扣除，都可以计入当期损益；开发阶段的费用支出资本化，相关摊销也可按 150%摊销。在这个过程中，企业一定程度上可以自主选择费用支出的资本化时点，而且是否形成无形资产，现实经济生活中也是由企业自己确定的，这给合理筹划留下了可能。

(2) 无形资产保有期间，其摊销金额的大小，直接影响着企业当期应纳税所得额的多少。而摊销额的决定性因素，包括无形资产的计税基础、摊销年限及摊销方法。税法对无形资产的摊销期限赋予了一定的选择空间。正常经营的企业，无形资产的摊销年限越短，无形资产成本的收回速度越快，这样可以避免企业未来的不确定性风险，还可以使企业后期的成本费用提前扣除，获得延期纳税的筹划利益。

【案例 5－12】 某生产企业准备扩大生产规模，2016 年 1 月需要引进一项先进的生产技术。该公司有能力自行研发，也可以在市场上购买。如果自行研发，研发时间需要 1 年，预计研发费用为 500 万元(其中可资本化的支出为 300 万元)；如果外购类似的技术，同样需要花 500 万元。该技术摊销年限为 10 年，采用直线法。企业所得税税率为 25%，贴现率为 10%。不考虑其他事项，该企业如何通过筹划进行决策？

【综合分析】

仅考虑无形资产不同取得方式对税前扣除项目的影响的话，如果自行研发，此事项可减少当期应纳税额＝[200×(1＋50%)＋300×(1＋50%)÷10]×25%＝86.25(万元)；如果外购，此事项可减少当期应纳税额＝500÷10×25%＝12.5(万元)。

可见，仅考虑税前扣除项目的影响，前者比后者少交企业所得税 73.75 万元。但是，如果该技术投入生产，增加的当期利润较多，可以考虑年初外购，这对企业更有利。

5. 长期待摊费用的筹划

长期待摊费用的筹划，主要是固定资产的改良支出和维修支出的筹划。这两种费用支出在税收处理上有着较大的差异。结合相关规定，筹划思路如下：

(1) 企业若在盈利期，固定资产通过维修能保持功能的，尽量不进行改良；即使采取维修，维修支出能计入当期费用的，尽可能避免计入长期待摊费用。比如，修理支出较大的，可分几次进行，削减每次的支出；或者在列为大修理支出的临界点，采取措施节俭开支。

“营改增”后，固定资产虽分为动产和不动产，它们在维修或改扩建时，所用料件的增值税处理是相同的。其维修所用料件：外购的进项税额可抵扣，自产料件不视同销售。

(2) 企业若在亏损期或减免税期间，维修和改良之间选择改良资产，若选维修，尽可能使维修资产达到税法上的大修理支出的两个条件，计入长期待摊费用。这样可以使后期费用扣除多一些，减少以后年度的应纳税所得额。

【案例 5－13】 某生产企业有一台可移动的旧生产设备，原值为 198 万元，使用年限为 10 年，目前已使用 8 年。如果对其进行维修，尚可使用年限为 5 年。预计维修过程中，所耗材料费、配件费 89 万元，增值税 11.9 万元，维修工人工资支出 11 万元。该企业对该事项如何进行纳税筹划？

【综合分析】

属于动产的固定资产维修费支出，在会计准则中，均作为管理费用列支，税法上按其是否满足大修理支出的条件，可能作为管理费用或长期待摊费用列支。若作为长期待摊费用处理，以不低于 3 年分期摊销在企业所得税前扣除。一次性税前扣除比分期摊销扣除可实现递延纳税的好处。

案例中，固定资产原值的50%为99万元，只要维修支出不超过99万元，维修支出就可以作为管理费用在税前一次性扣除。所以事前预估维修费用支出时，若在99万元附近，就通过节约支出的方式，节省修理费用至99万元以下，维修费用支出就可以在当期所得税前一次性扣除，达到递延纳税的目的。

6. 公益性捐赠的筹划

公益性捐赠是企业承担社会责任的表现，税法对此予以鼓励。企业在符合税规定的情况下，充分利用捐赠政策，分析不同的捐赠方式的税收负担，作出符合企业税收利益的最佳选择，达到既实现了捐赠又通过捐赠降低税负的目的。筹划思路如下：

（1）企业捐赠与个人捐赠相结合。

这种筹划思路有两种操作方向，一是以企业名义捐赠一部分，将其余要捐赠的款项作为额外补贴发放给职工，由职工以个人名义通过政府或非营利性组织捐款，通过这样的操作，企业的捐赠支出转变为工资、薪金支出，税前可以全额扣除，没有扣除比例限制；同时，职工个人通过政府或非营利性组织向教育、贫困地区和其他公益事业捐赠的，捐赠额可以在个人所得税前全额扣除，不会增加职工个人的税负。二是以企业名义捐款一部分，剩余捐款以公司董事长个人名义通过红十字会捐赠，这种操作原理跟第一种差不多。

此种捐赠方式是一种比较典型的模式。由于捐赠扣除基数是整个年度会计利润，这只有在会计年度终了后才能计算得出，所以，如果企业年中不量力而行，企业可能因捐赠承担额外的税负。上述捐赠筹划，从股东的利益出发，以企业名义的捐赠限定金额是非常必要的，也是一种理性的选择。

（2）实物捐赠。这样做，不影响企业的现金流，但要考虑所捐赠实物的公允价值和可进行税前扣除的额度，以及捐赠实物增值税和所得税上的“视同销售”带来的税负增加。可见，实物捐赠所带来的税收利益远远低于现金捐赠。

具体来讲，实物捐赠分为三种操作方向，捐赠支出均影响企业所得税的税负，公益性的有扣除比例限制，直接捐赠在企业所得税前一律不得扣除。其他税种分析如下：一是捐赠有形动产，主要涉及增值税、消费税的视同销售而增加税负，为玉树地震的实物捐赠免征增值税；二是捐赠不动产，主要涉及营业税，这个就没有免税的可能了，可进行部分现金捐赠，再帮助承建，就可以节省因不动产捐赠而增加的营业税；三是快餐企业免费提供食物，根据现行营业税规定，提供免税食物不属于有偿提供劳务，不征营业税。

（3）设立公益慈善基金进行捐赠。符合条件的非营利性组织的收入为免税收入，免税收入对应的支出可以税前据实扣除。企业创建公益性的慈善基金会，在实务中可以获得处理捐赠金额的空间，捐赠企业受益也很大，但在实际操作中有很大难度。难度在于：基金会的成立需经过严格的规定程序、基金会需符合非营利性组织的多个条件，受基金管理的限制。因此，该种捐赠方式并不具有代表性。

（4）无偿提供机器设备的使用权

一般在需要家园重建的灾难中会发生此项捐赠方式。这种捐赠可能发生的相关支出包括油费、过路费、过桥费等，如果可以取得相关支出凭证，则并入捐赠总额，在限额比例内税前扣除；如果无法取得捐赠凭证的，则为与生产经营无关的支出，税前不可扣除。因此，此项捐赠方式，注意有关手续的办理和完善。由于主体没有提供劳务，不涉及企业所得税中的视同销售问题。

通过以上分析，上述捐赠筹划思路中，从捐赠形式来讲，基金会形式最佳，其次是现金捐赠，第三则是无偿提供机器设备使用权的捐赠，最后是实物捐赠；而现金捐赠中，以个人名义捐赠最优，其次为基金会形式的捐赠，最后为以企业名义捐赠。

7. 亏损弥补的筹划

亏损弥补政策是我国为了扶持纳税人度过困难时期的一项重要优惠措施，企业应充分利用好这一政策，以取得最大节税利益。从筹划的角度，思路如下：

(1) 加强亏损后年度的经营管理。企业发生亏损后，应重点抓生产经营及投资业务，降低亏损年度后5年内投资和经营的风险性，确保亏损在规定的5年内得到全额弥补。

(2) 利用企业合并、汇总纳税等政策消化亏损。汇总纳税的成员企业发生亏损的，可直接并入集团总公司的所得额，抵减总公司当期的应纳税所得额。被兼并企业不再具有独立纳税人资格的，其被兼并前尚未弥补的亏损，可由兼并企业用以后年度盈利进行弥补。所以，如果企业处于高盈利的扩张发展期，可采取兼并同行的亏损企业，既实现业务扩张，又可以减少企业所得税应纳税所得额，一举两得。

(3) 选择非免税投资收益的分回时间进行亏损弥补期的筹划。企业发生亏损后，可跟被投资方协商股息、红利的分配时间，尽可能在亏损后5年内分回，这样可以使亏损在5年内得到弥补，实现节税利益。

第三节　企业所得税税率的纳税筹划

一、企业所得税的基本税率

税法规定，我国企业所得税基本税率为25%。只要属于我国企业所得税法中的居民企业和中国境内设有机构、场所的非居民企业(其取得的来源于境内、境外所得与中国境内机构、场所有实际联系的)，其所得均适用25%的税率缴纳企业所得税。

二、企业所得税的优惠税率

(一) 20%的优惠税率

1. 税率

税法规定，符合条件的小型微利企业，减按20%的税率征收企业所得税。

2. 满足认定条件

《企业所得税法实施条例》第九十二条规定，符合条件的小型微利企业，是指从事国家非限制和禁止行业，并符合下列条件的企业：

(1) 工业企业，年度应纳税所得额不超过30万元，从业人数不超过100人，资产总额不超过3 000万元；

(2) 其他企业，年度应纳税所得额不超过30万元，从业人数不超过80人，资产总额不超过1 000万元。

《财政部、国家税务总局关于小型微利企业有关企业所得税政策的通知》(财税〔2009〕133

号)规定,自 2010 年 1 月 1 日至 2010 年 12 月 31 日,对年应纳税所得额低于 3 万元(含 3 万元)的小型微利企业,其所得减按 50%计入应纳税所得额,按 20%的税率缴纳企业所得税。

《财政部、国家税务总局关于继续实施小型微利企业所得税优惠政策的通知》(财税〔2011〕4 号)规定,自 2011 年 1 月 1 日至 2011 年 12 月 31 日,对年应纳税所得额低于 3 万元(含 3 万元)的小型微利企业,其所得减按 50%计入应纳税所得额,按 20%的税率缴纳企业所得税。

《财政部、国家税务总局关于小型微利企业所得税优惠政策有关问题的通知》(财税〔2011〕117 号)规定,自 2012 年 1 月 1 日至 2015 年 12 月 31 日,对年应纳税所得额低于 6 万元(含 6 万元)的小型微利企业,其所得减按 50%计入应纳税所得额,按 20%的税率缴纳企业所得税。

《财政部、国家税务总局关于小型微利企业所得税优惠政策有关问题的通知》(财税〔2014〕34 号)规定,自 2014 年 1 月 1 日至 2016 年 12 月 31 日,对年应纳税所得额低于 10 万元(含 10 万元)的小型微利企业,其所得减按 50%计入应纳税所得额,按 20%的税率缴纳企业所得税。

《财政部、国家税务总局关于小型微利企业所得税优惠政策的通知》(财税〔2015〕34 号)规定,自 2015 年 1 月 1 日至 2017 年 12 月 31 日,对年应纳税所得额低于 20 万元(含 20 万元)的小型微利企业,其所得减按 50%计入应纳税所得额,按 20%的税率缴纳企业所得税。企业所得税法实施条例第九十二条第(一)项和第(二)项所称从业人数,包括与企业建立劳动关系的职工人数和企业接受的劳务派遣用工人数。

从业人数和资产总额指标,应按企业全年的季度平均值确定。具体计算公式如下:

$$季度平均值 = (季初值 + 季末值) \div 2$$

$$全年季度平均值 = 全年各季度平均值之和 \div 4$$

年度中间开业或者终止经营活动的,以其实际经营期作为一个纳税年度确定上述相关指标。

《财政部 国家税务总局关于进一步扩大小型微利企业所得税优惠政策范围的通知》(财税〔2015〕99 号)规定,自 2015 年 10 月 1 日起至 2017 年 12 月 31 日,对年应纳税所得额在 20 万元到 30 万元(含 30 万元)之间的小型微利企业,其所得减按 50%计入应纳税所得额,按 20%的税率缴纳企业所得税。为做好小型微利企业税收优惠政策的衔接,进一步便利核算,对本通知规定的小型微利企业,其 2015 年 10 月 1 日至 2015 年 12 月 31 日间的所得,按照 2015 年 10 月 1 日后的经营月份数占其 2015 年度经营月份数的比例计算。

《国家税务总局关于贯彻落实进一步扩大小型微利企业减半征收企业所得税范围有关问题的公告》(国家税务总局公告 2015 年第 61 号)规定,自 2015 年 10 月 1 日至 2017 年 12 月 31 日,符合规定条件的小型微利企业,无论采取查账征收还是核定征收方式,均可以享受财税〔2015〕99 号文件规定的小型微利企业所得税优惠政策(以下简称减半征税政策)。符合规定条件的小型微利企业自行申报享受减半征税政策。汇算清缴时,小型微利企业通过填报企业所得税年度纳税申报表中"资产总额、从业人数、所属行业、国家限制和禁止行业"等栏次履行备案手续。

(二) 15%的优惠税率

1. 税率

税法规定,国家需要重点扶持的高新技术企业,减按 15%的税率征收企业所得税。

2. 满足认定条件

《高新技术企业认定管理办法》(国科发火〔2016〕32 号)规定,高新技术企业认定须同时满足以下条件:

① 企业申请认定时须注册成立一年以上;

② 企业通过自主研发、受让、受赠、并购等方式,获得对其主要产品(服务)在技术上发挥核心支持作用的知识产权的所有权;

③ 对企业主要产品(服务)发挥核心支持作用的技术属于《国家重点支持的高新技术领域》规定的范围;

④ 企业从事研发和相关技术创新活动的科技人员占企业当年职工总数的比例不低于 10%;

⑤ 企业近三个会计年度(实际经营期不满三年的按实际经营时间计算,下同)的研究开发费用总额占同期销售收入总额的比例符合如下要求:

最近一年销售收入小于 5 000 万元(含)的企业,比例不低于 5%;

最近一年销售收入在 5 000 万元至 2 亿元(含)的企业,比例不低于 4%;

最近一年销售收入在 2 亿元以上的企业,比例不低于 3%。

其中,企业在中国境内发生的研究开发费用总额占全部研究开发费用总额的比例不低于 60%;

⑥ 近一年高新技术产品(服务)收入占企业同期总收入的比例不低于 60%;

⑦ 企业创新能力评价应达到相应要求;

⑧ 企业申请认定前一年内未发生重大安全、重大质量事故或严重环境违法行为。

(三) 20%的所得税预提税率(10%)

税法规定,非居民企业在中国没有设立机构、场所,或者虽设立机构、场所,但来源于中国境内的,与所设机构、场所没有实际联系的所得,适用 20%的企业所得税税率。实际执行时,上述税率减按 10%征收企业所得税。

(四) 少数分行业、分地区的优惠税率

《关于进一步鼓励软件产业和集成电路产业发展企业所得税政策的通知》(财税〔2012〕27 号)规定,国家规划布局内的重点软件企业和集成电路设计企业,如当年未享受免税优惠的,可减按 10%的税率征收企业所得税。

《财政部 国家税务总局 商务部 科技部 国家发展改革委关于完善技术先进型服务企业有关企业所得税政策问题的通知》(财税〔2014〕59 号)第一条规定,自 2014 年 1 月 1 日起至 2018 年 12 月 31 日止,在北京、天津、上海、重庆、大连、深圳、广州、武汉、哈尔滨、成都、南京、西安、济南、杭州、合肥、南昌、长沙、大庆、苏州、无锡、厦门等 21 个中国服务外包示范城市(以下简称示范城市)继续实行以下企业所得税优惠政策:① 对经认定的技术先进型服务企业,减按 15%的税率征收企业所得税;② 经认定的技术先进型服务企业发生的职工教育经费支出,不超过工资薪金总额 8%的部分,准予在计算应纳税所得额时扣除;超过部分,准予在以后纳税年度结转扣除。

财税〔2014〕59 号第二条规定,享受企业所得税优惠政策的技术先进型服务企业必须同时

符合以下条件:① 从事《技术先进型服务业务认定范围(试行)》中的一种或多种技术先进型服务业务,采用先进技术或具备较强的研发能力;② 企业的注册地及生产经营地在示范城市(含所辖区、县、县级市等全部行政区划)内;③ 企业具有法人资格;④ 具有大专以上学历的员工占企业职工总数的50%以上;⑤ 从事《技术先进型服务业务认定范围(试行)》中的技术先进型服务业务取得的收入占企业当年总收入的50%以上;⑥ 从事离岸服务外包业务取得的收入不低于企业当年总收入的35%。从事离岸服务外包业务取得的收入,是指企业根据境外单位与其签订的委托合同,由本企业或其直接转包的企业为境外单位提供《技术先进型服务业务认定范围(试行)》中所规定的信息技术外包服务(ITO)、技术性业务流程外包服务(BPO)和技术性知识流程外包服务(KPO),而从上述境外单位取得的收入。

《关于深入实施西部大开发战略有关企业所得税问题的公告》(国家税务总局公告2012年第12号)规定:① 自2011年1月1日至2020年12月31日,对设在西部地区以《西部地区鼓励类产业目录》中规定的产业项目为主营业务,且其当年度主营业务收入占企业收入总额70%以上的企业,经企业申请,主管税务机关审核确认后,可减按15%税率缴纳企业所得税。上述所称收入总额,是指《企业所得税法》第六条规定的收入总额。② 企业主营业务属于《西部地区鼓励类产业目录》范围的,经主管税务机关确认,可按照15%税率预缴企业所得税。年度汇算清缴时,其当年度主营业务收入占企业总收入的比例达不到规定标准的,应按税法规定的税率计算申报并进行汇算清缴。③ 企业既符合西部大开发15%优惠税率条件,又符合《企业所得税法》及其实施条例和国务院规定的各项税收优惠条件的,可以同时享受。在涉及定期减免税的减半期内,可以按照企业适用税率计算的应纳税额减半征税。

三、筹划思路与演练

我国企业所得税中有三档不同的税率,存在显著差异。企业可以创造条件设立高新技术企业,可享受15%的低税率。而对于经营规模较小、盈利水平一般的企业,可通过增加成本、费用支出或实际资产损失,将盈利水平控制在一定范围之内,从而适用20%的优惠税率,甚至可享受减按50%计入应纳税所得额再按20%的税率计税的优惠。

而非居民企业,能选择不在中国设立机构、场所的,就不设立;即使设立机构、场所,取得来源于中国境内的所得尽量不与该机构、场所发生联系,这样可以享受10%的预提所得税税率优惠。

【案例5-14】 日本日清食品公司决定拓展中国市场,具体想法为:在中国收购花生,将收购的花生加工成花生米,将花生皮压碎后制作花生皮制板返售给中国。公司高层考虑在中国花生产地山东设立一个分支机构,还是临时派出一个海上车间?企业选择的不同,将对其税收负担有何影响?

【综合分析】

案例中,综合考虑中国的税收政策,日清食品公司选择临时派出一个海上车间,在中国大连港口停留28天,完成此项业务。这样该公司既没有在中国境内设立实际管理机构,也没有设立机构、场所。根据规定,该公司属于中国的非居民企业,不必按其取得的花生皮制板收入向中国政府缴纳25%的所得税,只需缴纳10%的预提所得税。

【案例5-15】 湖北某服装生产厂资产总额为2 000万元,从业人数为60人。该企业自2013年成立以来,每年税务审计显示的年应纳税所得额在30万—40万元之间,根据规定,其不满足小型微利企业的条件，应按25%的法定税率缴纳企业所得税。如果你是该企业的税收顾问，2016年其应如何进行纳税筹划，降低企业所得税的税负呢？

【综合分析】

如果该企业2016年不采取任何措施，其应纳税额将在7.5万—10万元。如果企业提前在2016年多采购一些日常经营用品，如办公用品、防暑防寒用品等，增加年度不受税前扣除比例限制的费用类项目支出，使得应纳税所得额减少到30万元及以下，则符合小型微利企业的标准，企业可以少缴1.5万—4万元的企业所得税。

第四节　企业所得税其他优惠政策的纳税筹划

一、农、林、牧、渔减免税优惠政策

（一）免征所得

企业从事下列项目的所得，免征企业所得税：(1) 蔬菜、谷物、薯类、油料、豆类、棉花、麻类、糖料、水果、坚果的种植；(2) 农作物新品种的选育；(3) 中药材的种植；(4) 林木的培育和种植；(5) 牲畜、家禽的饲养；(6) 林产品的采集；(7) 灌溉、农产品初加工、兽医、农技推广、农机作业和维修等农、林、牧、渔服务业项目；(8) 远洋捕捞。

《国家税务总局关于"公司＋农户"经营模式企业所得税优惠问题的公告》(国家税务总局公告2010年第2号)规定，自2010年1月1日起，一些企业采取"公司＋农户"经营模式从事牲畜、家禽的饲养，即公司与农户签订委托养殖合同，向农户提供畜禽苗、饲料、兽药及疫苗等(所有权〈产权〉仍属于公司)，农户将畜禽养大成为成品后交付公司回收。鉴于采取"公司＋农户"经营模式的企业，虽不直接从事畜禽的养殖，但系委托农户饲养，并承担诸如市场、管理、采购、销售等经营职责及绝大部分经营管理风险，公司和农户是劳务外包关系。为此，对此类以"公司＋农户"经营模式从事农、林、牧、渔业项目生产的企业，可以按照《中华人民共和国企业所得税法实施条例》第八十六条的有关规定，享受减免企业所得税优惠政策。

《国家税务总局关于实施农 林 牧 渔业项目企业所得税优惠问题的公告》(国家税务总局公告2011年第48号)规定，自2011年1月1日起，猪、兔的饲养，按"牲畜、家禽的饲养"项目处理；饲养牲畜、家禽产生的分泌物、排泄物，按"牲畜、家禽的饲养"项目处理；观赏性作物的种植，按"花卉、茶及其他饮料作物和香料作物的种植"项目处理；"牲畜、家禽的饲养"以外的生物养殖项目，按"海水养殖、内陆养殖"项目处理；企业根据委托合同，受托对符合财税〔2008〕149号和财税〔2011〕26号规定的农产品进行初加工服务，其所收取的加工费，可以按照农产品初加工的免税项目处理；企业对外购茶叶进行筛选、分装、包装后进行销售的所得，不享受农产品初加工的优惠政策；企业将购入的农、林、牧、渔产品，在自有或租用的场地进行育肥、育秧等再种植、养殖，经过一定的生长周期，使其生物形态发生变化，且并非由于本环节对农产品进行加工而明显增加了产品的使用价值的，可视为农产品的种植、养殖项目享受相应的税收优惠；企业购买农产品后直接进行销售的贸易活动产生的所得，不能享受农、林、牧、渔业项目的税收优惠政策。

（二）减半征收所得

企业从事下列项目的所得，减半征收企业所得税：花卉、茶以及其他饮料作物和香料作物的种植；海水养殖、内陆养殖。

企业从事国家限制和禁止发展的项目，不得享受本条规定的企业所得税优惠。

二、其他减免税优惠政策

（一）从事国家重点扶持的公共基础设施项目投资经营的所得

企业所得税法实施条例第87条及财税〔2008〕46号《财政部、国家税务总局关于执行公共基础设施项目企业所得税优惠目录有关问题的通知》规定，(1) 企业从事《目录》内符合相关条件和技术标准及国家投资管理相关规定，于2008年1月1日后经批准的公共基础设施项目，其投资经营的所得，自该项目取得第一笔生产经营收入所属纳税年度起，第一年至第三年免征企业所得税，第四年至第六年减半征收企业所得税。国家重点扶持的公共基础设施项目，是指《公共基础设施项目企业所得税优惠目录》规定的港口码头、机场、铁路、公路、城市公共交通、电力、水利等项目。第一笔生产经营收入，是指公共基础设施项目已建成并投入运营后所取得的第一笔收入。(2) 企业同时从事不在《目录》范围内的项目取得的所得，应与享受优惠的公共基础设施项目所得分开核算，并合理分摊期间费用，没有分开核算的，不得享受上述企业所得税优惠政策。(3) 企业承包经营、承包建设和内部自建自用公共基础设施项目，不得享受上述企业所得税优惠。

上述享受减免税优惠的项目，在减免税期限内转让的，受让方自受让之日起，可以在剩余期限内享受规定的减免税优惠；减免税期限届满后转让的，受让方不得就该项目重复享受减免税优惠。

（二）从事符合条件的环境保护、节能节水项目

企业从事符合条件的环境保护、节能节水项目的所得，自项目取得第一笔生产经营收入所属纳税年度起，第一年至第三年免征企业所得税，第四年至第六年减半征收企业所得税。符合条件的环境保护、节能节水项目，包括公共污水处理、公共垃圾处理、沼气综合开发利用、节能减排技术改造、海水淡化等。

上述享受减免税优惠的项目，在减免税期限内转让的，受让方自受让之日起，可以在剩余期限内享受规定的减免税优惠；减免税期限届满后转让的，受让方不得就该项目重复享受减免税优惠。

（三）符合条件的技术转让所得

符合条件的技术转让所得免征、减征企业所得税，是指一个纳税年度内，居民企业技术转让所得不超过500万元的部分，免征企业所得税；超过500万元的部分，减半征收企业所得税。

《国家税务总局关于许可使用权技术转让所得企业所得税有关问题的公告》(国家税务总局公告2015年第82号)规定，自2015年10月1日起，全国范围内的居民企业转让5年(含，下同)以上非独占许可使用权取得的技术转让所得，纳入享受企业所得税优惠的技术

转让所得范围。居民企业的年度技术转让所得不超过500万元的部分，免征企业所得税；超过500万元的部分，减半征收企业所得税。所称技术包括专利（含国防专利）、计算机软件著作权、集成电路布图设计专有权、植物新品种权、生物医药新品种，以及财政部和国家税务总局确定的其他技术。其中，专利是指法律授予独占权的发明、实用新型以及非简单改变产品图案和形状的外观设计。企业转让符合条件的5年以上非独占许可使用权的技术，限于其拥有所有权的技术。

国家税务总局公告2015年第82号第三条规定，符合条件的5年以上非独占许可使用权技术转让所得应按以下方法计算：技术转让所得＝技术转让收入－无形资产摊销费用－相关税费－应分摊期间费用。技术转让收入是指转让方履行技术转让合同后获得的价款，不包括销售或转让设备、仪器、零部件、原材料等非技术性收入。不属于与技术转让项目密不可分的技术咨询、服务、培训等收入，不得计入技术转让收入。技术许可使用权转让收入，应按转让协议约定的许可使用权人应付许可使用权使用费的日期确认收入的实现。无形资产摊销费用是指该无形资产按税法规定当年计算摊销的费用。涉及自用和对外许可使用的，应按照受益原则合理划分。相关税费是指技术转让过程中实际发生的有关税费，包括除企业所得税和允许抵扣的增值税以外的各项税金及其附加、合同签订费用、律师费等相关费用。应分摊期间费用（不含无形资产摊销费用和相关税费）是指技术转让按照当年销售收入占比分摊的期间费用。

《国家税务总局关于技术转让所得减免企业所得税有关问题的通知》（国税函〔2009〕212号）规定，自2008年1月1日起，享受减免企业所得税优惠的技术转让应符合以下条件：享受优惠的技术转让主体是企业所得税法规定的居民企业；技术转让属于财政部、国家税务总局规定的范围；境内技术转让经省级以上科技部门认定；向境外转让技术经省级以上商务部门认定；国务院税务主管部门规定的其他条件。

国税函〔2009〕212号还规定，符合条件的技术转让所得应按以下方法计算：技术转让所得＝技术转让收入－技术转让成本－相关税费；技术转让收入是指当事人履行技术转让合同后获得的价款，不包括销售或转让设备、仪器、零部件、原材料等非技术性收入。不属于与技术转让项目密不可分的技术咨询、技术服务、技术培训等收入，不得计入技术转让收入；技术转让成本是指转让的无形资产的净值，即该无形资产的计税基础减除在资产使用期间按照规定计算的摊销扣除额后的余额；相关税费是指技术转让过程中实际发生的有关税费，包括除企业所得税和允许抵扣的增值税以外的各项税金及其附加、合同签订费用、律师费等相关费用及其他支出。享受技术转让所得减免企业所得税优惠的企业，应单独计算技术转让所得，并合理分摊企业的期间费用；没有单独计算的，不得享受技术转让所得企业所得税优惠。企业发生技术转让，应在纳税年度终了后至报送年度纳税申报表以前，向主管税务机关办理减免税备案手续。企业发生境内技术转让，向主管税务机关备案时应报送以下资料：技术转让合同（副本）；省级以上科技部门出具的技术合同登记证明；技术转让所得归集、分摊、计算的相关资料；实际缴纳相关税费的证明资料；主管税务机关要求提供的其他资料。企业向境外转让技术，向主管税务机关备案时应报送以下资料：技术出口合同（副本）；省级以上商务部门出具的技术出口合同登记证书或技术出口许可证；技术出口合同数据表；技术转让所得归集、分摊、计算的相关资料；实际缴纳相关税费的证明资料；主管税务机关要求提供的其他资料。本通知执行。

《财政部国家税务总局关于居民企业技术转让有关企业所得税政策问题的通知》（财税

〔2010〕111 号)规定,自 2008 年 1 月 1 日起,技术转让的范围,包括居民企业转让专利技术、计算机软件著作权、集成电路布图设计权、植物新品种、生物医药新品种,以及财政部和国家税务总局确定的其他技术。其中:专利技术,是指法律授予独占权的发明、实用新型和非简单改变产品图案的外观设计。技术转让,是指居民企业转让其拥有符合本通知第一条规定技术的所有权或 5 年以上(含 5 年)全球独占许可使用权的行为。技术转让应签订技术转让合同。其中,境内的技术转让须经省级以上(含省级)科技部门认定登记,跨境的技术转让须经省级以上(含省级)商务部门认定登记,涉及财政经费支持产生技术的转让,需省级以上(含省级)科技部门审批。居民企业技术出口应由有关部门按照商务部、科技部发布的《中国禁止出口限制出口技术目录》(商务部、科技部令 2008 年第 12 号)进行审查。居民企业取得禁止出口和限制出口技术转让所得,不享受技术转让减免企业所得税优惠政策。居民企业从直接或间接持有股权之和达到 100%的关联方取得的技术转让所得,不享受技术转让减免企业所得税优惠政策。

(四) 特殊行业的优惠政策

《关于进一步鼓励软件产业和集成电路产业发展企业所得税政策的通知》(财税〔2012〕27 号)规定,自 2011 年 1 月 1 日起,享受的优惠政策和需满足的条件如下:

集成电路线宽小于 0.8 微米(含)的集成电路生产企业,经认定后,在 2017 年 12 月 31 日前自获利年度起计算优惠期,第一年至第二年免征企业所得税,第三年至第五年按照 25%的法定税率减半征收企业所得税,并享受至期满为止。

集成电路线宽小于 0.25 微米或投资额超过 80 亿元的集成电路生产企业,经认定后,减按 15%的税率征收企业所得税,其中经营期在 15 年以上的,在 2017 年 12 月 31 日前自获利年度起计算优惠期,第一年至第五年免征企业所得税,第六年至第十年按照 25%的法定税率减半征收企业所得税,并享受至期满为止。

我国境内新办的集成电路设计企业和符合条件的软件企业,经认定后,在 2017 年 12 月 31 日前自获利年度起计算优惠期,第一年至第二年免征企业所得税,第三年至第五年按照 25%的法定税率减半征收企业所得税,并享受至期满为止。

本通知所称获利年度,是指该企业当年应纳税所得额大于零的纳税年度。

本通知所称集成电路生产企业,是指以单片集成电路、多芯片集成电路、混合集成电路制造为主营业务并同时符合下列条件的企业:① 依法在中国境内成立并经认定取得集成电路生产企业资质的法人企业;② 签订劳动合同关系且具有大学专科以上学历的职工人数占企业当年月平均职工总人数的比例不低于 40%,其中研究开发人员占企业当年月平均职工总数的比例不低于 20%;③ 拥有核心关键技术,并以此为基础开展经营活动,且当年度的研究开发费用总额占企业销售(营业)收入(主营业务收入与其他业务收入之和,下同)总额的比例不低于 5%;其中,企业在中国境内发生的研究开发费用金额占研究开发费用总额的比例不低于 60%;④ 集成电路制造销售(营业)收入占企业收入总额的比例不低于 60%;⑤ 具有保证产品生产的手段和能力,并获得有关资质认证(包括 ISO 质量体系认证、人力资源能力认证等);⑥ 具有与集成电路生产相适应的经营场所、软硬件设施等基本条件。

本通知所称集成电路设计企业或符合条件的软件企业,是指以集成电路设计或软件产品开发为主营业务并同时符合下列条件的企业:① 2011 年 1 月 1 日后依法在中国境内成立并经认定取得集成电路设计企业资质或软件企业资质的法人企业；② 签订劳动合同关系且具有大学专科以上学历的职工人数占企业当年月平均职工总人数的比例不低于40%，其中研究开发人员占企业当年月平均职工总数的比例不低于20%；③ 拥有核心关键技术，并以此为基础开展经营活动，且当年度的研究开发费用总额占企业销售（营业）收入总额的比例不低于6%；其中，企业在中国境内发生的研究开发费用金额占研究开发费用总额的比例不低于60%；④ 集成电路设计企业的集成电路设计销售（营业）收入占企业收入总额的比例不低于60%，其中集成电路自主设计销售（营业）收入占企业收入总额的比例不低于50%；软件企业的软件产品开发销售（营业）收入占企业收入总额的比例一般不低于50%[嵌入式软件产品和信息系统集成产品开发销售（营业）收入占企业收入总额的比例不低于40%]，其中软件产品自主开发销售（营业）收入占企业收入总额的比例一般不低于40%[嵌入式软件产品和信息系统集成产品开发销售（营业）收入占企业收入总额的比例不低于30%]；⑤ 主营业务拥有自主知识产权，其中软件产品拥有省级软件产业主管部门认可的软件检测机构出具的检测证明材料和软件产业主管部门颁发的《软件产品登记证书》；⑥ 具有保证设计产品质量的手段和能力，并建立符合集成电路或软件工程要求的质量管理体系并提供有效运行的过程文档记录；⑦ 具有与集成电路设计或者软件开发相适应的生产经营场所、软硬件设施等开发环境（如EDA工具、合法的开发工具等），以及与所提供服务相关的技术支撑环境。

三、加计扣除优惠政策

（一）"三新"的研究开发费用

《财政部、国家税务总局、科学技术部关于完善研究开发费用税前加计扣除政策的通知》（财税〔2015〕119号）规定，企业开展研发活动中实际发生的研发费用，未形成无形资产计入当期损益的，在按规定据实扣除的基础上，按照本年度实际发生额的50%，从本年度应纳税所得额中扣除；形成无形资产的，按照无形资产成本的150%在税前摊销。研发费用的具体范围包括：

1. 人员人工费用

直接从事研发活动人员的工资薪金、基本养老保险费、基本医疗保险费、失业保险费、工伤保险费、生育保险费和住房公积金，以及外聘研发人员的劳务费用。

2. 直接投入费用

（1）研发活动直接消耗的材料、燃料和动力费用。

（2）用于中间试验和产品试制的模具、工艺装备开发及制造费，不构成固定资产的样品、样机及一般测试手段购置费，试制产品的检验费。

（3）用于研发活动的仪器、设备的运行维护、调整、检验、维修等费用，以及通过经营租赁方式租入的用于研发活动的仪器、设备租赁费。

3. 折旧费用

用于研发活动的仪器、设备的折旧费。

4. 无形资产摊销

用于研发活动的软件、专利权、非专利技术（包括许可证、专有技术、设计和计算方法等）的摊销费用。

5. 新产品设计费、新工艺规程制定费、新药研制的临床试验费、勘探开发技术的现场试验费

6. 其他相关费用

与研发活动直接相关的其他费用，如技术图书资料费、资料翻译费、专家咨询费、高新科技研发保险费，研发成果的检索、分析、评议、论证、鉴定、评审、评估、验收费用，知识产权的申请费、注册费、代理费，差旅费、会议费等。此项费用总额不得超过可加计扣除研发费用总额的 10%。

7. 财政部和国家税务总局规定的其他费用

（二）安置残疾人员及国家鼓励安置的其他就业人员所支付的工资

《财政部、国家税务总局关于安置残疾人员就业有关企业所得税优惠政策问题的通知》（财税〔2009〕70 号）规定，企业安置残疾人员所支付工资的加计扣除，是指企业安置残疾人员的，在按照支付给残疾职工工资据实扣除的基础上，按照支付给残疾职工工资的 100%加计扣除。预缴申报时允许据实计算扣除；在年度终了进行企业所得税年度申报和汇算清缴时，再加计扣除。

《国家税务总局关于促进残疾人就业税收优惠政策相关问题的公告》（国家税务总局公告 2015 年第 55 号）规定，自 2015 年 9 月 1 日起，以劳务派遣形式就业的残疾人，属于劳务派遣单位的职工。劳务派遣单位可按照《财政部 国家税务总局关于促进残疾人就业税收优惠政策的通知》（财税〔2007〕92 号，以下简称《通知》）规定，享受相关税收优惠政策。

《财政部 国家税务总局 人力资源和社会保障部关于继续实施支持和促进重点群体创业就业有关税收政策的通知》（财税〔2014〕39 号）规定，2014 年 1 月 1 日至 2016 年 12 月 31 日间，对商贸企业、服务型企业、劳动就业服务企业中的加工型企业和街道社区具有加工性质的小型企业实体，在新增加的岗位中，当年新招用在人力资源和社会保障部门公共就业服务机构登记失业一年以上且持《就业失业登记证》（注明“企业吸纳税收政策”）人员，与其签订 1 年以上期限劳动合同并依法缴纳社会保险费的，在 3 年内按实际招用人数予以定额依次扣减营业税、城市维护建设税、教育费附加、地方教育附加和企业所得税优惠。定额标准为每人每年 4 000元，最高可上浮 30%，各省、自治区、直辖市人民政府可根据本地区实际情况在此幅度内确定具体定额标准，并报财政部和国家税务总局备案。

按上述标准计算的税收扣减额应在企业当年实际应缴纳的营业税、城市维护建设税、教育费附加、地方教育附加和企业所得税税额中扣减，当年扣减不足的，不得结转下年使用。

《国家税务总局、财政部、人力资源和社会保障部、教育部、民政部关于支持和促进重点群体创业就业有关税收政策具体实施问题的公告》（国家税务总局公告 2014 年第 34 号）规定，自 2014 年 1 月 1 日起，符合条件的企业、民办非企业单位招用在人力资源和社会保障部门公共就业服务机构登记失业半年以上的人员、零就业家庭或享受城市居民最低生活保障家庭劳动年龄内的登记失业人员，按本单位吸纳人数和签订的劳动合同时间核定本单位减免税总额，在减免税总额内每月依次扣减营业税、城市维护建设税、教育费附加和地方教育附加。纳税人实际应缴纳的营业税、城市维护建设税、教育费附加和地方教育附加小于核定减免税总额的，以实际应缴纳的营业税、城市维护建设税、教育费附加、地方教育附加为限；实际应缴纳的营业

税、城市维护建设税、教育费附加和地方教育附加大于核定减免税总额的，以核定减免税总额为限。纳税年度终了，如果纳税人实际减免的营业税、城市维护建设税、教育费附加和地方教育附加小于核定的减免税总额，纳税人在企业所得税汇算清缴时，以差额部分扣减企业所得税。当年扣减不足的，不再结转以后年度扣减。

$$减免税总额 = \sum(每名失业人员本年度在本企业工作月份 \div 12 \times 定额)$$

企业、民办非企业单位自吸纳失业人员的次月起享受税收优惠政策。第二年及以后年度当年新招用人员、原招用人员及其工作时间按上述程序和办法执行。每名失业人员享受税收优惠政策的期限最长不超过 3 年。

四、创业投资额抵扣政策

抵扣应纳税所得额，是指创业投资企业采取股权投资方式，投资于未上市的中小高新技术企业 2 年以上的，可以按照其投资额的 70%在股权持有满 2 年的当年抵扣该创业投资企业的应纳税所得额；当年不足抵扣的，可以在以后纳税年度结转抵扣。

《国家税务总局关于有限合伙制创业投资企业法人合伙人企业所得税有关问题的公告》(国家税务总局公告 2015 年第 81 号)规定，自 2015 年 10 月 1 日起，有限合伙制创业投资企业采取股权投资方式投资于未上市的中小高新技术企业满 2 年(24 个月，下同)的，其法人合伙人可按照对未上市中小高新技术企业投资额的 70%抵扣该法人合伙人从该有限合伙制创业投资企业分得的应纳税所得额，当年不足抵扣的，可以在以后纳税年度结转抵扣。所称满 2 年是指 2015 年 10 月 1 日起，有限合伙制创业投资企业投资于未上市中小高新技术企业的实缴投资满 2 年，同时，法人合伙人对该有限合伙制创业投资企业的实缴出资也应满 2 年。如果法人合伙人投资于多个符合条件的有限合伙制创业投资企业，可合并计算其可抵扣的投资额和应分得的应纳税所得额。当年不足抵扣的，可结转以后纳税年度继续抵扣；当年抵扣后有结余的，应按照企业所得税法的规定计算缴纳企业所得税。

五、减计收入优惠政策

《财政部、国家税务总局关于执行资源综合利用企业所得税优惠目录有关问题的通知》(财税〔2008〕47 号)规定：自 2008 年 1 月 1 日起，企业以《目录》中所列资源为主要原材料，生产《目录》内符合国家或行业相关标准的产品取得的收入，在计算应纳税所得额时，减按 90%计入当年收入总额。享受上述税收优惠时，《目录》内所列资源占产品原料的比例应符合《目录》规定的技术标准。企业同时从事其他项目而取得的非资源综合利用收入，应与资源综合利用收入分开核算，没有分开核算的，不得享受优惠政策。企业从事不符合实施条例和《目录》规定范围、条件和技术标准的项目，不得享受资源综合利用企业所得税优惠政策。

六、税额抵免政策

《财政部、国家税务总局关于执行环境保护专用设备企业所得税优惠目录节能节水专用设备企业所得税优惠目录和安全生产专用设备企业所得税优惠目录有关问题的通知》(财税〔2008〕48 号)规定，企业自 2008 年 1 月 1 日起购置并实际使用列入《目录》范围内的环境保护、节能节水和安全生产专用设备，可以按专用设备投资额的 10%抵免当年企业所得税应纳税额；企业当年应纳税额不足抵免的，可以向以后年度结转，但结转期不得超过5个纳税年度。专用设备投资额，是指购买专用设备发票价税合计价格，但不包括按有关规定退还的增值税税款以及设备运输、安装和调试等费用。当年应纳税额，是指企业当年的应纳税所得额乘以适用税率，扣除依照企业所得税法和国务院有关税收优惠规定以及税收过渡优惠规定减征、免征税额后的余额。企业利用自筹资金和银行贷款购置专用设备的投资额，可以按企业所得税法的规定抵免企业应纳所得税额；企业利用财政拨款购置专用设备的投资额，不得抵免企业应纳所得税额。企业购置并实际投入适用、已开始享受税收优惠的专用设备，如从购置之日起5个纳税年度内转让、出租的，应在该专用设备停止使用当月停止享受企业所得税优惠，并补缴已经抵免的企业所得税税款。转让的受让方可以按照该专用设备投资额的10％抵免当年企业所得税应纳税额；当年应纳税额不足抵免的，可以在以后5个纳税年度结转抵免。

《国家税务总局关于环境保护节能节水安全生产等专用设备投资抵免企业所得税有关问题的通知》(国税函〔2010〕256号)规定，自2009年1月1日起，纳税人购进并实际使用《目录》范围内的专用设备并取得增值税专用发票的，在按照财税〔2008〕48号规定进行税额抵免时，如增值税进项税额允许抵扣，其专用设备投资额不再包括增值税进项税额；如增值税进项税额不允许抵扣，其专用设备投资额应为增值税专用发票上注明的价税合计金额。企业购买专用设备取得普通发票的，其专用设备投资额为普通发票上注明的金额。

七、筹划思路与演练

（一）投资方向的筹划

企业所得税的优惠政策，包括税基式优惠、税率式优惠、税额式优惠，这些优惠政策是以“产业优惠为主，区域优惠为辅”引导企业发展。企业在初次投资或增加投资时可以适当运用相关税收优惠来选择节税有利的项目和行业。

1. 选择优惠项目投资

(1) 投资于免税、减税项目

从企业所得税优惠政策的具体内容上看，其大力扶持基础农业的发展。如蔬菜、薯类、棉花、麻类、水果、坚果等的种植所得，均免税；牲畜、家禽的饲养所得，均免税等；而花卉、香料、茶类等高收益项目的种植，虽不免税，但可以享受减半征收企业所得税的优惠政策，力度也很大。如果产出效益一样的项目，投资者可以选择这些有减、免企业所得税优惠政策的项目。

【案例5-16】 上海某公司2016年9月欲在武汉某远城区投资兴建一个子公司，经过市场调研，有以下收益较好且相差不大的项目：大棚蔬菜、大棚花卉及国家限制发展的项目。企业拟投资1 000万元，三个项目每年符合规定的税前利润预计均为500万元。假如不存在其他所得税调整事项，该企业如何进行纳税筹划，做出对企业有利的选择?

【综合分析】

案例中，该企业备选的三个项目中有两个属于企业所得税有优惠政策的项目，选择哪一个项目，同等条件下，要分析下每个项目的企业所得税负担。大棚蔬菜的种植所得，免征企业所得税，应纳所得税额为0，税后收益为500万元；大棚花卉的种植所得，减半征收企业所得税，应纳所得税额为 62.5 万元,税收收益为 437.5 万元;第三个项目取得的所得,由于属于国家限制发展项目,按 25%的税率缴纳企业所得税,其应纳所得税额为 125 万元,税后收益为 375 万元。相比较而言,同等条件下,投资于大棚蔬菜的种植是最佳选择。

(2) 投资于定期减免税的项目

由企业所得税的优惠政策可知,同等条件下,企业投资于公共基础设施、环境保护、节能节税项目,这些项目均享受定期减免税的优惠,如从项目取得第一笔生产经营收入所属纳税年度起施行"三免三减半"的优惠政策。

2. 选择优惠行业投资

投资于部分高新技术企业,如软件企业、集成电路生产企业和经认定的先进技术服务型企业等。这些行业均享受相关税收优惠,有税率上的优惠,如国家规划布局内的重点软件企业和集成电路设计企业,如当年未享受免税优惠的,可减按 10%的税率征收企业所得税;还有定期减免优惠,如"两免三减半"、"五免五减半"等。

(二) 经营模式的筹划

随着企业的发展,其经济链条也会发生变化,从事加工业的企业在向种植业、养殖业发展,从事种植、养殖的企业也在向加工业延伸。企业经济链条发生变化时,其设立形式、核算方式不同,税收负担也不同。通过经营模式的筹划,企业可以享受政府给予的税收政策优惠,是最佳选择。如"公司+农户"的经营模式下,公司可以将部分农产品、农牧产品的生产或简单加工业务前移给农户,通过农户的种植、饲养或手工加工制作成初级农产品,再将初级农产品收购过来,达到抵扣增值税销项税额、享受企业所得税免税的优惠。

【案例 5-17】 清凉果汁饮料有限公司(以下简称清凉公司)是专门生产橙汁饮料的涉农工业企业,2014 年直接收购农户种植的橙子共支付 500 万元,上门收购支付的运费为 30 万元(取得合规的票据),生产饮料饮品耗用人工费等不得抵扣进项税额的费用为 80 万元,电费等支出为 25 万元,可抵扣进项税额为 4 万元,生产耗用辅助材料的进项税额为 12 万元,销售橙汁饮料收入为 1 000 万元。假设 2015 年清凉公司直接向农户收购橙子,进行深加工,全年按税法计算的应纳税所得额为 500 万元。2016 年清凉公司应如何筹划该涉税事项以降低税负呢?

【综合分析】

清凉公司不采取任何筹划措施下,增值税的计算不考虑营改增和运费抵扣新政策,相关数据采用 2014 年和 2015 年的数据,税负分析如下:

应纳增值税=1 000×17%-500×13%-30×7%-4-12=86.9(万元)

应纳企业所得税=500×25%=125(万元)

清凉公司的税收顾问研究了相关的税收政策,建议公司采取"公司+农户"经营模式,具体措施如下:清凉公司与当地种植橙树的农户签订委托种植合同,向农户提供橙树树苗及种植技术指导,农户按该公司的要求种植和管理橙树,待橙子成熟后,农户按清凉公司要求晒成橙干,该公司进行回收。

假设"公司+农户"经营模式下,清凉公司收购农户初加工的橙干支付 700 万元,上门收购支付运费 30 万元(取得合规的票据),用橙干生产橙汁饮料耗用电费、辅助材料等的进项为 16 万元,销售橙汁饮料收入为 1 000 万元。假设 2016 年清凉公司直接向农户收购橙干,利用机械简单加工成橙汁饮料，全年按税法计算的应纳税所得额为500万元。

采取筹划措施以后，不考虑营改增和运费抵扣新政策，税负分析如下：

应纳增值税＝1 000×17%－700×13%－30×7%－16＝60.9(万元)

应纳企业所得税＝0

综上可见，通过经营模式的转变，筹划后税负较筹划前有显著降低。

（三）投资地区的筹划

从现行优惠政策来看，国家因地制宜制定了适应不同地区发展的区域优惠政策，如西部地区。这为新企业通过选择注册地点进行纳税筹划提供了空间。而老企业也可以通过迁移注册地进行纳税筹划。

新办企业或扩大经营追加投资的企业，可以选择税负较低的地区进行投资，达到享受税收优惠的好处。如西部地区、保税区、旅游度假区等。

对于已成立的企业而言，已具备了其他享受税收优惠政策的条件，只是由于注册地点不在特定区域而不能享受优惠的，可以考虑是否迁移注册地的问题。筹划还受企业成长的寿命周期、搬迁费用、技术、信息、客户开拓等方面因素的制约。可见，对于迁移注册地而享受税收优惠的筹划，企业需要全面分析，对有关经济技术数据进行测算，再做出相应决策。

不过，迁移企业注册地本身也存在方式上的筹划。如果整体迁移不现实的话，可以采取产权重组、分立、分别注册等方式，或者先在享受税收优惠的地区成立一家企业，再将老企业和新企业进行合并，将原来老企业变更为享受优惠政策新企业的分支机构，享受合并纳税的好处。另外，企业还可以通过关联企业间的关联交易实现利润从高税负地区转移到低税负地区。需要注意的是，关联交易价格需在税法规定允许范围内，否则将面临税务机关对关联交易价格的纳税调整。

综上分析，新办企业成立时可以对注册地点的选择进行事先筹划，老企业也可以筹划迁移注册地的方式，达到享受区域税收优惠的目的。因此，每个企业都应该根据自己生产经营的特点、具体情况和对税收优惠政策的深入研究，找到适合自己企业的筹划空间，实现企业经济利益的最大化。

【案例5－18】 由于资金充足、交通上人脉资源丰厚，2016年张某欲创办一家兼营交通业务和其他业务的一人有限责任公司，预计全年交通业务收入为600万元，非交通业务收入为400万元，应税所得率均为25%。张某在公司成立之前如何筹划以降低税负呢？

【综合分析】

根据现行企业所得税的优惠政策，张某的公司成立前需考虑两方面：一是注册地的选择；二是业务规模初始投资额的分配问题。

第一，注册地的选择上，可以选择有区域优惠的地区，如西部地区。在西部地区成立交通业务企业，达到相关优惠标准，不仅可以享受15%的税率优惠，还可以享受“三免三减半”的定期减免优惠。

第二，业务规模初始投资额的分配，需考虑交通业务收入规模达到总收入的70%以上，可加大交通业务的投资，扩展交通业务收入，以达到优惠政策标准。

具体筹划方案如下：

方案一：在西部地区投资创办一个交通企业兼营其他业务的企业，因交通业务收入占全部收入的比例仅为60%，小于70%。因此，企业所得税上不能享受税率和定期减免优惠。

2016年预计收入应纳企业所得税额=(600+400)×25%×25%=62.5(万元)

方案二：在西部地区分别投资创办两个企业，一个交通企业，一个从事其他业务的企业。从事交通业务的企业收入全部为交通业务的收入，超过70%的标准，企业所得税方面，全部所得可以享受“三免三减半”的待遇，该优惠期结束后，还可以享受15%的优惠税率。

2016年预计收入应纳企业所得税额=400×25%×25%=25(万元)。

方案三：在西部地区分别投资创办一个交通企业兼营其他业务的企业，加大交通业务方面的投资额，拓展交通业务，预计2016年交通业务收入可以达到1 000万元。假定其他条件不变，此时交通业务收入占全部收入的比例为71.43%，大于70%。经企业申请，企业所得税方面1 400万元的全部所得可以享受“三免三减半”的待遇，该优惠期结束后，还可以享受15%的优惠税率。

综上分析，比较三个筹划方案，方案三的节税效果最大。

课后习题

1. 风帆商贸公司是王帆和三个朋友每人出资100万元成立的有限责任公司，四个股东约定平时不领工资，年终分红。2015年该公司实现会计利润90万元，纳税调整后的应纳税所得额为102万元，申报缴纳企业所得税25.5万元，税后利润64.5万元，公司按规定提取了公积金、公益金9.68万元.可分配利润为54.82万元。年底四个股东决定将其中的40万元拿出来进行利润分配，每人分得红利10万元。四个股东共需缴纳个人所得税8万元，投资者实际上承担了企业所得税和个人所得税两道税负，合计税负为33.5万元。请问如何进行纳税筹划，以降低整体税负？

2. 武汉市红星家具生产企业，逐年盈利，未享受企业所得税减免税优惠政策，企业所得税税率为25%，2015年12月拟购进一项由于技术进步产品更新换代较快的固定资产，该项固定资产原值500万元，预计净残值20万元，使用寿命约为5年，与税法规定的折旧最低年限相同。根据税法规定，该项固定资产在折旧方面可享受税收优惠政策。假定按年复利利率10%计算，第1年—第5年的现值系数分别为：0.909、0.826、0.751、0.683、0.621。

3. 武汉市暖阳纺织公司，逐年亏损，预计3年后能扭亏为盈，未享受企业所得税减免税优惠政策，企业所得税税率为25%。2015年12月拟购入一先进生产设备，其主体价值90万元，运输、保险和安装费10万元左右，无残值，预计使用寿命15年，税法规定的折旧最低年限为10年。根据税法规定，该项固定资产在折旧方面可享受税收优惠政策。假定按年复利利率10%计算，第1年—第5年的现值系数分别为：0.909、0.826、0.751、0.683、0.621。企业如何进行筹划有利于节税？若企业处理逐年盈利期，又该如何筹划？

4. 武汉市某工业企业2015年底预估2016年实现产品销售收入10 000万元，其他销售收入和视同销售收入非常少。预估企业2016年发生业务招待费80万元，广告费400万元，业务宣传费120万元。预估2016年税前会计利润总额为500万元。如何筹划可以节税？

第六章　个人所得税纳税筹划

本章要点

通过本章的学习，掌握个人所得税基本税收规定，掌握个人所得税基本筹划的方法，能够对工资薪金，年终奖筹划熟悉掌握，并能运用到实际工作中。

第一节　个人所得税纳税义务人的筹划

案例导入

乔治、布莱克和史密斯三位先生均系美国俄亥俄州人，而且都是美国科通技术发展有限公司高级雇员。因工作需要，乔治和布莱克两位先生于2014年12月8日被美国总公司派往在中国设立的分公司工作，在北京业务区。紧接着2015年2月10日史密斯先生也被派往中国开展业务，在上海业务区工作。其间，因工作需要三人均回国述职一段时间。乔治先生于2015年7月至8月回国两个月，布莱克和史密斯两位先生于2015年9月各回国20天。

2015年度，乔治先生从中国分公司取得工资薪金10万元，从美国总公司取得工资薪金1万美元。布莱克和史密斯先生均取得中国分公司的12万元和美国总公司的1万美元工资薪金。公司财务人员负责代扣代缴个人所得税，其中乔治和史密斯两人仅就中国分公司取得的所得缴税，而布莱克先生则中国和美国取得的所得均要缴税。布莱克先生不明白，便问财务人员。财务人员的答复是布莱克先生为居民纳税人，而乔治和史密斯两先生是非居民纳税人。

一、个人所得税纳税人规定

《中华人民共和国个人所得税法》第一条在中国境内有住所，或者无住所而在境内居住满一年的个人，从中国境内和境外取得的所得，依照本法规定缴纳个人所得税。

在中国境内无住所又不居住或者无住所而在境内居住不满一年的个人，从中国境内取得的所得，依照本法规定缴纳个人所得税。

《中华人民共和国个人所得税法实施条例》第二条税法第一条第一款所说的在中国境内有住所的个人，是指因户籍、家庭、经济利益关系而在中国境内习惯性居住的个人。

《中华人民共和国个人所得税法实施条例》第三条税法第一条第一款所说的在境内居住满一年，是指一个纳税年度在中国境内居住365日。临时离境的，不扣减日数。前款所说的临时离境,是指一次不超过30日或者多次累计不超过90日的离境。

《中华人民共和国个人所得税法》第二条规定对企事业单位的承包经营所得应纳个人所得税。对企事业单位的承包经营、承租经营所得,适用5%—35%的超额累进税率。

第六条应纳税所得额的计算:对企事业单位的承包经营、承租经营所得,以每一纳度的收入总额,减除必要费用后的余额,为应纳税所得额。

《中华人民共和国个人所得税法实施条例》第八条对企事业单位的承包经营、承租经营所得,是指个人承包经营以及转包、转租取得的所得,包括个人按月或者按次取得的工资、薪金性质的所得。

第十八条税法第六条第一款第三项所说的每一纳税年度的收入总额,是指纳税义务人按照承包经营、承租经营合同规定分得的经营利润和工资、薪金性质的所得;所说的减除必要费用,是指按月减除3 500元。

二、筹划思路与演练

1. 居民纳税人与非居民纳税人的转化

我国的个人所得税纳税义务人判定标准与国际通常的做法一致,即依据住所和时间两个标准,区分为居民和非居民,并分别承担不同的纳税义务。前者负有无限纳税义务,应就其来源于中国境内、外的全部所得,向我国政府缴纳个人所得税;而后者仅负担有限的纳税义务,只就来源于中国境内的所得缴纳个人所得税。对纳税人而言,非居民纳税人身份显然有利。避免成为居民纳税人主要可以从以下几个思路着手:

(1) 利用居民纳税人居住时间标准的规定进行筹划。利用临时离境的规定,恰当安排离境时间,使自己成为非居民纳税人,减轻税负。

(2) 利用纳税人住所地有关规定进行筹划。利用住所地有关规定,改变国籍变更住所,进行合理避税。确定纳税人住所地标准在于明确纳税人是否有在我国长期居住的权利以及该纳税人是否想在我国长期居住,是否拥有居住意愿。

(3) 利用我国与世界其他国家签订的双边或多边税收协定,争取享受税收饶让等优惠政策。

另外,除了避免成为居民纳税人以外,还可以充分利用我国的税收优惠政策来进行筹划,如外籍无住所个人工作满1年未满5年的(高管除外)境外所得境外支付的免税等,我们可以充分把握已作为我国居民纳税人的外籍个人的居住时间,以达到合理节税的目的。

2. 企业所得税纳税义务人与个人所得税纳税义务人身份的选择

个人对企事业单位的承包、承租经营形式较多,分配方式也不尽相同。税法对此作了适当分类并规定了相应的税务处理方法:

(1) 个人对企事业单位承包、承租经营后,工商登记改为个体工商户的,应按个体工商户的生产经营所得计征个人所得税,不再征收企业所得税。

(2) 个人对企事业单位承包、承租经营后,工商登记仍为原单位的,不论其分配方式如何,均应先按照企业所得税的有关规定缴纳企业所得税,然后根据承包、承租经营者按合同规定取得的所得,依照个人所得税税法的有关规定缴纳个人所得税。具体如下:

① 承包、承租人对企业经营成果不拥有所有权,仍按合同规定取得一定所得的,应按工

资、薪金所得征收个人所得税。

② 承包、承租人按合同规定只向发包方,出租人交纳一定费用,缴纳承包,承租费后的企业的经营成果归承包,承租人所有的,其取得的所得,按企事业单位承包经营,承租经营所得征收个人所得税。我们可以通过承包承租经营后工商登记是否变更来选择我们纳税人的身份。

【案例 6-1】 保罗和纽曼均系美国俄亥俄州人,而且都是美国华纳技术发展有限公司的高级雇员。2013—2015 年间两人被派往中国境内的分公司工作。2015 年因工作需要,保罗 7—9月离境 70 天回国述职,10—12 月份又回国探亲 40 天。纽曼 2015 年年内曾 4 次临时离境,每次均未超过 30 天,共计 85 天。2015 年度内,保罗和纽曼均从美国公司取得报酬 2 万美元,从中国公司取得人民币报酬 15 万元。试分析保罗和纽曼各自的纳税义务。

【综合分析】

保罗在 2015 年度两次离境,超过 90 天,因此保罗属居住不满一年的非居民纳税人。根据个人所得税法,非居民纳税人对我国仅负有有限的纳税义务,就其来源于中国境内的所得缴纳个人所得税。

纽曼在 2015 年度四次临时离境,每次未超过 30 天,共计 85 天,未超过 90 天,因此纽曼属居民纳税人。按照我国税法规定,居民纳税人对我国负有无限的纳税义务,就其来源于中国境内和境外的全部所得缴纳个人所得税。

倘若纽曼想要减轻自己的税收负担,可以将居民纳税人的身份变成非居民纳税人,即每次离境都超过 30 天或多次累计超过 90 天。

【案例 6-12】 承包人李某 2015 年承包经营一民营企业,合同约定,李某每年除上缴 5 万元承包费外,其余收入全部归个人所有。假设 2015 年,该企业取得经营利润 15 万元,李某应该如何缴纳所得税?

【综合分析】

方案一:实行个人承包、承租经营后,工商登记仍为原企业。

应纳企业所得税=150 000×25%=37 500(元)

缴纳企业所得税税后利润=150 000−37 500=112 500(元)

缴纳企业所得税和上缴承包费后,李某的收入=150 000−37 500−50 000
=62 500(元)

按企事业单位承包承租经营所得项目的计税规定,计算缴纳个人所得税。

应纳个人所得税=(62 500−3 500×12)×10%−750=1 300(元)

合计应纳所得税=37 500+1 300=38 800(元)

李某承包,承租经营所得的税后净收益=62 500−1 300=61 200(元)

方案二:实行个人承包承租经营后,工商登记改变为个体工商户。

缴纳承包费用后,李某的收入为 150 000−50 000=100 000(元)

按个体工商户的生产经营所得项目的计税规定,计算缴纳个人所得税。

应纳个人所得税=(100 000−3 500×12)×20%−3 750=7 850(元)

承包经营所得的税后净收益=150 000−50 000−7 850=92 150(元)

因此,按照方案二的方式,可以获得节税收益:92 150−61 200=30 950(元)

第二节 不同收入项目计税依据和税率的纳税筹划

案例导入

彭先生 2015 年度有如下收入：

(1) 每月的工资为 3 000 元，2015 年 12 月 31 日领取年终奖金 40 000 元；

(2) 8 月去外地进行讲座，取得一次性收入 5 000 元；

(3) 9 月主编出版一本图书，由于内容较多，页数共计 500 页，取得出版社支付的稿酬为8 600 元。

试分析，彭先生 2015 年全年应缴的个人所得税为多少，并思考这些所得是否有筹划的空间，彭先生如果明年取得相同类型的所得是否可以少缴个人所得税？

一、工资、薪金所得的相关规定

《中华人民共和国个人所得税法》第二条下列各项个人所得，应纳个人所得税：工资、薪金所得。

《中华人民共和国个人所得税法实施条例》第八条工资、薪金所得，是指个人因任职或者受雇而取得的工资、薪金、年终加薪、劳动分红、津贴、补贴以及与任职或者受雇有关的其他所得。

《国家税务总局关于印发〈征收个人所得税若干问题的规定〉的通知》第二条规定，下列不属于工资、薪金性质的补贴、津贴或者不属于纳税人本人工资所得的项目收入，不征税。

(1) 独生子女补贴；

(2) 执行公务员工资制度未纳入基本工资总额的补贴、津贴差额和家属成员的副食品补助费；

(3) 托儿补助费；

(4) 差旅费津贴、误餐补助。

财税〔2009〕3 号(《国家税务总局关于企业工资薪金及职工福利费扣除问题的通知》)对职工福利费扣除做了如下规定：

(1) 尚未实行分离办社会职能的企业，其内设福利部门所发生的设备、设施和人员费用，包括职工食堂、职工浴室、理发室、医务所、托儿所、疗养院等集体福利部门的设备、设施及维修保养费用和福利部门工作人员的工资薪金、社会保险费、住房公积金、劳务费等。

(2) 为职工卫生保健、生活、住房、交通等所发放的各项补贴和非货币性福利，包括企业向职工发放的因公外地就医费用、未实行医疗统筹企业职工医疗费用、职工供养直系亲属医疗补贴、供暖费补贴、职工防暑降温费、职工困难补贴、救济费、职工食职工交通补贴等。

(3) 按照其他规定发生的其他职工福利费，包括丧葬补助费、抚恤费、安家费、探亲假路费等。

国税发〔2005〕9 号(《国家税务总局关于调整个人取得全年一次性奖金等计算征收个人所得税方法问题的通知》)规定，自 2005 年 1 月起，纳税人取得全年一次性奖金，单独作为一个月工资、薪金所得计算纳税。先将雇员当月内取得的全年一次性奖金，除以 12 个月，按其商数确定适用税率速算扣除数。如果在发放年终一次性奖金的当月，雇员工资薪金所得低于税法规定的费用扣除，应将全年一次性奖金减除"雇员当月工资薪金所得与费用扣除额的差额"后的余额，上述办法确定全年一次性奖金的适用税率和速算扣除数。在一个纳税年度内，对每一个纳税人，该计税办法只允许采用一次。雇员取得除全年一次性奖金以外的其他各种名目奖金，如半年奖、季度奖、加班奖、先进奖、考勤奖等，一律与当月工资、薪金收入合并，按税法规定缴纳个人所得税。

二、劳务报酬所得的相关规定

《中华人民共和国个人所得税法实施条例》第三十九条规定，纳税义务人兼有税法第二条所列的两项或者两项以上的所得的，按项分别计算纳税。在中国境内两处或者两处以上取得税法第二条第一项、第二项、第三项所得的，同项所得合并计算纳税。

《中华人民共和国个人所得税法实施条例》第二十一条规定，劳务报酬所得，属于一次性收入的，以取得该项收入为一次；属于同一项目连续性收入的，以一个月内取得的收入为一次。

国税函〔1996〕602号(《国家税务总局关于个人所得税偷税案件查处中有关问题补充通知》)也对劳务报酬的"次"做出了规定：个人所得税法实施条例第二十一条规定同一项目连续性收入的，以一个月内取得的收入为一次，考虑属地管辖与时间划定交叉的特殊情况，统一规定以县(含县级市、区)为一地，其管辖内的一个月内的劳务一次；当月跨县地域的，则应分别计算。

《国家税务总局关于印发(征收个人所得税若干问题)的规定的通知》(国税发〔1994〕89号)规定，工资、薪金所得是属于非独立个人劳务活动，即在机关、团体、学校、部队、企业等事业单位中及其他组织中任职、受雇而得到的报酬；劳务报酬所得则是个人独立从事各种技艺、提供各项劳务取得的报酬，两者的主要区别在于，前者存在雇佣与被雇佣关系，后者则不存在这种关系。

《国家税务总局关于个人兼职和退休人员再任职取得收入如何计算征收个人所得税问题的批复》(国税发〔2005〕382号)对于个人兼职获取收入规定，据《中华人民共和国个人所得税法》《国家税务总局关于印发〈征收个人所得税若干问题的规定〉的通知》和《国家税务总局关于影视演职人员个人所得税问题的批复》的规定精神，个人兼职取得的收入应按照"劳务所得"应税项目缴纳个人所得税。

三、稿酬所得的相关规定

《国家税务总局关于印发(征收个人所得税若干问题的规定)的规定》(国税发〔1994〕89号)：

(1) 个人每次以图书、报刊方式出版、发表同一作品(文字作品、书画作品、摄影作品作品)，不论出版单位是预付还是分笔支付稿酬，或者加印该作品后再付稿酬，均应合并其稿酬所得按一次计征个人所得税。在两处或两处以上出版、发表或再版同一作所得，则可分别各处取得的所得或再版所得按分次所得计征个人所得税。

(2) 个人的同一作品在报刊上连载，应合并其因连载而取得的所有稿酬所得为一次，按税法规定计征个人所得税。在其连载之后又出书取得稿酬所得，或先出书后连载取得稿酬所得，应视同再版稿酬分次计征个人所得税。

(3) 作者去世后，对取得其遗作稿酬的个人，按稿酬所得征收个人所得税。

《中华人民共和国个人所得税法》第六条应纳税所得额的计算：劳务报酬所得、稿酬所得、特许权使用费所得、财产租赁所得，每次收入不超过 4 000 元的，减除费用 800 元；4 000 元以上的，减除 20%的费用，其余额为应纳税所得额。

《中华人民共和国个人所得税法实施条例》第二十三条两个或者两个以上的个人共同取得同一项目收入的，应当对每个人取得的收入分别按照税法规定减除费用后计算纳税。

《国家税务总局关于个人所得税若干业务问题的批复》(国税函〔2002〕146 号)规定：第三条关于报纸、杂志、出版等单位的职员在本单位的刊物所得征税的问题：

(1) 任职、受雇于报纸、杂志等单位的记者、编辑等专业人员，因在本单位的报刊、杂志上发表作品取得的所得，属于因任职、受雇而取得的所得，应按其当月工资收入、薪金所得项目征收个人所得税。

除上述专业人员以外，其他人员在本单位的报刊、杂志上发表作品取得的所得，应按"稿酬所得"项目征收个人所得税。

(2) 出版社的专业作者撰写、编写或翻译的作品，由本社以图书形式出版而取得的稿费收入，应按"稿酬所得"项目计算缴纳个人所得税。

四、个体工商户生产经营所得的相关规定

《中华人民共和国个人所得税法》第三条个人所得税的税率：个体工商户的生产、经营所得适用 5%—35%的超额累进税率。

第六条应纳税所得额的计算：个体工商户的生产、经营所得，以每一纳税年度的收入总额，减除成本、费用以及损失后的余额，为应纳税所得额。

《中华人民共和国个人所得税法实施条例》第十七条税法第六条第一款第二项所说的成本、费用，是指纳税义务人从事生产、经营所发生的各项直接支出和分配计入成本的间接费用以及销售费用、管理费用、财务费用；所说的损失，是指纳税义务人在生产、经营过程中发生的各项营业外支出。

五、财产租赁所得的相关规定

《中华人民共和国个人所得税法》第三条个人所得税的税率：财产租赁所得，适用比例税率，税率为 20%。

第六条应纳税所得额的计算：财产租赁所得，每次收入不超过 4 000 的，减除费用 800 元；4 000 以上的，减除 20%的费用，其余额为应纳税所得额。

《中华人民共和国个人所得税法实施条例》第八条财产租赁所得，是指个人出租建筑物、土地使用权、机器设备车船以及其他财产取得的所得。

第二十一条税法第六条第一款第四项、第六项所说的每次，按照以下方法确定：财产租赁所得，以一个月内取得的收入为一次。

六、财产转让所得的相关规定

《中华人民共和国个人所得税法》第二条下列各项个人所得，应纳个人所得税：财产转让所得。

第三条个人所得税的税率：财产转让所得，适用比例税率，税率为 20%。

第六条应纳税所得额的计算：财产转让所得，以转让财产的收入额减除财产原值和合理费

费用后的余额，为应纳税所得额。

《国家税务总局关于加强和规范个人取得拍卖收入征收个人所得税有关问题的通知》(国税发〔2007〕38号)规定：

1. 个人通过拍卖市场拍卖个人财产，对其取得所得按以下规定征税：

(1) 根据《国家税务总局关于印发〈征收个人所得税若干问题的规定〉的通知》(国税发〔1994〕89号)，作者将自己的文字作品手稿原件或复印件拍卖取得的所得，应以其转让收入额减除800元(转让收入额4 000元以下)或者20%(转让收入额4 000元以上)后的余额为应纳税所得额，按照“特许权使用费”所得项目适用20%税率缴纳个人所得税。

(2) 个人拍卖除文字作品原稿及复印件外的其他财产，应以其转让收入额减除财产原值和合理费用后的余额为应纳税所得额，按照“财产转让所得”项目适用20%税率缴纳个人所得税。

2. 对个人财产拍卖所得征收个人所得税时，以该项财产最终拍卖成交价格为其转让收入额。

3. 个人财产拍卖所得适用“财产转让所得”项目计算应纳税所得额时，纳税人凭合法有效凭证(税务机关监制的正式发票、相关境外交易单据或海关报关单据、完税证明等)，从其转让收入额中减除相应的财产原值、拍卖财产过程中缴纳的税金及有关合理费用。

(1) 财产原值，是指售出方个人取得该拍卖品的价格(以合法有效凭证为准)，具体如下：

① 通过商店、画廊等途径购买的，为购买该拍卖品时实际支付的价款；

② 通过拍卖行拍得的，为拍得该拍卖品实际支付的价款及交纳的相关税费；

③ 通过祖传收藏的，为其收藏该拍卖品而发生的费用；

④ 通过赠送取得的，为其受赠该拍卖品时发生的相关税费；

⑤ 通过其他形式取得的，参照以上原则确定财产原值。

(2) 拍卖财产过程中缴纳的税金，是指在拍卖财产时纳税人实际缴纳的相关税金及附加。

(3) 有关合理费用，是指拍卖财产时纳税人按照规定实际支付的拍卖费(佣金)、鉴定费、评估费、图录费、证书费等费用。

4. 纳税人如不能提供合法、完整、准确的财产原值凭证，不能正确计算财产原值的，按转让收入额的3%征收率计算缴纳个人所得税；拍卖品为经文物部门认定是海外回流文物的，按转让收入额的2%征收率计算缴纳个人所得税。

5. 纳税人的财产原值凭证内容填写不规范，或者一份财产原值凭证包括多件拍卖品且无法确认每件拍卖品一一对应的原值的，不得将其作为扣除财产原值的计算依据，应视为不能提供合法、完整、准确的财产原值凭证，并按上述规定的征收率计算缴纳个人所得税。

七、筹划思路与演练

(一) 工薪所得的筹划

1. 收入项目福利化

对个人而言，在满足相同的消费需求前提下，获得收入与消费的先后顺序一般来说并没有太大的差别。因此，企业可以把原支付给个人的一部分收入转成提供消费服务式支付给个人，这样可以有效地规避个人所得税，即收入项目福利化。当然所讲的消费服务应是一种能与企业单位经营活动发生一定联系的服务，否则可能会被认为企业支付给个人的收入而被判定征税。

目前，工资、薪金福利化主要表现为以下两个方面。

第一，按规定扣除法定福利项目。按国务院相关规定，企业和个人按照国家或地方政府规定的比例提取并向金融机构实际缴付的住房公积金、医疗保险金、养老保险金、失业保险金不计入个人当期的工资、薪金收入，免征个人所得税。根据此规定，雇佣企业发放工资时应尽量为职工缴付法定福利项目，一方面可以降低企业和个人的各种风险，为职工谋福利；另一方面可以降低工资、薪金所得的计税依据，以达到降低个人所得税税负的目的。

第二，企业提供集体福利设施。即由企业提供各种集体福利设施，如为职工提供上下班交通车服务，则不会被视为工资收入，从而也就不必计算个人所得税。这样企业通过提高职工福利，增加其物质满足，也可少纳所得税。

2. 奖金分摊筹划法

企业在发放奖金时，应当为员工进行筹划，特别是当涉及的员工奖金数额较大时，需要分析年终奖是在年底一次发放还是分摊到每个月作为月度奖、季度奖、半年奖对纳税人有利，从而选择税负最低的发放方式，降低员工的个人所得税税负，增加员工的个人收益，为他们带来福利。

3. 年终奖发放有效区间和无效区间筹划法

关于年终奖的纳税，由于在应纳税所得额的临界点存在税率跃升，可能导致多发 1 元奖金要多缴几百甚至几千几万元的个人所得税。在这些临界点附近存在一个所谓的"纳税无效区间"，如表 6－1 所示。如应发奖金在此区间内，将会导致实际税收收入比按此算的税收收入还要低的现象。

表 6－1　个人所得税法修订后的年终奖纳税无效区间（当月工资不低于费用扣除标准）　单位：元

根据新税率算出来的无效年终奖区间				
级数	含税级距	税率%	速算扣除数（元）	无效区间
1	不超过 1 500 元	3	0	
2	超过 1 500 元至 4 500 元	10	105	（18 000，19 283.33）
3	超过 4 500 元至 9 000 元	20	555	（54 000，60 187.5）
4	超过 9 000 元至 35 000 元	25	1 005	（108 000，114 600）
5	超过 35 000 元至 55 000 元	30	2 755	（420 000，447 500）
6	超过 55 000 元至 80 000 元	35	5 505	（660 000，706 538.46）
7	超过 80 000 元	45	13 505	（960 000，1 120 000）

这些无效纳税区间有两个特点：一是每个区间的起点都是税率变化相应点；二是随税前收入增加、税后收入不升反降或保持不变，如年终奖为 18 001 元时，相应的个税为 1 695.1 元，税后收入为 16 305.9 元；而年终奖为 18 000 元时，应缴的个税为 540 元，税后收入为 17 460 元。可看出：税前收入增加 1 元，税后收入减少 1 154.1 元。

人事部门在设计年终奖的发放额度时，一方面要避开无效区间，另一方面尽量选无效区间的起点作为年终奖最佳金额，如选 18 000 元、54 000 元、108 000 元、420 000 元、660 000 元、960 000 元。因为按照这些金额适用税率将较低，这样对纳税人的奖金发放最有利。

（二）劳务报酬所得的筹划

1. 分项计算筹划法

个人所得税中列举了 28 种形式的劳务报酬所得项目。个税中的同一项目指劳务报酬所得列举具体劳务项目的某一单项，当个人兼有不同劳务项目的所得时，应分别确定每一项的收入，分项扣除费用，分别计算个人所得税。这样可通过增加扣除额，降低税率档次，从而降低税负。

2. 分次计算筹划法

虽然劳务报酬适用 20%的比例税率，但由于对一次性收入畸高的实行加成征收，相当于适用三级累进税率，故一次性收入额越大，其适用的税率越高。这种情况可利用分次、分项甚至分地区申报来分拆应税所得，使其尽量靠近税前扣除额或税率级次临界点以达到节税的目的。

3. 增加前期费用筹划法（费用转移法）

为他人提供劳务以取得报酬的个人，可以考虑由对方提供一定的福利，将本应由自己承担的费用改由对方提供，以达到规避个人所得税的目的。如由对方提供餐饮服务，报销交通开销，提供住宿，提供办公用具，安排实验设备等。这样就等于扩大了费用开支，相应地降低了自己的劳务报酬总额，从而使得该项劳务报酬所得适用较低的税率，或扣除超过 20%的费用。

4. 劳务报酬与工薪所得转化

目前我国《个人所得税法》及相关政策法规规定，工资、薪金所得适用的是 3%—45%的七级累进税率，劳务报酬所得适用的是 20%的比例税率，而且对一次收入畸高的，可以加成征收，劳务报酬所得实际上适用 20%、30%、40%的超额累进税率，因此，相同的工资、薪金所得与劳务报酬所得适用的税率不同。有时工资、薪金转化为劳务报酬能节税，有时劳务报酬转化为工资、薪金能节税。

需要注意的是，劳务报酬与工资薪金的转换是有限度的。经过测算当月的劳务报酬为 20 888.89元时，纳税人按任意一种形式缴纳个人所得税都是没有差异的；但是当劳务报酬超过该数值时，纳税人当月按劳务报酬缴纳个人所得税负担的税负较轻，这时就需要筹划将工资薪金转化为劳务报酬；反之，纳税人按劳务报酬缴纳个人所得税负担较重，需要筹划将劳务报酬转化为工资薪金。当然，在现实生活中，劳务合同和劳动合同在法律上完全不同，特别是签订劳动就业合同时，单位必须为员工缴纳社会保险，而这笔费用往往比较大，甚至超过了个人所得税的负担。

（三）稿酬所得的筹划

1. 系列丛书筹划法

根据筹划依据可知，个人以图书、报刊方式出版、发表同一作品，不论出版单位是预付还是分笔支付稿酬，或者加印该作品再付稿酬，均应合并稿酬所得按一次计征个人所得税。但对于不同的作品却是分开计税,这就给纳税人的筹划创造了条件。如果一本书可以分成几个部分,以系列丛书的形式出现,则该作品将被认定为几个单独的作品,单独纳税,从而扩大免征金额,降低应纳税额。

2. 著作组筹划法(集体创作法)

如果一项稿酬所得预计数额较大,可以考虑使用著作组筹划法,即改 1 本书由 1 个人写为多个人合作创作。该种筹划方法就是利用“每次所得低于 4 000 元的扣除 800 元费用,高于 4 000元的扣除 20%”,这样每次所得多时扣除 20%要大于 800 元。除了减轻税负之外,著作筹划法在创作速度、开阔思路和积累成果方面都具有一定优势。

但是,应该注意:由于成立著作组,个人的收入可能会比单独创作时少,虽然少缴了税款,但对于个人来说收益毕竟也少了。因此,这种筹划方法一般用在著作任务较多,比如有一套书要出版,或者成立长期合作的著作组。而且由于长期的合作,节省税款的数额也会积少成多。

3. 费用转移筹划法

要想减轻稿酬所得的个税,必须从应税所得额入手。如果能在现有扣除标准下,再多扣除一定的费用,或想办法将费用转移,应纳税所得额减少,应可以减少应纳税额。

可以转移的费用一般有以下几种:

(1) 作品创作前期实地考察、搜集素材、申报课题的费用。

(2) 作品创作过程中发生的交通费、实验费、住宿费、误餐补助、资料印刷费、设备工具费等。

(3) 作品创作基本成熟时支付给他人的助理费、审稿费、校正费、翻译费等劳务报酬开支。

(四) 个体工商户生产经营所得的筹划

个体工商户缴纳个人所得税的应纳税所得额为收入减去发生的成本、费用,因此合理扩大成本费用开支,降低应纳税所得额是个体工商户进行税务筹划的主要方法。另外,由于个体工商户的生产、经营所得适用 5%—35%的超额累进税率,分散收益实现,降低纳税级次也是常用方法。

1. 扩大费用列支

个体工商户利用扩大费用列支节税的方法主要如下:① 尽可能地把一些收入转化成费用开支,家庭的很多日常开支项目同时又是经营支出项目,如水电费、电话费等,所以应尽量分开经营用的费用,在税前列支;② 如果使用自己的房产进行经营,可以采用收取租金的方法扩大经营费用开支;③ 使用家庭成员或雇用临时工,扩大工资等费用支出。

2. 分散收益筹划

此方法主要是在可以预见的若干年内合理地安排有关费用,在利润较多的年份多做技术改造之类的项目,以防利润进入较高税率级而增加纳税人的负担,在利润较少的年份少安排相关费用,使每年应纳税所得额相对平均,降低税收负担。

(五) 利息所得的筹划

对利息所得的筹划,主要是通过投资方式的选择进行纳税筹划,优先考虑投资免征所得税的项目。个人的利息收入主要来自于存款利息和购买债券的利息。存款方式不同、购买债券的种类不同,有关的纳税规定也不一样。投资者可优先考虑将闲置资金投资于免征所得税的存款方式,以减轻所得税税负。

(1) 安排储蓄。根据政策规定,从 2008 年 10 月 9 日起,暂免征收储蓄存款利息个人所得税。

(2) 进行国债投资。购买国债或国家发行的金融债券,其所得也可免征个人所得税。

(3) 保险投资。税法规定,保险赔款免征个人所得税。

(六) 财产租赁所得的筹划

财产租赁所得节税,可以充分利用税法中费用扣除的规定,减少应纳税所得额。一旦决定对个人租赁房产进行维修,就要选择维修时机,从而达到有效节税。很显然,纳税人应该选择在房产租赁期间进行维修,使得维修费用充分地在税前列支,从而减少应缴纳税款,达到减轻税负的目的。

(七) 财产转让所得的筹划

有关财产转让所得的纳税筹划,主要在于合理地利用政策,在某些特定情况下,个人所得税还可以采取核定征税的办法,即根据收入全额,按一定的征收率计算应纳税额。这样,纳税人选择合适的征税办法可以减轻税负。

【案例 6-3】 某纳税人 2015 年每月从单位获取工资、薪金所得 6 500 元,但是单位未为员工缴纳住房公积金,不得不花费 2 000 元还房贷,实际上该纳税人每月除去房贷外仅获取 4 500元的收入。

【综合分析】

案例中,该纳税人每月应缴纳个人所得税税额=(6 500-3 500)×10%-105=195(元)。但是,如果单位为该职工缴纳公积金 2 000 元(单位缴纳部分和个人缴纳部分合计),每月的工资相应地调整为 4 500 元,则该纳税义务人每月应缴纳个人所得税税额=(4 500-3 500)×3%=30(元)。

这样,该纳税人可以每月减少税收 165 元(195-30)。

【案例 6-4】 宋某是一家公司的销售代表,2015 年每月工资 4 200 元。年初,按照公司的资金制度,宋某根据上年的销售业绩估算 2015 年可能得到 20 000 元奖金。问:如果宋某能够获得奖金 20 000 元,其全年应纳的个人所得税是多少? 宋某该如何为自己的个人所得税进行筹划?

【综合分析】

宋某对自己的收入形式设计了以下几种方案。

(1) 如果公司在年终一次性发放这笔奖金,按规定计算缴纳的个人所得税如下:

工资部分应纳的个人所得税税额=(4 200-3 500)×3%×12=252(元)

奖金部分应纳的个人所得税税额=20 000×10%-105=1 895(元)

在这种情况下,宋某全年应纳的个人所得税为 2 147 元(252+1 895)。

(2) 如果公司分两个月两次发放这笔奖金(均未按年终奖发放),按规定计算缴纳的个人所得税如下:

未取得奖金月份应纳的个人所得税税额=(4 200-3 500)×3%×(12-2)

=210(元)

取得奖金月份应纳的个人所得税税额=[(4 200+20 000/2-3 500)×25%-1 005]×2

=3 340(元)

在这种情况下,宋某全年应纳的个人所得税为 3 550 元(210+3 340)。

(3) 如果公司分四个月发放这笔奖金(均未按年终奖发放),按规定计算缴纳的个人所得税如下:

未取得奖金月份应纳的个人所得税税额=(4 200-3 500)×3%×(12-4)

=168(元)

取得奖金月份应纳的个人所得税税额=[(4 200+20 000/4-3 500)×10%-105]×4

=1 860(元)

在这种情况下,宋某全年应纳的个人所得税为 2 028 元(168+1 860)。

(4) 如果将年终奖拿出 800 元平分到每个月,年终发放 10 400 元。

每个月缴纳个人所得税为

(4 200+800-3 500)×3%=45(元)

年终奖缴纳个人所得税为

10 400×3%=312(元)

全年总计缴纳个人所得税为

45×12+312=852(元)

显然,除一次性发放全年奖金外,同样数量的奖金所得发放次数的增加,宋某应缴纳的个人所得税会逐渐减少。因此,对宋某而言,应与公司协商,尽量分月发放奖金,且当每个月个人所得税税率大于等于年终奖个人所得税税率时,总体个人所得税负最轻。

【案例 6-5】 林某所在公司于 2015 年 9 月份准备发放 2014 年度奖金,根据 2014 年度业绩测算,林某可得奖金 18 000 元。公司鉴于上年度效益较好,并出于鼓励的目的,决定发给林某 19 000 元的奖金。问林某是否要接受多给的 1 000 元奖金?(此奖金应缴纳个人所得税的计算方法适用全年一次性奖金计算缴纳个人所得税的规定)

【综合分析】

如果林某的全年一次性奖金为 18 000 元,计算查得适用的税率为 3%,速算扣除数为 0,则

林某应缴纳的个人所得税=18 000×3%=540(元)

林某的税后收入=18 000-540=17 460(元)

如果林某的全年一次性奖金为 19 000 元,计算查得适用的税率为 10%,速算扣除数为 105,则

林某应缴纳的个人所得税=19 000×10%-105=1 795(元)

林某的税后收入=19 000-1 795=17 205(元)

由此可见,虽然林某全年一次性奖金增加了 1 000 元,但应纳的个人所得税却增加了,税后收入降低了 255 元。因此林某不应该接受增加的 1 000 元奖金。

【案例 6-6】 某省城一单位的高级工程师在其工作之余被一外贸公司聘为特级技术顾问,其受聘期间既要在现场解答公司提出的技术操作难题,又要为该公司的出口产品说明书进行翻译和设计,已知该高级工程师 2015 年 12 月从外贸公司获取劳务报酬收入为 30 000 元。

请问该如何为自己的个人所得税进行筹划?

【综合分析】

方案一:若该高级工程师将取得的劳务报酬合并纳税,则

应纳税额=30 000×(1-20%)×30%-2 000=5 200(元)

方案二:在对该高级工程师的劳务报酬所得进行纳税筹划时,可将其12月份的劳务报酬分为三个劳务项目分别纳税,其中咨询费20 000元、设计费9 200元、翻译费800元,则其在缴纳个人所得税时,由于分项扣除、分项计征,且翻译费没超出扣除限额,故无须纳税,其应纳个人所得税为

应纳税额=20 000×(1-20%)×20%+9 200×(1-20%)×20%=4 672(元)

由此可见,分项纳税可以增加扣除额,适用较低税率,从而减轻税负528元。

【案例6-7】 张工程师利用业余时间为某企业某项工程设计图纸,同时担任该项工程的顾问,设计图纸花费时间一个月,获取报酬30 000元。税务师建议,张工程师可要求建筑单位在其担任工程顾问的期间,将该报酬分10个月支付,每月支付3 000元。试分析筹划前后税负变化。

【综合分析】

方案一:一次性支付30 000元

税法规定,劳务报酬收入按次征税,对于应纳税所得额超过20 000—50 000元的部分,计算应纳税额后再按照应纳税额加征五成。那么张工程师应缴纳个人所得税:

应纳税所得额=30 000×(1-20%)=24 000(元)

应纳税额=24 000×30%-2 000=5 200(元)

方案二:分月支付

每次应纳税额=(3 000-800)×20%=440(元)

10个月共负担税款=440×10=4 400(元)

策划后可以少纳税 5 200-4 400=800(元)

【案例6-8】 假定刘先生是一名高级工程师,2015年9月获得A公司的工资收入62 500元。刘先生和单位签订劳动合同有利,还是签订劳务合同有利?(不考虑基本养老、医疗、失业等社会保障支出)

【综合分析】

如果刘先生和A公司存在稳定的雇佣关系,则应按工资、薪金所得缴税,其应纳税所得额为=(62 500-3 500)×35%-5 505=15 145(元)。

如果刘先生和A公司不存在稳定的雇佣关系,则该项所得按劳务报酬所得缴纳个人所得税,其应纳所得税额为:62 500×(1-20%)×30%-2 000=13 000(元)。

因此,如果刘先生与该公司不存在稳定的雇佣关系或通过某种途径使其与该公司没有稳定的雇佣关系,则他可以节省税收2 145元。

【案例6-9】 叶教授是税务专家,经过一段时间的辛苦工作,准备出版一本关于纳税筹划方面的专著,预计稿酬所得为12 000元,试为叶教授设计筹划方案。

【综合分析】

建议叶教授在可能的条件下以4本为一套系列丛书出版,则叶教授的纳税情况为每本稿酬为3 000元,每本稿酬应纳税额是(3 000-800)×20%×(1-30%)=308(元),总共应纳税

额为 1 232 元(308×4)。而如果叶教授以一本书的形式出版专著，那么叶教授应缴纳个人所得税为 12 000×(1－20％)×20％×(1－30％)＝1 334(元)。通过筹划，叶教授可以节省税款 102 元。

使用系列丛书法需要注意以下三点。首先，著作可以被分解为一套系列丛书，而且该出版方式不会对发行量有太大的影响，如果该出版方式导致著作的销量和学术价值大受影响，则如此筹划得不偿失。其次，该种发行方式要想充分发挥作用，最好与后面的著作组筹划法结合。最后，该出版方式应保证每本书的人均稿酬小于 4 000 元，因为这种筹划方法利用的是抵扣费用的临界点，即稿酬所得小于 4 000 元，实际抵扣标准大于 20％。

【案例 6－10】 某金融学教授准备写一本货币银行学的教材，出版社初步同意该书出版之后支付稿费 24 000 元。试问，该金融学教授应该如何筹划？

【综合分析】

方案一：该金融学教授单独著作，则应纳税额＝24 000×(1－20％)×20％×(1－30％)＝2 688(元)。

方案二：该金融学教授采取著作组筹划法，并假定该著作组共 10 人，则应纳税额＝(2 400－800)×20％×(1－30％)×10＝2 240(元)。

方案三：该著作组的分配方案为其中 9 人的人均收入为 800 元，该金融学教授作为主编的收入为 16 800 元(24 000－800×9)，则应纳税额＝16 800×(1－20％)×(1－30％)×20％＝1 881.6(元)。

因此，采取方案三最为有利。

【案例 6－11】 某注册会计欲创作一本关于上市公司财务信息披露现状与改革的专业书籍。在其创作前期，他到多个大中型公司进行了实地考察，花费差旅费、住宿费、实地考察费共计 43 000 元，书籍初稿完成后，他又请一名助手为其书稿进行校正和排版，共向其支付费用 2 000元。其书稿已与某出版社签订了出版协议，全部稿费 185 000 元。该注册会计师在与出版社结算稿酬时有两种方案可供选择。

【综合分析】

方案一：由出版社为其报销创作前期、后期发生的实际费用，再向其支付稿酬 140 000 元。

方案二：自己承担创作时发生的费用，出版社向其支付稿酬 185 000 元。

我们来比较一下两种方案的稿酬所得的个人所得税税负：

方案一：应纳税额＝140 000×(1－20％)×20％×(1－30％)＝15 680(元)

方案二：应纳税额＝185 000×(1－20％)×20％×(1－30％)＝20 720(元)

方案一与方案二相比，节约税款 5 040 元，该作者实际取得的收入增加了 5 040 元，因此方案一更可取。

【案例 6－12】 某杂志社编辑黄某，月工资为 3 200 元，2015 年 8 月撰写了一部作品，不论是在本单位的杂志上发表还是在其他杂志上发表，其所得均为 1 800 元。如何筹划有利？

【综合分析】

方案一：黄某在本单位的杂志上发表，则稿酬与当月工资合并缴纳个人所得税应纳额＝(3 200＋1 800－3 500)×3％＝45(元)。

方案二：黄某将其作品在其他杂志上发表，取得的所得按稿酬所得缴纳个人所得税，则稿酬应缴纳个人所得税＝(1 800－800)×20％×(1－30％)＝140(元)。月工资为 3 200 元未达到工资、薪金所得的费用扣除标准，免税。

可见，从减轻税负的角度考虑，方案一优于方案二。

【案例 6-13】 张先生夫妻二人经营一家商店，年应纳税所得额为 10 万元，该商店按个体工商户征税，则应纳税额＝100 000×30％－9 750＝20 250(元)，此种情况应如何合理筹划以减少应纳税额？

【综合分析】

张先生可通过给妻子支付工资，每月工资 3 500 元，此时张先生家商店应纳税所得额＝100 000－3 500×12＝58 000(元)，应纳税额：58 000×30％－9 750＝7 650(元)。张太太按工资薪金所得项目纳税，因其月收入不高于工资薪金所得项目的费用扣除标准，故其应纳税额＝0。由此可见，张先生夫妻二人共可节约税款 12 600 元(20 250－7 650)。

【案例 6-14】 2015 年度，甲将一处闲置房产对外出租给了乙居住，租期为该年 6—12 月，租金为每月 3 000 元。但乙反映，该房屋的某处出现了损毁，要求甲将房产进行修缮。该修缮 3 天即可完成，但需要花费 1 500 元的修缮费用。甲于 5 月 28 日至 30 日对该处房屋进行了维修，6 月 1 日，乙开始入住。此种情况下，甲 2015 年度 6、7 两个月应纳的个人所得税(不考虑其他税费)为

6 月份的应纳个人所得税＝(3 000－800)×10％＝220(元)；

7 月份的应纳个人所得税＝(3 000－800)×10％＝220(元)；

6、7 月份的应纳个人所得税合计：220＋220＝440(元)。

对此，应如何进行筹划？

【综合分析】

如果甲能够取得乙的体谅和理解，二人达成协议，能够将修缮工作安排在 6 月 1 日至 3 日进行，则甲 2015 年度 6、7 两个月应纳的个人所得税(不考虑其他税费)变为：

6 月份的应纳个人所得税＝(3 000－800－800)×10％＝140(元)；

7 月份的应纳个人所得税＝(3 000－800－700)×10％＝150(元)；

6、7 月份的应纳个人所得税合计：140＋150＝290(元)；

两种情形下应纳的个人所得税之差＝440－290＝150(元)

由以上分析可以看出，甲通过将修缮工作安排在租期内(6 月 1 日至 3 日)进行，获得了 150 元的节税收益。

【案例 6-15】 李某拍卖一幅字画，其拍卖价为 30 万元，可减除财产原值、合理费用、税金为 12 万元，则其应纳税额为(300 000－120 000)×20％＝36 000(元)。如何对此进行节税筹划？

【综合分析】

根据《关于加强和规范个人取得拍卖收入征收个人所得税的通知》(国税发〔2007〕38 号)的规定，个人拍卖除文字作品原稿及复印件外的其他财产，应按照“财产转让所得”项目缴纳个人所得税。但该文件第四条同时规定，纳税人如不能提供合法、完整、准确的财产原值凭证不能正确计算财产原值的，按转让收入额的 3％征收率计算缴纳个人所得税。

此时，若王某不能提供财产原值凭证，即可按此规定纳税，应纳税额＝300 000×3％＝9 000(元)，可节税 27 000 元。因此，不能提供财产原值凭证对纳税人有利。

第三节 个人所得税税收优惠政策的筹划

案例导入

某公司经理张某在2015年度招商引资中做出了积极的贡献，受到当地政府的奖励。该经理打算拿到9万元奖金后直接把奖金捐赠给本市一所小学，用于发展教育事业。根据相关规定，纳税人通过中国境内非营利性社会团体、国家机关向教育事业的捐赠，准予在企业所得税和个人所得税前全额扣除。张某获得的9万元奖金，属于偶然所得，应纳个人所得税。并未通过任何非营利性社会团体或国家机关，而是直接捐赠给了小学，故不存在捐赠扣除问题。综上所述，张某在得到这笔9万元的奖金后，尽管捐赠给了小学，仍然应该到税务机关办理纳税申报事宜。请思考通过何种方式，可以使得张某既支持了我国的教育事业，又能够少缴个人所得税？

一、费用扣除标准

个人所得税中多个应税项目的费用扣除标准为每次800元（工资、薪金所得从2011年9月1日起调整为3 500元），在具体征管过程中，各地根据当地的经济情况及不同的应税项目还有些具体规定。按照税法的规定，纳税人的收入超过费用扣除标准，应就超过金额征税，低于费用扣除标准的，全部不征税。因此，纳税人可利用税法规定使自己的应税所得额低于费用扣除标准，从而达到不纳税的目的。

二、免征或减征项目

我国个人所得税规定了免税项目、暂免征税项目和减征项目，如个人购买国债等项目免征个人所得税。纳税人应在合法的情况下，充分利用这些优惠政策进行纳税筹划，尽量争取减免税待遇。

三、捐赠税收优惠

《中华人民共和国个人所得税法》第六条规定，个人将其所得对教育事业和其他公益事业捐赠的部分，按照国务院有关规定从应纳税所得中扣除。

《中华人民共和国个人所得税法实施条例》第二十四条税法第六条第二款所说的个人将其所得对教育事业和其他公益事业的捐赠，是指个人将其所得通过中国境内的社会团体、国家机关向教育和其他社会公益事业以及遭受严重自然灾害地区、贫困地区的捐赠。

四、筹划思路与演练

为了鼓励纳税人对公益、教育事业做贡献，我国税法规定：个人将其通过中国境内的社会团体、国家机关，向教育和其他社会公益事业及遭受严重自然灾害地区、贫困地区的捐赠，未超过申报的应纳税所得额30％的部分，可以从其应纳税所得额中扣除。纳税人为了最大限度地享受免税扣除，应合理安排捐赠事宜，注意以下几点：

1. 避免直接性捐赠

根据税法的规定，纳税人直接对受益人的捐赠不得在税前扣除。因此纳税人应尽量避免直接性捐赠，选择通过中国境内的社会团体、国家机关等进行捐赠。

2. 合理选择捐赠对象

税法规定一般的公益性捐赠的扣除限额为30％，但对个人通过非营利性社会团体和国家机关向教育事业、红十字事业、公益性青少年活动场所以及慈善机构、基金会等非营利性机构的公益性、救济性捐赠，允许在计算个人所得税时扣除。纳税人在进行捐赠时，通过选择以上几项全额扣除的捐赠项目进行捐赠，以使捐赠额得到全额税前扣除。

3. 选择适当的捐赠时期

纳税人对外捐赠是出于自愿，捐多少、何时捐都由纳税人自己决定。允许按应纳税所得额的一定比例进行扣除，其前提必须是取得一定的收入，也就是说，如果纳税人本期未取得收入，而是用自己过去的积蓄进行捐赠，则不能得到税收抵免。因此应尽量选择在自己收入较多，适用税率较高的时期进行捐赠，以获得税收抵免好处。

4. 选择适当的所得用于捐赠

为了鼓励高收入者对公益、教育事业做贡献，我国个人所得税法规定，只要捐赠额未超过其申报的应纳所得额的30％的公益性捐赠，就可以从其应纳税所得额中扣除。对有不同收入所得的纳税人来说，从不同的应税项目中进行捐赠，缴纳个人所得税也不尽相同，就纳税人来说，可以选择从适当的所得中进行捐赠，使得同样情况下，缴纳的个人所得税较少。

【案例6-16】 张某是某公司人员，2015年6月份应税工资收入(不含按规定缴纳的“三险一金”)为14 500元。6月下旬，李先生通过新闻媒体获悉国内某地区发生了洪涝灾害，遂从其当月工资中拿出4 000元通过当地民政部门捐赠给了受灾地区。问：应如何进行纳税筹划可以使李先生对外捐赠数额不变，而缴纳的个人所得税减少？

【综合分析】

允许李先生在税前扣除的捐赠额＝(14 500－3 500)×30％＝3 300(元)

方案一：如果本月一次性对外捐赠4 000元，本月应缴个人所得税计算如下：

应纳个人所得税＝(14 500－3 300－3 500)×20％－555＝985(元)

次月应纳个人所得税＝(14 500－3 500)×25％－1 005＝1 745(元)

两月合计应纳个人所得税＝985＋1 745＝2 730(元)

方案二：如果李先生本月捐赠3 300元，剩余700元安排在次月捐赠，则

本月应纳个人所得税仍为985(元)

次月应纳个人所得税＝(14 500－3 500－700)×25％－1 005

＝1 570(元)

两月合计应纳个人所得税＝985＋1 570＝2 555(元)

分次捐赠的结果使李先生节约了175(2 730－2 555)元的个人所得税税额。

【案例6-17】 某演员在一次演出中取得报酬30 000元，他打算将其中的一部分捐赠给受灾地区，请你帮助筹划，该演员的捐赠额定位多少合适？

若该演员没有捐赠，则应缴纳劳务报酬的个人所得税额＝30 000×(1－20％)×30％－

2 000＝5 200(元)，税后个人净收入＝30 000－5 200＝24 800(元)。如何筹划使其税后收入加捐赠额最大？

【综合分析】

该演员可以在税前扣除的捐赠最大限额＝30 000×(1－20%)×30%＝7 200(元)

捐赠前，该演员应纳税所得额＝30 000×(1－20%)＝24 000(元)，已达到劳务报酬收入略高税率的适用范围，因此，应设法降低其劳务报酬的税率。为了使该演员应纳税所得降到20 000元，至少应捐赠 4 000 元，所以该演员捐赠范围应在 4 000 元到 7 200 元之间。假设该演员捐赠 M 元，则其应纳税额＝(24 000－M)×20%，税后收入＝30 000－M－(24 000－M)×20%，税后收入加捐赠额＝30 000－(24 000－M)×20%＝M×20%＋25 200。可见，当 M＝7 200元(即可税前扣除限额)时，其税后收入加捐赠额最大，为 26 640(元)。

【案例 6－18】 谢女士 2015 年 1 月取得工资收入 6 600 元。另外，谢女士还取得福利彩票中奖收入 20 000 元，谢女士在中奖当时当即从中奖收入中拿出 8 000 元捐赠给民政部门，并取得公益、救济性捐赠票据。请你帮忙分析是否有筹划的空间。

【综合分析】

谢女士应纳个人所得税：

工薪所得＝(6 600－3 500)×10%－105＝205(元)

偶然所得捐赠扣除限额＝20 000×30%＝6 000(元)

偶然所得应纳个人所得税＝(20 000－6 000)×20%＝2 800(元)

如果谢女士在中奖时，从中奖收入中拿出 6 000 元捐赠给民政部门，另外从本月工资收入中拿出 2 000 元捐赠给民政部门，并分别取得公益、救济性捐赠票据，那么谢女士应纳个人所得税计算如下：

工薪所得捐赠扣除限额＝(6 600－3 500)×30%＝930(元)

工资收入应纳个人所得税＝(6 600－3 500－930)×10%－105＝112(元)

偶然所得缴纳的个人所得税仍然为 2 800 元

少负担个人所得税 93 元(205－112)。

课后习题

一、简答

1. 简述个人所得会纳税筹划的基本思路。
2. 纳税人如何对稿酬进行筹划。
3. 如何对工资薪金与劳务报酬所得进行筹划。

二、案例分析题

1. 李某是成都一建筑公司招聘的技术工人，合同上约定员工每月工资总额 5 000 元。按照目前的扣税办法，李某每月按照工资薪金所得应缴纳个人所得(5 000－3 500)×3%＝45元；全年应缴个人所得税 45×12＝540 元。李某向税务师咨询能否合理降低个人所得税负担。税务师经过调查了解，李某作为技术工人，工作地点经常变动，还经常加班加点，不能按时就餐，签订合同的时候已经约定了工资总额，公司不另外给予补助；同时，由于种种原因，公司也未办理养老保险、住房公积金等保障性缴费。假如你作为税务师，你会给出何种建议？

2. 经济学家周教授应某公司邀请到成都讲课，对方答应讲课费7万元(包干)。根据个人所得税法有关规定，周教授应按照劳务报酬缴纳个人所得税，应缴个人所得税计算过程如下：根据《中华人民共和国个人所得税法》第六条第四款规定，劳务报酬所得，每次收入不超过4 000元的，减除费用800元；4 000元以上的，减除20%的费用，其余额为应纳税所得额。因此，周教授本次劳务报酬所得的应纳税所得额为70 000×(1－20%)＝56 000元。根据《中华人民共和国个人所得税法实施条例》第十一条规定，劳务报酬所得一次收入畸高，应纳税所得额超过20 000元，对前款应纳税所得额超过20 000元至50 000元的部分，依照税法规定计算应纳税额后再按照应纳税额加征五成；超过50 000元的部分，加征十成。

应纳税额＝20 000×20%＋30 000×20%×(1＋50%)＋6 000×20%×(1＋100%)＝15 400(元)。

周教授请税务师进行筹划，若你是税务师，是否有筹划的空间？

第七章　其他税种纳税筹划

本章要点

通过本章的学习，能够掌握土地增值税、房产税、城镇土地使用税、印花税、契税的纳税筹划的基本方法，并运用到实际工作中，能够独立进行相应的纳税筹划，为企业合理节税。

第一节　土地增值税的筹划

案例导入

一家房地产开发企业有可供销售的10 000平方米同档次的商品房两栋，均属于普通商品房：

甲栋每平方米售价是1 000元(不含装修费70元)，转让收入是1 000万元，它的扣除项目金额是835万元，增值额是165万元。

乙栋每平方米售价是1 070元(含装修费70元)，转让收入是1 070万元，它的扣除项目金额是838万元，增值额是232万元。如何进行纳税筹划?

土地增值税的筹划主要是在税法允许的前提下，尽可能增加可扣除项目，降低增值率，即从降低计税依据和适用税率两个角度出发进行筹划。

一、利用分劈手段进行筹划

房地产开发企业的管理通常比较复杂，纳税人可以利用分劈手段，将房地产开发项目进行分解，这样可以有效减轻纳税人的负担。

【案例7-1】 某房地产公司出售一栋房屋，房屋总售价为1 000万元，该房屋进行了简单装修并安装了简单必备设施。根据相关税法的规定，该房地产开发业务允许扣除项目金额为400万元，增值额为600万元。该房地产公司应该缴纳土地增值税、营业税、城市维护建设税、教育费附加以及企业所得税。假设该房屋的出售可以分为两个合同，即第一个合同为房屋出售合同，不包括装修费用，房屋出售价格为700万元，允许扣除项目金额为300万元；第二个合同为房屋装修合同，装修费用300万元，允许扣除的成本为100万元。问该如何筹划才能节税?

【综合分析】

土地增值税是对转让国有土地使用权、地上建筑物及其附着物并取得收入的单位和个人，就其转让房地产所取得的增值额征收的一种税。此项增值额为纳税人转让房地产取得的收入减除税法规定的扣除项目金额后的余额。

《国家税务总局关于土地增值税清算有关问题的通知》(国税函〔2010〕220号)土地增值税清算时,已全额开具商品房销售发票的,按照发票所载金额确认收入;未开具发票或未全额开具发票的,以交易双方签订的销售合同所载的售房金额及其他收益确认收入。销售合同所载商品房面积与有关部门实际测量面积不一致,在清算前已发生补、退房款的,应在计算土地增值税时予以调整。

(1) 若就整个开发项目签订合同,合同收入金额为1 000万元,扣除金额为400万元,增值额为600万元,则土地增值率为600÷400×100%=150%。根据《土地增值税暂行条例实施细则》规定,增值额超过扣除项目金额的100%、未超过200%的土地增值税税额运用速算公式是增值额×50%-扣除项目金额×15%,因此,应当缴纳土地增值税=600×50%-400×15%=240(万元)。

(2) 如果进行纳税筹划,将该房屋的出售分为房屋出售合同和房屋装修合同,则转让房地产的合同收入金额为700万元,扣除项目金额为300万元,增值额为400万元,土地增值率为400/300×100%=133%。该缴纳的土地增值税=400×50%-300×15%=155(万元)。

根据计算结果可以看出经过纳税筹划的税收负担明显减少。

但是,在实际操作过程中,要达到筹划的效果,还必须注意以下几点:

(1) 必须与负责装修工程的装潢企业签订严格的合同或协议,商品房的售价接近或略低于该小区政府公布的平均售价,装潢企业具有合理的利润空间。

(2) 应确定一个时间为房屋完工(达到可以入住)时间,然后再发生装修成本。

(3) 买房人必须与房地产开发企业和装潢企业分别签订协议或合同。

二、利用项目合并方式进行筹划

由于土地增值税适用四档超率累进税率,其中最低税率为30%,最高税率为60%,如果增值率不同的房地产并在一起核算,就有可能降低高增值率房地产的适用税率,使该部分房地产的税负下降,同时也可能会提高低增值率房地产的适用税率,增加这部分房地产的税负,因而,纳税人需要具体测算分开核算与合并核算的相应税额,再选择低税负的核算方法,达到节税的目的。

【案例7-2】 某房地产开发公司开发A、B两幢商业用房,处于同一片土地上,销售A房产取得收入300万元,允许扣除的金额为200万元;销售B房产共取得收入400万元,允许扣除的金额为100万元。对这两处房产,公司是分开核算还是合并核算能带来节税的好处呢?

【综合分析】

《国家税务总局关于房地产开发企业土地增值税清算管理有关问题的通知》(国税发〔2006〕187号)第一条:土地增值税以国家有关部门审批的房地产开发项目为单位进行清算,对于分期开发的项目,以分期项目为单位清算。开发项目中同时包含普通住宅和非普通住宅的,应分别计算增值额。对于土地增值税清算单位中所称单位,指根据土地增值税清算工作的需要,按项目开发情况划分的,应作为单独鉴证对象的单项工程或单位工程。

《国家税务总局关于印发〈土地增值税清算管理规程〉的通知》(国税发〔2009〕91号)第十七条规定:清算审核时,应审核房地产开发项目是否以国家有关部门审批、备案的项目为单位进行清算；对于分期开发的项目，是否以分期项目为单位清算；对不同类型房地产是否分别计算增值额、增值率，缴纳土地增值税。

一个项目可整体立项，整体规划，分期开发，分期办理预售证。对于一次规划报建，可分期验收，所以对于工程规划许可证的分期提出了考验。因此，房地产项目在规划设计时，就要充分考虑清算单位的确定对未来土地增值清算的影响，同一个清算单位应该把售价高楼盘与售价低的楼盘掺合在一起。

（1）如果属于分期开发项目，在进行土地增值税清算时应该按两个不同的清算单位进行清算。A房产的增值率＝（300－200）÷200×100％＝50％，适用税率30％；应纳的土地增值税为（300－200）×30％＝30（万元）；B房产的增值率＝（400－100）÷100×100％＝300％，适用税率60％；应纳的土地增值税为（400－100）×60％－100×35％＝145（万元）；共缴纳土地增值税175万元（30＋145）。

（2）如果不属于分期开发项目，应该合并为一个清算单位清算。合并核算时：两幢房产的收入总额为300＋400＝700（万元）；允许扣除的金额为200＋100＝300（万元）；增值率为（700－300）÷300×100％＝133.3％，适用税率50％；应纳土地增值税为（700－300）×50％－300×15％＝155（万元）。

通过比较可以看出，合并核算对公司是有利的，因为合并核算比分开核算节税20万元。

从上例中我们可以看出，由于两类房产增值率相差很大，只要房地产开发公司将两处房产安排在一起开发、出售，并将两类房产的收入和扣除项目放在一起核算，一起申报纳税，就可以达到少缴税的目的。但是由于低增值率的房产的适用税率可能会提高，在实践中必须具体测算后才能作出选择。

三、适度加大建造成本法

房地产开发企业销售已装修的房屋，其装修费用可以计入房地产开发成本。对于精装修费用支出，如果属于与房屋不可分离，分离将会导致房屋结构、功能损坏的部分，应当允许在计算土地增值税时加计扣除。

【案例7-3】 甲房地产开发公司正在开发丽景小区，为此项目支付土地出让金1 500万元，开发成本3 200万元，含借款利息200万元，可售面积30 000平方米。现在正在讨论销售策略，如果销售毛坯房，每平方米售价3 200元，销售收入总额为9 600万元，营业税税率5％，城市维护建设税7％，教育费附加3％。计算应交纳多少土地增值税。请帮助进行纳税筹划。

【综合分析】

根据《国家税务总局关于房地产开发企业土地增值税清算管理有关问题的通知》（国税发〔2006〕187号）规定，房地产开发企业销售已装修的房屋，其装修费用可以计入房地产开发成本。

（1）销售毛坯房应交纳土地增值税

不含息建造成本＝1 500＋3 200－200＝4 500（万元）

扣除项目金额＝4 500×130％＋9 600×5.5％＝5 850＋528＝6 378（万元）

增值额＝9 600－6 378＝3 222（万元）

增值率＝3 222÷6 378＝50.52％

适用税率40%，速算扣除率为5%。

应交土地增值税=3 222×40%－6 378×5%=1 288.8－318.9=969.9(万元)

(2) 改卖毛坯房为卖装修房，对房屋进行装修，预计装修费用1 200万元，装修之后，每平方米售价为3 700元，销售收入总额11 100万元，无其他变动因素。

不含息建造成本=1 500+3 200－200+1 200=5 700(万元)

扣除项目金额=5 700×130%+11 100×5.5%=7 410+610.5=8 020.5(万元)

增值额=11 100－8 020.5=3 079.5(万元)

增值率=3 079.5÷8 020.5=38.40%

应交土地增值税=3 079.5×30%－0=923.85(万元)

对房屋进行装修，改卖毛坯房为卖装修房，可以节税969.9－923.85=46.05(万元)。

四、利用利息扣除项目进行筹划

若某房地产企业主要依靠负债筹资，利息费用占比例较大，应提供金融机构贷款证明，将利息费计入房地产开发费用。反之，若主要依靠权益资本筹资，则可以扣除项目金额的10%列支利息，纳税人可以根据自身的状况选择有利的方式。

【案例7-4】 某房地产公司2012年4月开发一处房地产，为取得土地使用权支付800万元，开发土地和新建房及配套设施花费1 400万元，财务费用中可按转让房地产项目计算分摊利息的利息支出为200万元，不超过商业银行同类同期贷款利率。问：该公司如何筹划才能节税？

【综合分析】

《中华人民共和国土地增值税暂行条例实施细则》规定，财务费用中的利息支出，凡能够按转让房地产项目计算分摊并提供金融机构证明的，允许据实扣除，但最高不能超过按商业银行同类同期贷款利率计算的金额。其他房地产开发费用，按本条(一)、(二)项规定计算的金额之和的5%以内计算扣除。

凡不能按转让房地产项目计算分摊利息支出或不能提供金融机构证明的，房地产开发费用按本条(一)、(二)项规定计算的金额之和的10%以内计算扣除。

上述计算扣除的具体比例，由各省、自治区、直辖市人民政府规定。

对于是否提供金融机构证明，公司财务人员通过核算发现：如果不提供金融机构证明，则该公司所能扣除费用的最高额=(800+1 400)×10%=220(万元)；如果提供金融机构证明，该公司所能扣除费用的最高额=200+(800+1 400)×5%=310(万元)。

可见，在这种情况下，公司提供金融机构证明是有利的选择。

五、房地产开发费用的扣除问题

(1) 财务费用中的利息支出，凡能够按转让房地产项目计算分摊并提供金融机构证明的，允许据实扣除，但最高不能超过按商业银行同类同期贷款利率计算的金额。其他房地产开发费用，在按照“取得土地使用权所支付的金额”与“房地产开发成本”金额之和的5%以内计算扣除。

(2) 凡不能按转让房地产项目计算分摊利息支出或不能提供金融机构证明的，房地产开发费用在按“取得土地使用权所支付的金额”与“房地产开发成本”金额之和的10%以内计算扣除。

全部使用自有资金，没有利息支出的，按照以上方法扣除。

上述具体适用的比例按省级人民政府规定的比例执行。

(3) 房地产开发企业既向金融机构借款，又有其他借款的，其房地产开发费用计算扣除时不能同时适用本条1、2项所述两种办法。

(4) 土地增值税清算时，已经计入房地产开发成本的利息支出，应调整至财务费用中计算扣除。

【案例7-5】 某企业2013年以6 000万元购入一块地，建造商业地产，房地产开发成本支出3 000万元，可售面积3万平方米，全部销售完毕，取得销售收入36 000万元，利息支出360万元。凡能够按转让房地产项目计算分摊并提供金融机构证明的，其他房地产开发费用扣除率为5%，凡不能按转让房地产项目计算分摊利息支出或不能提供金融机构证明的，房地产开发费用扣除率为10%。

【综合分析】

《国家税务总局关于土地增值税清算有关问题的通知》(国税函〔2010〕220号)、《国家税务总局关于印发〈进一步加强税收征管若干具体措施〉的通知》(国税发〔2009〕114号)规定，未按规定取得合法有效凭据不得在税前扣除。

按照筹划思路，如果不提供金融机构证明，该企业可扣除期间费用＝(6 000＋3 000)×10%＝900(万元)。

如果提供金融机构证明，该企业可扣除期间费用＝360＋(6 000＋3 000)×0.05＝810(万元)。选择不提供金融机构证明，可多扣除90万元。

按照上述筹划思路，企业最终选择不提供金融机构证明，那么在企业所得税汇算清缴时利息支出如何进行税前扣除呢？按我国现行的以票控税体制，没有取得发票不得在企业所得税前扣除，那么是不是为了在土地增值税前多扣除90万元，而在企业所得税前少扣除360万元？

在此，有必要指出，税法中允许扣除的利息支出应严格按《企业会计准则—借款费用》规定的核算利息支出，不按规定核算，一律不得扣除。

第二节　城镇土地使用税的筹划

案例导入

甲、乙两个人拟投资设立一家新企业，现在有三个地址可供选择：其一是设立在A地，适用的土地使用税税率为每平方米10元；其二是设立在B地，适用的土地使用税税率为每平方米7元；其三是设立在C地，适用的土地使用税税率为每平方米4元。企业需要占地10 000平方米。不考虑其他因素，哪个方案可以节省城镇土地使用税？

一、利用地点选择进行筹划

经营者占有并实际使用的土地，其所在区域直接关系到缴纳土地使用税数额的大小。因此经营者可以结合投资项目的实际需要从下列几方面进行选择：

一是在征税区与非征税区之间选择。二是在经济发达与经济欠发达的省份之间选择。三是在同一省份内的大中小城市以及县城和工矿区之间作出选择。在同一省份内的大中小城市、县城和工矿区内的土地使用税税额同样有差别。四是在同一城市、县城和工矿区之内的不同等级的土地之间作出选择。

【案例 7－7】 某食品厂目前占地 6 000 平方米，现需要征用新土地 4 000 平方米扩大厂区。随着城市化的推进，该厂所在的位置由原来的郊县变成了市区，导致土地使用税剧增，且原材料的供应也不如原来稳定。已知市区的城镇土地使用税为 12 元每平方米。该食品厂在选择征用土地建设新厂区该如何决策？

方案一：该食品厂选择在市区就近征用 4 000 平方米土地建设新厂区。

方案二：假如食品厂选择在农村征用 4 000 平方米土地建设新厂区，则位于农村的 4 000 平方米土地不缴纳土地使用税。

【综合分析】

《中华人民共和国城镇土地使用税暂行条例》第二条规定：在城市、县城、建制镇、工矿区范围使用土地的单位和个人，为城镇土地使用税（以下简称土地使用税）的纳税人，应当依照本条例的规定缴纳土地使用税。

《国家税务局关于检发〈关于土地使用税若干具体问题的解释和暂行规定〉的通知》（国税地字〔1988〕第 015 号）规定：城市、县城、建制镇、工矿区范围内土地，是指在这些区域范围内属于国家所有和集体所有的土地。城市的征税范围为市区和郊区；县城的征税范围为县人民政府所在的城镇；建制镇的征税范围为镇人民政府所在地；城市、县城、建制镇、工矿区的具体征税范围，由各省、自治区、直辖市人民政府划定。

若采用方案一，则食品厂征用土地后每年应缴纳的土地使用税额＝(6 000＋4 000)×12＝120 000(元)

若采用方案二，位于农村的 4 000 平方米土地不用缴纳土地使用税，则此时应缴纳土地增值税＝6 000×12＝72 000(元)

此外，位于农村的这片土地将来的房产也不征收房产税和城建税，特别是某些城市在发展过程中形成的“城中村”。

二、利用纳税义务发生的时间进行筹划

城镇土地使用税纳税义务发生时间和取得土地使用权证的时间并没有必然的联系。按照城镇土地使用税相关政策的规定，购置新建商品房，自房屋交付使用之次月起计征城镇土地使用税。购置存量房，自办理房屋权权属转移、变更登记手续，房地产权属登记机关签发房屋权属证书之次月起计征城镇土地使用税。征用的耕地，自批准征用之日起满一年时开始缴纳土地使用税。征用的非耕地，自批准征用次月起缴纳土地使用税。这些纳税义务时间的规定都没有提及土地使用权证的问题。在进行城镇土地使用税纳税筹划时，要从纳税义务发生的时间上考虑节税。

【案例 7－8】 2015 年 3 月 10 日，甲企业打算与乙企业签订土地使用权转让协议。甲企业将面积为 5 000 平方米的土地使用权转让给乙企业。甲企业预计最终交付土地的时间为 2015 年 8 月 25 日。当地规定的土地使用税为每平方米 10 元。甲企业与乙企业签订土地使用权转让协议时如何约定可以减轻税负？

【综合分析】

《财政部、国家税务总局〈关于房产税城镇土地使用税有关政策的通知〉》(财税〔2006〕186号)第二条规定:对纳税人自建、委托施工及开发涉及的城镇土地使用税的纳税义务发生时间,由纳税人从取得土地使用权合同约定交付土地时间的次月起缴纳城镇土地使用税;合同未约定交付土地时间的,由受让方从合同签订的次月起缴纳城镇土地使用税。基于此规定,是否取得《土地使用证》或是否全额缴款都不能作为判定纳税义务发生时间的依据。

《国家税务总局关于通过招拍挂方式取得土地缴纳城镇土地使用税问题的公告》(国家税务总局公告2014年第74号)规定:通过招标、拍卖、挂牌方式取得的建设用地,不属于新征用的耕地,纳税人应按照《财政部 国家税务总局关于房产税城镇土地使用税有关政策的通知》(财税〔2006〕186号)第二条规定,从合同约定交付土地时间的次月起缴纳城镇土地使用税;合同未约定交付土地时间的,从合同签订的次月起缴纳城镇土地使用税。

《国土资源部、住房和城乡建设部关于进一步加强房地产用地和建设管理调控的通知》(国土资发〔2010〕151号)第四条规定:土地出让必须以宗地为单位提供规划条件、建设条件和土地使用标准,严格执行商品住房用地单宗出让面积规定,不得将两宗以上地块捆绑出让,不得"毛地"出让。

因此,土地使用税的纳税开始时间可以从以下几个方面考虑:

(1) 根据以上法律规定,如果企业取得的土地是熟地(净地),土地使用税的纳税开始时间分两种情况:

一是由纳税人从取得土地使用权合同约定交付土地时间的次月起缴纳城镇土地使用税;合同未约定交付土地时间的,由受让方从合同签订的次月起缴纳城镇土地使用税。

二是在土地管理局与企业办理土地交付手续的实践中,要特别注意以下两点纳税义务开始时间:第一,土地管理局与企业办理土地交付使用手续的时间滞后于合同中约定的交付使用时间,则城镇土地使用税应从合同约定交付土地时间的次月起缴纳;第二,土地管理局与企业办理土地交付使用手续的时间早于合同中约定的交付使用时间,则城镇土地使用税从土地实际交付的次月起缴纳。根据以上分析,企业在签订土地转让和出让合同时,必须在土地出让或转让合同中,注明土地交付使用时间节省土地使用税。

(2) 由于生地不可以招标,只有熟地才可以招标,因此,财税〔2006〕186号文件中的"土地"是指熟地。如果企业通过招投标取得的土地是生地(毛地),则土地使用税的纳税义务时间是拆迁工作完成,开始使用土地的时间。

甲企业与乙企业签订土地使用权转让协议如果未约定交付土地的日期,乙企业需要自2015年4月份开始履行土地使用税纳税义务。如果乙企业要求在合同中约定甲企业与8月份向乙企业交付土地,则乙企业自2015年9月份产生土地使用税纳税义务。

当然,乙企业少缴纳土地使用税意味着甲企业多缴纳土地使用税,需要甲乙双方友好协商。

三、利用税收优惠进行筹划

城镇土地使用税的税收优惠主要是减免税。

【案例7-9】 某企业厂区外有一块30 000平方米的空地没有利用,由于该地在厂区后面远离街道、位置不好,目前的商业开发价值不大,所以一直闲置,现在主要是职工及家属以及周边的居民将其作为休闲娱乐之用。该地区的年城镇土地使用税为5元/平方米,企业需为该地块一年负担的城镇土地使用税为30 000×5=150 000元,有没有办法免缴该部分城镇土地使用税?

【综合分析】

根据《中华人民共和国城镇土地使用税暂行条例》规定,下列经营用地可以享受减免税的规定:(1) 市政街道、广场、绿化地带等公共用地;(2) 直接用于农、林、牧、渔业的生产用地(不包括农副产品加工场地和生活、办公用地);(3) 能源、交通、水利设施用地和其他用地;(4) 民政部门举办的安置残疾人占一定比例的福利工厂用地;(5) 集体和个人办的各类学校、医院、托儿所、幼儿园用地;(6) 高校后勤实体。

企业应把那块空地改造成公共绿化用地,植些树、栽些花草,根据国税地(1989)140号的规定,对企业厂区(包括生产、办公及生活区)以内的绿化用地,应照章征收土地使用税,厂区以外的公共绿化用地和向社会开放的公园用地,暂免征收土地使用税。据初步预算,改造成绿化用地需投资80 000元,假设该企业预计3年后开发该地块,3年可节省城镇土地使用税150×3−80 000=370 000元。

第三节 印花税的筹划

案例导入

甲房地产开发公司于2015年1月与乙建筑安装公司签订施工合同,金额为8 500万元,合同签订后,印花税已缴纳。由于该工程施工图纸有重大修改,实际工程决算金额为5 500万元。如何进行纳税筹划?

一、分开核算进行筹划

人们在签订合同时,大多在不同程度上同时涉及两个或以上的经济事项。然而,不同的经济事项,适用的印花税率是有差异的。根据现行印花税法规定,同一凭证,因载有两个或两个以上经济事项而适用不同税目税率,如分别记载金额的,应分别计算应纳税额,相加后按合计税额贴花;如未分别记载金额的,按税率高的计税贴花。根据这一规定,纳税人在书立此种应税凭证时,应当分别记载适用不同税目、税率的经济事项的金额。例如,加工承揽合同的计税依据为加工或承揽收入的金额,合同中如有受托方提供原材料金额,应从总收入中剔除,另作购销处理。但同时又规定,受托方提供辅助材料的金额,无论是否与加工费分别记载,均应并入计税金额。面对此问题时,纳税人应该分开来进行核算,让合同上不同税目的金额适用不同的税率,来达到节税的目的;否则,将全部按加工承揽合同的高税率计税。

【案例7-10】 A公司与B公司打算签订一份加工承揽合同,A公司受B公司委托加工甲产品,且加工所需的原材料和零配件均由A公司提供,A公司向B公司共收取加工费、原材料、零配件费用1 000万元。合同中如何约定可以减轻税负?

【综合分析】

《中华人民共和国印花税暂行条例实施细则》第十七条规定:同一凭证,因载有两个或者两个以上经济事项而适用不同税目税率,如分别记载金额的,应分别计算应纳税额,相加后按合计税额贴花；如未分别记载金额的，按税率高的计税贴花。

《国家税务局关于印花税若干具体问题的规定》(国税地字〔1988〕25号)规定：由受托方提供原材料的加工、定做合同，凡在合同中分别记载加工费金额与原材料金额的，应分别按“加工承揽合同”、“购销合同”计税，两项税额相加数，即为合同应贴印花；合同中不划分加工费金额与原材料金额的，应按全部金额，依照“加工承揽合同”计税贴花。

纳税人在订立合同时，应将不同项目分开列示，使用不同税目的金额适用不同的税率，从而降低应纳税额。

(1) 如果不进行分开核算，根据税法规定，从高适用加工承揽合同0.05%的税率，A公司应纳税额0.5万元(1 000×0.05%)。

(2) 如果分开核算，根据税法规定，合同上不同税目的金额适用不同的税率。若原材料费用600万元，零配件费用200万元，加工费200万元，分别适用0.03%、0.05%、0.05%的印花税率，则A公司应纳税额0.38万元(600×0.03%+200×0.05%+200×0.05%)。可以看出，分开核算比不分开核算要节约税款0.12万元。

因而，纳税人在签订这类合同时，由于原材料适用的税率要比加工承揽合同适用的税率低，可以利用税法的这一规定，采取分别核算的方法来达到合理节税目的。

二、利用不确定金额和保守金额进行筹划

在现实经济生活中，经济合同的当事人在签订合同时，有时会遇到计税金额无法最终确定的情况。而我国印花税的计税依据大多数都是根据合同所记载的金额和具体适用的税率确定，计税依据无法最终确定时，纳税人的应纳印花税税额也就相应地无法确定。

为保证国家税款及时足额入库，税法采取了一些变通的方法。有些合同在签订时无法确定计税金额，如技术转让合同中的转让收入，是按销售收入的一定比例收取或按其实现利润多少进行分成的；财产租赁合同，只是规定了月(天)租金标准而却无租赁期限的。对这类合同，《国家税务局关于印花税若干具体问题的规定》(国税地字〔1988〕25号)规定：可在签订时先按定额5元贴花，以后结算时再按照实际的金额计税，补贴印花。这便给纳税人进行避税筹划创造了条件。

模糊金额筹划法具体来说是指，经济当事人在签订数额较大的合同时，有意地使合同上所载金额，在能够明确的条件下不最终确定，以达到少缴纳印花税税款目的的一种行为。

【案例7-11】 甲公司将办公大楼的第一层800平方米出租给乙公司，双方协定的租金标准为每月100元/平方米，租期为5年，合同规定总租金为480万元。每年年初支付年租金。

【综合分析】

方案一：如果租赁合同载明租期，则应缴纳的印花税为100×800×12×5×1‰=4 800(元)。同时应在合同签订时一次缴足税款。

方案二：若将合同改为：“甲公司出租商铺给乙超市使用，合同规定每月100元/平方米，每月租金为8万元，每年年初预付租金，同时双方决定是否继续履行本合同。”这样，符合只约定了租金标准而没有租赁期限的规定，则在签订合同时可按定额税5元贴花，待以后每年结算租金时，再按实际结算金额计算补缴，则每年应纳的印花税=100×800×12×1‰=960(元)。

经过筹划后，虽然5年的总税额都是一样的，都是4 800元，但支付的时间却不一样，方案二对甲公司更有利，因为递延纳税可以获取资金的时间价值，从而达到相对的减轻税负的目

的。当然，这种筹划方式有一定的风险，只有在合同金额很大，双方信誉较好时采用，才会利于本企业，否则若对方违约得不偿失。

三、最少分包筹划

根据印花税的规定，建造安装工程承包合同是印花税的一种应税凭证，应该根据合同上记载的承包金额，按3%的税率缴纳印花税。同时规定，施工单位将自己承包的建设项目分包给其他施工单位所签订的分包合同，应按照新的分包合同上所记载的金额再次计算应缴税额。这是因为印花税是一种行为性质的税种，只要有应税行为发生，就应按税法规定纳税。尽管总承包合同已依法计税贴花，但新的分包合同又是一种新的应税凭证，又发生了新的纳税义务。所以，可以通过减少转包次数，尽可能地少书立应税凭证，达到减轻印花税税负的目的。

【案例7-12】 某城建公司A与商城签订了一份建筑合同，总计金额为1亿元。该城建公司因业务需要又分别与建筑公司B和C签订分包合同，其合同记载分别为4 000万元和4 000万元，B和C又分别以2 000万元分包给D和E，则各方印花税应纳税额分别如下：

(1) A与商城签订合同时，双方各应缴印花税＝10 000×0.3‰＝3(万元)

(2) A与B、C签订合同时，各方应纳印花税额：

A应纳印花税＝(4 000＋40 000)×0.3‰＝2.4(万元)

B、C各应纳印花税额＝4 000×0.3‰＝1.2(万元)

(3) B、C与D、E签订合同时，各方应纳印花税额＝2 000×0.3‰＝0.6(万元)

(4) 这五家建筑公司共应纳印花税＝3＋2.4＋1.2×2＋0.6×4＝10.2(万元)

【综合分析】

《中华人民共和国印花税暂行条例实施细则》第三条规定：条例第二条所说的建筑工程承包合同，是指建筑工程勘察设计合同和建筑安装工程承包合同。建设工程承包合同包括总包合同，分包合同。

如果将这几方进行合理筹划，减少分包环节，采取商城分别与A、B、C、D、E五家建筑公司签订2 000万元承包合同的办法，则这五家公司共应纳印花税为2 000×0.3‰×5＝3(万元)。

经过分析后得知，当选择分别签订分包合同时，商城的纳税义务不变，但五家建筑公司一共可以节省7.2万元的税款。

第四节　房产税的筹划

案例导入

甲企业(集团)公司2015年初计划兴建一座花园式工厂，工程分两部分：一部分为办公用房以及辅助设施，包括厂区围墙、水塔、变电塔、停车场、露天凉亭、游泳池、喷泉设施等建筑物，总计造价为1亿元；另一部分为厂房。在兴建过程中，董事长发现了与房产税有关的两个问题：

一是房产原值的确认。如果1亿元都作为房产原值的话，甲企业自工厂建成的次月起就应缴纳房产税，每年应纳房产税(扣除比例为30%)为10 000×(1－30%)×1.2%＝84(万元)，这84万元的税负只要该厂存在，就不可避免。如果以20年计算，就将是1 680万元。企业感到税负太重，希望寻找节税的方法和途径。

二是土地价值的分摊对房产税的影响。如果2011年3月1日征用100亩(66 666.66平方米)土地，支付土地出让金500万元；企业按50年摊销；2011年6月，动用5 000平方米(长100米，宽50米)兴建A厂房。

在具体操作中如何节省房产税？

一、利用房产原值的概念进行筹划

房产税的核算和申报，主要应在以下几个方面下功夫：房产概念要清晰，房产原值要核算准确，征免界线要明确，如实、及时申报。

1. 应纳房产税的房产概念要清晰

(1) 应税的房产。“房产”是以房屋形态表现的财产。房屋，是指有屋面和围护结构(有墙或两边有柱)，能够遮风避雨，可供人们在其中生产、工作、学习、娱乐、居住或储藏物资的场所。

(2) 不属房产的建筑物。独立于房屋之外的建筑物，如围墙、烟囱、水塔、变电塔、油池油柜、酒窖菜窖、酒精池、糖蜜池、室外游泳池、玻璃暖房、砖瓦石灰窑以及各种油气罐等，不属于房产(单独取得建造结算凭证，可单独核算)。

(3) 分别设置账簿。作为企业，应税房产与不属于房产的建筑物，应分别在“固定资产”账簿内单独设置明细账。

2. 房产的原价要准确核算

房产原值是指用于经营的房产计算房产税的依据。税务总局(86)财税地字第008号文规定，“房产原值是指纳税人按照会计制度规定，在账簿‘固定资产’科目中记载的房屋原价”。

房产原值应包括与房屋不可分割的各种附属设备或一般不单独计算价值的配套设施。关于房屋附属设备的解释，主要包括：暖气、卫生、通风、照明、煤气等设备；各种管线，如蒸汽、压缩空气、石油、给水排水等管道及电力、电信、电缆导线；电梯、升降机、过道、晒台等。

属于房屋附属设备的水管、下水道、暖气管、煤气管等从最近的探视井或三通管算起。电灯网、照明线从进线盒联接管算起。

如果房产的原价不全面、准确核算，税务局作为所得税与房产税的违法行为处理。

3. 土地使用权的受让支出，应单独核算

企业的土地使用权的受让支出，无房产的场地部分是属于无形资产的范畴，不同于房产的核算，计提折旧费的年限也有区别。

有的企业会计会将取得建房的土地使用权的受让支出，无房产的场地不单独核算，笼统地加在房产的原值统计、申报。这样，既混淆了固定资产和无形资产的折旧依据，造成错误计提折旧费，同时，也多交了房产税。

【案例7-13】 某建材企业欲建一工厂，总计造价为100 000 000元，其中厂房、办公用房92 000 000元，厂区围墙、水塔、变电塔、停车场、露天凉亭、游泳池、喷泉设施等建筑物8 000 000元(该企业经营时间以20年计算)。

【综合分析】

《财政部、国家税务总局关于房产税和车船使用税几个业务问题的解释与规定》(财税地

〔1987〕3号)对征税的房产范围进行了明确:"房产"是以房屋形态表现的财产。房屋是指有屋面和围护结构(有墙或两边有柱),能够遮风避雨,可供人们在其中生产、工作、学习、娱乐、居住或储藏物资的场所;独立于房屋之外的建筑物,如围墙、烟囱、水塔、变电塔、油池油柜、酒窖菜窖、酒精池、糖蜜池、室外游泳池、玻璃暖房、砖瓦石灰窑以及各种油气罐等,不属于房产。

《财政部、国家税务总局关于具备房屋功能的地下建筑征收房产税的通知》(财税〔2005〕181号)就具备房屋功能的地下建筑的房产税政策作了明确,即原来暂不征税的具备房产功能的地下建筑,从2006年1月1日开始列入房产税征税范围。同时明确:凡在房产税征收范围内的具备房屋功能的地下建筑,包括与地上房屋相连的地下建筑以及完全建在地面以下的建筑、地下人防设施等,均应当依照有关规定征收房产税。新规定并没有将所有的地下建筑都纳入征税范围,需要征税的建筑必须符合房产的特征概念。文件对此作了界定:具备房屋功能的地下建筑是指有屋面和维护结构,能够遮风避雨,可供人们在其中生产、经营、工作、学习、娱乐、居住或储藏物资的场所。与此不符的其他地下建筑,如地窖、池、窑、罐等,仍未纳入房产税征税范围。

(1) 不单独核算

此种情况下,该企业自工厂建成的次月起就应缴纳房产税,其扣除比例为30%,则

每年应纳房产税为=100 000 000×(1-30%)×1.2%=840 000(元)

(2) 单独核算

若该企业把停车场、游泳池都建成露天的,并且把这些独立建筑物的造价同厂房、办公用房的造价分开,在会计账簿中单独记载,那么这部分建筑物的造价不计入房产原值,不需要缴纳房产税。则该企业每年应缴纳房产税税额为

每年应缴纳房产税=92 000 000×(1-30%)×1.2%=772 800(元)

由此,我们可以看出,该企业通过单独核算,每年可以少缴纳房产税67 200元(840 000-772 800)。若该企业经营时间以20年计算,就可以累计少缴纳房产税1 344 000元(67 200×20)。

二、利用巧选厂址进行筹划

房产税的征收范围为城市、县城、建制镇和工矿区。

1. 城市是指国务院批准设立的市。

2. 县城是指县人民政府所在地的地区。

3. 建制镇是指经省、自治区、直辖市人民政府批准设立的建制镇。

4. 工矿区是指工商业比较发达、人口比较集中、符合国务院规定的建制镇标准但尚未设立建制镇的大中型工矿企业所在地。开征房产税的工矿区须经省、自治区、直辖市人民政府批准。

房产税的征收范围不包括农村,这主要是为了减轻农民的负担。因为农村的房屋,除农副业生产用房外,大部分是农民居住用房。对农村房屋不纳入房产税征税范围,有利于农业发展,繁荣农村经济,社会稳定。

如果企业在设立时能考虑到这一点,将会为企业节省不少的税收。根据我国现行税法的规定,将企业建在乡、村,不仅可以免交房产税,还可以免交城镇土地使用税,并且可以按最低的税率1%缴纳城市维护建设税。不仅如此,将企业建在农村可带动当地经济的发展,会得到

国家和政府的大力支持。

另外，随着我国的农村道路的建设，现在农村的交通也比较发达，有利于企业的货物运输，更利于企业今后的扩建和发展。

【案例 7－14】 某市一家加工企业，在选址时充分考虑了税负问题。经咨询有关税务专家，该企业决定将企业设在离某镇几公里远的农村，假设该厂房产原值为 2 000 万元，占地面积为 15 000 平方米，平均每年应缴增值税 800 万元。

【综合分析】

《中华人民共和国房产税暂行条例》第一条规定：房产税在城市、县城、建制镇和工矿区征收。

将企业设在离某镇几公里远的农村，每年应纳的房产税为零，城镇土地使用税为 0，应纳城市维护建设税为 800×1%＝8(万元)。

如果企业建在镇里，应纳的房产税为 2 000×(1－30%)×1.2%＝16.8(万元)，应纳城镇土地使用税为 15 000×3＝4.5(万元)(该镇的城镇土地使用税征收标准为 3 元/平方米)，城建税为 800×5%＝40(万元)。

通过比较分析发现，将加工企业建在镇上比建在农村多交了(16.8＋4.5＋40)－8＝53.3(万元)的税。

当然，企业设在农村会影响企业的业务发展和客户群体，对此，我们建议其在市区设立业务部开拓业务，弥补消息不充分、交通不便利的限制条件。

三、利用房产联营进行筹划

房地产开发公司对于投资性房地产有两种不同的投资方式：一是出租取得租金，二是以房地产入股联营分得利润。这两种投资方式所涉及税种及税负各不相同，存在着较大的纳税筹划空间。

【案例 7－15】 光华公司用原价 800 万的房产与青龙公司联营，如果光华公司每年能从联营公司收回的利润为 80 万元，在不考虑其他税收因素的情况下，只从房产税角度思考，试比较一下共同承担风险和不共同承担风险两种方式下，企业应该缴纳的房产税税额有什么不一样？(假定当地的扣除率标准为 30%)

【综合分析】

税法规定：纳税人将拥有的房产投资于他人，或与他人联营，如果投资者共担风险，则从价计征房产税，如果投资者不承担风险，只收取固定资金，那么从租计征房产税。

方案一：如果光华公司与青龙公司采用风险共担的模式，那么，应按从价计征的方法计征房产税，年应纳的房产税为 800×(1－30%)×1.2%＝6.72(万元)。

方案二：如果光华公司与青龙公司采用非共同承担风险的模式，那么则采取从租计征的方法计征房产税，年应纳的房产税为 80×12%＝9.6(万元)。

我们可以看到，共同承担风险模式比不共同承担风险模式要节省接近 3 万元(9.6－6.72)的税款，但共同承担风险会提高纳税人的风险程度，所以在选择这种筹划方法来节省房产税的时候，应该从企业整体的战略高度考虑。

四、利用租赁或仓储的选择进行筹划

房产税的计征方式有两种，一是从价计征，二是从租计征。从价计征的房产税，是以房产余值为计税依据，即按房产原值一次减除10%－30%后的余值的1.2%计征。从租计征的房产税，是以房屋出租取得的租金收入为计税依据，税率为12%。

由于房产税有两种计税方法——按房产余值或租金收入计算，不同方法计算的结果必然有差异，也会导致应纳税额的不同，这就有了节税筹划的空间。企业可以根据实际情况选择计征方式，通过比较两种方式税负的大小，选择税负低的计征方式，以达到节税的目的。

【案例7－16】 甲公司为一内资企业，拥有一处闲置库房，原值1 000万元，净值800万元。乙公司拟承租该库房，初步商定年租金为80万元。甲公司的管理层发现，每年的租金收入除了要缴纳5%的营业税和相应的城建税、教育费附加以外，还要缴纳12%的房产税，即80×12%＝9.6(万元)。甲公司认为税负较高，因此谋求节税。

【综合分析】

按照《中华人民共和国房产税暂行条例》的规定，房产税依照房产原值一次减除10%—30%后的余值计算缴纳。房产税依照房产余值计算缴纳的，税率为1.2%；而财税〔2005〕181号文对自用地下建筑提出了一个新概念，即“应税房产原值”。具体为，工业用途房产，以房屋原价的50%—60%作为应税房产原值；应纳房产税的税额＝应税房产原值×[1－(50%－60%)]×1.2%。商业和其他用途房产，以房屋原价的70%—90%作为应税房产原值，应纳房产税的税额＝应税房产原值×[1－(10%－30%)]×1.2%。

甲公司与乙公司协商，将房屋的租赁行为改为仓储业务，即由甲公司代为保管乙公司原准备承租房屋后拟存放的物品，从而将原来的租金收入转化为仓储收入。在此方案下，甲公司缴纳的营业税、城建税和教育费附加不变，房产税从价计征，从价计征的房产税金额＝1 000×70%×1.2%＝8.4(万元)。

相比前面的9.6万元减少了1.2万元的纳税义务，显然是一个值得采纳的筹划方案。

五、将免租期扩大到合同租赁期进行筹划

在一些厂房租赁业务中，由于存在承租方需入场装修，一时无法正常使用，出租方常会给予承租方一定期限的免租期。

【案例7－17】 2014年A公司向B公司出租厂房3年，年租金不含税100万元，每年年末支付。承租方B公司需要入场装修，向A公司提议6个月免租期，免租期不收取房租，免租期之后，年租金100万元，A公司出租给B公司的房产原值3 000万元。A公司和B公司如何签署合同可以节税?

【综合分析】

根据《财政部、国家税务总局关于安置残疾人就业单位城镇土地使用税等政策的通知》(财税〔2010〕121号)第二条规定，“对出租房产，租赁双方签订的租赁合同约定有免收租金期限的，免收租金期间由产权所有人按照房产原值缴纳房产税”。

方案一：合同条款中签署免租期6个月，免租期不收取房租，免租期之后，年租金100万元。上述租赁行为，A公司除了要按房产租金收入计价征收12%房产税外，对免租期还要按照房产原值缴纳房产税12.6万元(3 000×70%×12%÷12×6，A企业所在地房产税依照房

产原值一次减除30%后的余值计算缴纳)。

方案二:A公司和B公司在签署合同时,可以把免租期扩大到合同租赁期内,即删除免租期条款,而延长租赁合同期限。上例,免租期条款可签订为A公司向B公司出租厂房3.5年,前1.5年租金100万元,后两年每年租金100万元。A公司只需按租金收入计价缴纳房产税,节约了房产税金支出12.6万元。

第五节 契税的筹划

案例导入

武汉红叶实业公司有一化肥生产车间拟出售给武汉金星化工公司,该化肥生产车间有一幢生产厂房及其他生产厂房附属物,附属物主要为围墙、烟囱、水塔、变电塔、油池油柜、若干油气罐、挡土墙、蓄水池等,化肥生产车间总占地面积3 000平方米,整体评估价为600万元(其中生产厂房评估价为160万元,3 000平方米土地评估价为240万元,其他生产厂房附属物评估价为200万元),某金星化工公司按整体评估价600万元购买,应缴纳契税=600×4%=24(万元)。如何进行纳税筹划?

一、利用权属等价交换进行筹划

《契税暂行条例》规定,土地使用权、房屋交换,契税的计税依据为所交换的土地使用权、房屋的价格差额。上述规定使得利用房屋交换进行纳税筹划成为可能,因为进行房屋交换所纳契税远远低于普通的房屋购置,那么纳税人就可以将原来不属于交换的行为,通过合法的途径变为交换行为,减轻税负。

在此种情况下,如果双方当事人进行交换的房屋或者土地价格相等,即差价为零,那么交易双方都不用缴纳契税,所以当纳税人交换土地使用权或者房屋所有权的时候,如果能让价格差额尽可能缩小甚至为零,就达到了节税的目的。

【案例7-18】 刘某拥有一套价值800 000元的公寓房,但因距工作单位较远,上下班不便,计划卖掉该公寓,以变价款在其单位附近买一套类似规格标准的住房。当地政府规定的契税税率为3%。如果新购房与原住房等值的话,刘某应该缴纳的契税=800 000×3%=24 000(元)。

【综合分析】

根据《中华人民共和国契税暂行条例》及其《实施细则》规定:土地使用权、房屋交换,契税的计税依据为所交换的土地使用权、房屋的价格差额,由多交付货币、实物、无形资产或其他经济利益的一方缴纳税款,交换价格相等的,免征契税。

若刘某通过房地产中介机构的介绍与居住在工作单位附近的居民拥有的一套公寓进行等价交换,则此项房产交换不存在价格差额,交易双方都无须缴纳契税。

二、签订分立合同,降低契税支出

企业在买卖房屋及其附属物时,可以签订两份合同,一份是房屋买卖合同,一份是附属物买卖合同,可以实现附属物不交契税的目的。

【案例7-19】 宏达实业公司有一化肥生产车间拟出售给福星化工公司,该化肥生产车间有一幢生产厂房及其他生产厂房附属物,附属物主要为围墙、烟囱、水塔、变电塔、油池油柜、若干油气罐、挡土墙、蓄水池等,化肥生产车间总占地面积3 000平方米,整体评估价为600万元(其中生产厂房评估价为160万元,3 000平方米土地评估价为240万元,其他生产厂房附属物评估价为200万元),福星化工公司按整体评估价600万元购买,应缴纳契税=600×4%=24(万元)。

【综合分析】

根据《财政部 国家税务总局关于房屋附属设施有关契税政策的批复》(财税〔2004〕126号)规定:对于承受与房屋相关的附属设施(包括停车位、汽车库、自行车库、顶层阁楼以及储藏室,下同)所有权或土地使用权的行为,按照契税法律、法规的规定征收契税;对于不涉及土地使用权和房屋所有权转移变动的,不征收契税。采取分期付款方式购买房屋附属设施土地使用权、房屋所有权的,应按合同规定的总价款计征契税。承受的房屋附属设施权属如为单独计价的,按照当地确定的适用税率征收契税;如与房屋统一计价的,适用与房屋相同的契税税率。

根据上述文件对于免征契税的规定,在支付独立于房屋之外的建筑物、构筑物以及地面附着物价款时不征收契税,由此提出纳税筹划方案如下:宏达实业公司与福星化工公司签订两份销售合同,第一份合同为销售生产厂房及占地3 000平方米土地使用权的合同,销售合同价款为400万元,第二份合同为销售独立于房屋之外的建筑物、构筑物以及地面附着物(主要包括围墙、烟囱、水塔、变电塔、油池油柜、若干油气罐、挡土墙、蓄水池等),销售合同价款为200万元。经上述筹划,福星化工公司只就第一份销售合同缴纳契税,应缴纳契税=400×4%=16(万元),节约契税支出8万元。

三、充分利用改变投资方式进行筹划

为了充分享受免征契税的优惠政策,企业进行交易时,可按照相关法律法规出资组建新的公司,再办理相关产权交易手续。

【案例7-20】 王明拟以一幢价值500万元的商品房和货币资金300万元,李立拟以货币资金200万元,两人共同投资开办新华有限责任公司,新华公司注册资本为1 000万元。当地契税税率为4%。

【综合分析】

《财政部 国家税务总局关于进一步支持企业事业单位改制重组有关契税政策的通知》(财税〔2015〕37号):

1. 企业改制

企业按照《中华人民共和国公司法》有关规定整体改制,包括非公司制企业改制为有限责任公司或股份有限公司,有限责任公司变更为股份有限公司,股份有限公司变更为有限责任公司,原企业投资主体存续并在改制(变更)后的公司中所持股权(股份)比例超过75%,且改制(变更)后公司承继原企业权利、义务的,对改制(变更)后公司承受原企业土地、房屋权属,免征契税。

2. 事业单位改制

事业单位按照国家有关规定改制为企业,原投资主体存续并在改制后企业中出资(股权、股份)比例超过50%的,对改制后企业承受原事业单位土地、房屋权属,免征契税。

3. 公司合并

两个或两个以上的公司，依照法律规定、合同约定，合并为一个公司，且原投资主体存续的，对合并后公司承受原合并各方土地、房屋权属，免征契税。

4. 公司分立

公司依照法律规定、合同约定分立为两个或两个以上与原公司投资主体相同的公司，对分立后公司承受原公司土地、房屋权属，免征契税。

5. 企业破产

企业依照有关法律法规规定实施破产，债权人（包括破产企业职工）承受破产企业抵偿债务的土地、房屋权属，免征契税；对非债权人承受破产企业土地、房屋权属，凡按照《中华人民共和国劳动法》等国家有关法律法规政策妥善安置原企业全部职工，与原企业全部职工签订服务年限不少于三年的劳动用工合同的，对其承受所购企业土地、房屋权属，免征契税；与原企业超过 30％的职工签订服务年限不少于三年的劳动用工合同的，减半征收契税。

6. 资产划转

对承受县级以上人民政府或国有资产管理部门按规定进行行政性调整、划转国有土地、房屋权属的单位，免征契税。

同一投资主体内部所属企业之间土地、房屋权属的划转，包括母公司与其全资子公司之间，同一公司所属全资子公司之间，同一自然人与其设立的个人独资企业、一人有限公司之间土地、房屋权属的划转，免征契税。

7. 债权转股权

经国务院批准实施债权转股权的企业，对债权转股权后新设立的公司承受原企业的土地、房屋权属，免征契税。

8. 划拨用地出让或作价出资

以出让方式或国家作价出资（入股）方式承受原改制重组企业、事业单位划拨用地的，不属上述规定的免税范围，对承受方应按规定征收契税。

9. 公司股权（股份）转让

在股权（股份）转让中，单位、个人承受公司股权（股份），公司土地、房屋权属不发生转移，不征收契税。

10. 有关用语含义

本通知所称企业、公司，是指依照我国有关法律法规设立并在中国境内注册的企业、公司。

本通知所称投资主体存续，是指原企业、事业单位的出资人必须存在于改制重组后的企业，出资人的出资比例可以发生变动；投资主体相同，是指公司分立前后出资人不发生变动，出资人的出资比例可以发生变动。

本通知自 2015 年 1 月 1 日起至 2017 年 12 月 31 日执行。本通知发布前，企业、事业单位改制重组过程中涉及的契税尚未处理的，符合本通知规定的可按本通知执行。

方案一：王明和李立直接成立新华有限责任公司，新华公司接受房产投资后应缴纳契税＝500×4％＝20（万元）（不考虑其他因素）。

方案二：王明先成立个人独资企业，然后整体改制，吸收李立投资。

第一步，王明到工商局注册登记成立王明个人独资公司，将自有房产投入王明个人独资公司，由于房屋产权所有人和使用人未发生变化，故无须办理房产变更手续，不需缴纳契税。

第二步，王明对其个人独资公司进行公司制改造，改建为有限责任公司，吸收李立投资，改建为新华有限责任公司。改建后的新华有限责任公司承受王明个人独资公司的房屋，免征契税，新华公司减少契税支出20万元。

当然，在以上对于契税缴纳的案例筹划中，要注意契税缴纳和土地增值税缴纳的密切相关，进行纳税筹划时需同时考虑土地增值税的税负，并结合有关企业所得税的相关免征政策，综合考虑企业总体税负支出，方能取得较好的筹划效果。

四、通过三方协议，减少业务流程，节省契税

由于转让土地使用权或房屋而承担的契税是伴随着业务流程的增加而增加的，因此，土地使用权或房屋转让的环节或流程越多，契税也越多。为了实现节省契税的目的，必须减少通过合同界定业务流程的减少。

假设存在甲欠乙，乙又欠丙，而且所欠的金额又相等，如果甲用房屋或土地使用权抵乙的债务，乙又把从甲抵债而来的房屋或土地使用权用来抵丙的债务，则必须签订甲、乙和丙抵债的三方协议，协议中明确约定：甲卖给丙的土地使用权或房屋的价款视同为甲偿还乙的欠款，并代替乙偿还乙欠丙的欠款，就可以使房屋或土地使用权的销售流程从两个流程减少为一个流程，实现乙不缴纳契税的目的。

【案例7-21】 华业公司欠石林公司货款2 000万元，石林公司欠亚美公司2 000万元债务，华业公司与石林公司签订偿债协议。协议约定：华业公司以其原价值2 000万元的商品房偿还所欠石林公司2 000万元债务的协议。石林公司与亚美公司也签订尝债协议，协议约定：石林公司从华业公司获得抵债价值为2 000万元的商品房抵债给亚美公司，用于石林公司偿还所欠亚美公司的债务2 000万元。假设缴纳契税的税率为4%，请分析如何进行纳税筹划使石林公司的契税最低。

【综合分析】

《中华人民共和国契税暂行条例》第一条规定，在中华人民共和国境内转移土地、房屋权属，承受的单位和个人为契税的纳税人，应当按照本条例规定缴纳契税。

在三方欠款均相等的情况下，纳税筹划方案如下：石林公司与华业公司、亚美公司签订三方债务偿还协议，协议约定：由华业公司将抵债商品房直接销售给亚美公司，亚美公司将房款汇给华业公司，华业公司收亚美公司房款后再汇给石林公司偿还债务，石林公司收华业公司欠款后再汇给亚美公司偿还债务。经上述筹划后，三方欠款清欠完毕，且石林公司可享受免征契税，只有亚美公司应缴纳契税＝2 000×4%＝80(万元)。

筹划前的契税成本为：石林公司接受华业公司抵债商品房应缴纳契税＝2 000×4%＝80(万元)，亚美公司接受石林公司抵债商品房应缴纳契税＝2 000×4%＝80(万元)。

石林公司比筹划前节省契税80万元。

课后习题

1. 2015年，位于城区的大华房地产公司拟将其拥有的房屋出租给某商贸公司，租期10年，租金每年300万元(由商贸公司税前支付)。如果签订租赁合同，当年大华公司应纳税情况

如下：营业税＝300×5%＝15(万元)；房产税＝300×12%＝36(万元)；城建税及附加＝15×10%＝1.5(万元)；企业所得税＝(300－15－36－1.5)×25%＝61.88(万元)；税后净利润＝300－15－36－1.5－61.88＝185.62(万元)。

请提出合理的纳税筹划方案，并进行税负测算。

2. 某房地产项目主要有两期工程项目。第一期是商业 1 栋、2 栋、3 栋和商业塔楼第三栋，第二期是商业四栋、五栋和商业搭楼第一、第二栋。其中商业店铺一栋、二栋、三栋、四栋和商业五栋(购物中心)的建筑面积分别为 10 214、6 543、10 773、5 425、69 802 平方米，商业塔楼第一栋、第二栋和第三栋的建筑面积分别为 20 604、15 349、19 578 平方米，三栋塔楼的可售面积为 52 489 万平方米，土地征用及拆迁补偿费 966.3 万元，前期工程费 1 528.037 万元，基础设施费 2 468.498 万元，公共配套设施费 162.21 万元，建筑安装成本 32 499.567 万元，土地成本 19 000 万元。本项目中的塔楼对外销售的市场价格为 1.8 万/平方米。

公司准备对商业店铺一栋、二栋、三栋、商业四栋进行对外销售，可售面积预计 30 599 平方米，对外出租商业五栋(购物中心)，三栋塔楼一致对外进行销售。根据市场预测，本项目中商业店铺的市场销售价(均价)为 2.15 万/平方米，租赁价格为每月 150 元/平方米。商业店铺一栋、二栋、三栋、商业四栋的土地征用及拆迁补偿费 755.5 万元，前期工程费 506.4 万元，基础设施费 1 464.94 万元，公共配套设施费 96.27 万元，建筑安装成本 12 530.12 万元，土地成本 15 000 万元。

请提出合理的纳税筹划方案，并进行税负测算。